Albert Ellis

Training der Gefühle

W0266880

Albert Ellis

Training der Gefühle

Wie Sie sich hartnäckig
weigern, unglücklich zu sein

mvg

Die Deutsche Bibliothek – CIP-Einheitsaufnahme

Ellis, Albert:
Training der Gefühle : Wie Sie sich hartnäckig weigern, unglücklich zu sein / Albert Ellis. [Aus d. Amerikan. übertr. von Gordon H. Price]. – 3. Aufl. – Landsberg am Lech : mvg-verl., 2000
(mvg-Paperbacks ; 08692)
Einheitssacht.: How to stubbornly refuse to make yourself miserable about anything – yes anything! <dt.>
ISBN 3-478-08692-2
NE: GT

3. Auflage 2000

1. und 2. Auflage erschienen unter ISBN 3-478-08538-1

Copyright © 1988 by Institute for Rational-Emotive Therapy
Originally published in English under the title: „How to Stubbornly Refuse to Make Yourself Miserable About Anything – Yes Anything!“

Aus dem Amerikanischen übertragen von Gordon H. Price.
Unter fachlicher Beratung von Dieter Schwartz (Dipl.-Psych.).

© Gesamtdeutsche Rechte 1996 bei mvg-verlag im verlag moderne industrie AG & Co. KG, Landsberg am Lech

Alle Rechte, insbesondere das Recht der Vervielfältigung und Verbreitung sowie der Übersetzung, vorbehalten. Kein Teil des Werkes darf in irgendeiner Form (durch Fotokopie, Mikrofilm oder ein anderes Verfahren) ohne schriftliche Genehmigung des Verlages reproduziert oder unter Verwendung elektronischer Systeme gespeichert, verarbeitet, vervielfältigt oder verbreitet werden.

Umschlaggestaltung: Gruber & König, Augsburg
Satz: Fotosatz H. Buck, Kumhausen
Druck- und Bindearbeiten: Ebner Ulm
Printed in Germany 08692/10012502
ISBN 3-478-08692-2

Inhaltsverzeichnis

Die häufigsten RET-Fachbegriffe

Abkürzung	*Amerikanischer Fachbegriff*	*Deutscher Fachbegriff*
A	Activating Event	Aktivierendes Ereignis
B	Belief	Idee/Überzeugung/ Interpretation
C	Consequence	Konsequenz
D	Dispute	Disput
E	Effective New Philosophy	Effektive Neue Philosophie
G(s)	Goal(s)	Ziel(e)
iB(s)	Irrational Belief(s)	Irrationale Idee(n)/ Überzeugung(en)/ Interpretation(en)
LFT	Low Frustration Tolerance	Niedrige Frustrationstoleranz
rB(s)	Rational Belief	Rationale Idee(n)/ Überzeugung(en)/ Interpretation(en)
REI	Rational Emotive Imagery	Rationale Vorstellungsübung
RET	Rational Emotive Therapy	Rational-Emotive Therapie

Hinter der bahnbrechenden Arbeit von Albert Ellis steht die Erkenntnis, daß wir unser Leben durch bestimmte Annahmen schwer machen können. Eine Kategorie jener Annahmen sind Varianten von drei Muß-Aussagen:

1. „**Ich muß** ständig gute Leistungen erbringen" (sonst bin ich unmöglich),
2. „**Du mußt** mich rücksichtsvoll behandeln!" (sonst bist du unmöglich) und
3. „**Mein Leben/die Welt muß** meine Wünsche erfüllen!" (sonst ist es unerträglich…).

Diese Aussagen klingen zwar verrückt, wenn wir sie genau betrachten, und doch schwingen sie oft im Hintergrund mit und verursachen äußerst unangenehme Stör-Töne in unserem Lebens-Konzert. Wie wir den Grad an innerer Harmonie systematisch vergrößern können, wenn wir einige grundlegende Einsichten gewinnen und diese dann praktisch umsetzen, zeigt dieses Buch: Leicht verständlich und nachvollziehbar von einem der wichtigsten Forscher und Psychotherapeuten über intelligente und realistische Strategien für positives Denken!

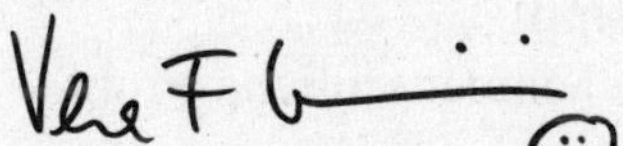

Vera F. Birkenbihl

Vorwort

Es ist für mich eine erfreuliche Aufgabe, Albert Ellis' „Training der Gefühle" dem deutschsprachigen Leser vorzustellen – hauptsächlich weil ich meine, dass bisher noch viel zu wenig Bücher dieses herausragenden Psychotherapeuten auf Deutsch veröffentlicht wurden und weil es sich dabei um ein ganz besonderes Selbsthilfebuch handelt.

Unter den mehr als 50 Büchern, die Albert Ellis bisher geschrieben hat, finden wir auch mehrere Selbsthilferatgeber mit über einer Million verkaufter Exemplare. Keines davon liegt bisher in Deutsch vor. Allein dieser Umstand macht die Herausgabe von „Training der Gefühle" begrüßenswert.

Albert Ellis ist der Begründer der Rational-Emotiven Therapie (RET), die einen Haupttrend der modernen Psychotherapie darstellt. Rational-Emotive Therapie (RET) kann charakterisiert werden als ein ganzheitlicher, handlungsorientierter Psychotherapieansatz mit dem Ziel emotionalen Wachstums: Wir werden ermutigt, unsere Gefühle bewusst zu erleben und auszudrücken, wobei der Zusammenhang von Denken, Fühlen und Handeln betont wird.

Die Rational-Emotive Therapie hilft,

- emotionalen Stress und zwischenmenschliche Probleme zu überwinden,
- die vorhandene persönliche Energie kreativ einzusetzen,
- das Leben bei der täglichen Arbeit und im persönlichen Bereich mit mehr Zufriedenheit, Erfolg und Erfülltheit zu gestalten.

Die Unzulänglichkeiten traditioneller Formen der Psychotherapie veranlassten Albert Ellis in den fünfziger Jahren, das System der RET zu entwickeln. Heute werden RET und andere kognitiv-behaviorale Techniken weltweit von über 10 000 Psychotherapeuten und Beratern im psychosozialen Bereich praktiziert. Die Therapieforschung hat gezeigt, dass emotionale Probleme hauptsächlich auf bestimmte Erwartungen und Einstellungen gegenüber sich selbst, anderen Menschen und der Welt zurückzuführen sind – und eben nicht nur von Erziehung und Umwelt abhängen. Wir Menschen tendieren dazu, uns übermäßig psychisch zu belasten, wenn:

- etwas schief läuft oder wir von einem uns wichtigen Menschen abgelehnt werden,
- andere Menschen uns (gewollt oder ungewollt) unfair behandeln,
- wir mit Dingen konfrontiert werden, die unangenehm oder schmerzvoll sind.

Indem wir lernen, unsere selbstschädigenden Einstellungen zu verändern, entwickeln wir größere Fähigkeiten, mit gegenwärtigen Problemen umzugehen und ein freieres, unabhängigeres und emotional befriedigendes Leben zu führen.

Lassen Sie mich kurz einige Hauptaspekte dieses Ansatzes unterstreichen:

1) Zwischen der Psychotherapie und der Philosophie bestand seit längerer Zeit eine unsinnige Trennung. Dagegen hat die RET nunmehr ausdrücklich auf eine lange philosophische Tradition Bezug genommen: Burkhard Hoellen zeigt in seinem Buch „Stoizismus und Rational-Emotive Therapie“ ausführlich, wie eng die Verbindung zwischen RET und stoischer Philosophie ist. Der Ausspruch Epiktets, dieses größten Vertreters der stoischen Philosophie, umreißt die klinische Theo-

rie der RET: Es sind nicht die Dinge an sich, die die Menschen in emotionale Verwirrung bringen, sondern die Sicht, die sie von diesen Dingen haben.

2) Die RET macht uns klar, dass psychologische Hilfe zu einem großen Teil aus Selbsthilfe besteht. Die vielen Therapeuten und Berater, die in der ganzen Welt nach den Prinzipien der RET arbeiten, ermutigen ihre Klienten regelmäßig, verschiedene Selbsthilferatgeber zu lesen. Diese Bibliotherapie kann sehr nützlich sein und den therapeutischen Erfolg beschleunigen. Hunderte von Lesern meines Selbsthilfebuches „Gefühle erkennen und positiv beeinflussen“ erklärten mir stolz, dass sie sogar ohne jeden Kontakt mit einem professionellen Therapeuten nur durch Bibliotherapie bemerkenswerte Verbesserungen ihres psychischen Befindens erreichten.
3) Die RET betont die Bedeutung und Wirksamkeit aktiver Selbstmanagement-Techniken. In „Training der Gefühle“ präsentiert der Begründer der RET in exzellenter Weise eine große Zahl von praktischen Übungsvorschlägen, mit deren Hilfe der Leser die Prinzipien der RET für sich anzuwenden lernt. In klar aufeinander aufbauenden Kapiteln führt uns Albert Ellis in die verschiedenen Techniken der Realitätsbewältigung und der Lösung emotionaler Probleme ein.

   Dennoch: Auch „Training der Gefühle“ kann nicht garantieren, dass man entsprechend hart an sich arbeitet, um sein Leben entscheidend zum Vorteil hin zu ändern – aber es zeigt genau, wie man an sich arbeiten kann, wenn man will.

Dieter Schwartz, Psychotherapeut
Deutsches Institut für Rational-Emotive Therapie und Kognitive Verhaltenstherapie (DIREKT) e.V., Eisingen bei Würzburg

KAPITEL 1

Warum ist dieses Buch anders als andere Selbsthilfe-Ratgeber?

Hunderte von Selbsthilfe-Büchern werden jedes Jahr herausgebracht, und viele davon helfen tatsächlich Millionen von Lesern. Warum also noch eins? Warum sollte ich versuchen, mein eigenes und Robert A. Harpers „A New Guide to Rational Living" (‚Ein neuer Führer in ein rationales Leben') zu übertreffen, das bereits eine Auflage von über einer Million erreicht hat, und den Versuch unternehmen, davon abgeleitete Bücher wie zum Beispiel „Der wunde Punkt" und andere Bücher von Wayne W. Dyer zu ergänzen, die ebenfalls Millionen Leser angesprochen haben. Wozu?

Aus mehreren triftigen Gründen. Obwohl die Rational-Emotive Therapie (RET), die ich 1955 ins Leben rief, nunmehr anerkannt ist und obwohl die meisten modernen Therapeuten (ja sogar Psychoanalytiker) große Teile davon in ihre Behandlungspläne einbauen, wird sie oft auf verwässerte Art angewandt.

Abgesehen von meinen eigenen Fachbüchern gibt es bis jetzt keine realistische, an der Praxis orientierte Version der RET aus erster Hand; die wenigen Versuche sind nicht allgemein verständlich und populär in Ratgeberform geschrieben.[1] Der vorliegende Band beabsichtigt, dieses Versäumnis nachzuholen.

Insbesondere hat das Buch die folgenden Ziele, die der Leser meines Erachtens in keinem anderen psychologischen Ratgeber vorfinden wird.

- Es ermutigt Sie, Ihre Gefühle intensiv zu spüren und sie auszuleben, wenn etwas in Ihrem Leben schief geht. Es unterscheidet jedoch eindeutig zwischen angemessenen und hilfreichen Emotionen wie Besorgnis, Trauer, Frustration und Verdruss und unangemessenen und zerstörerischen Ängsten, Depressionen, Wut und Selbstmitleid.

- Es zeigt Ihnen, wie Sie mit schwierigen Lebenssituationen fertig werden, und wie Sie sich wohler fühlen, wenn Sie ihnen gegenüberstehen. Aber was wichtiger – wesentlich wichtiger – ist, es zeigt auch, wie es *Ihnen besser gehen kann* und wie *Sie sich besser fühlen können*, wenn Sie sich nicht unnötigerweise „neurotisieren" bzw. quälen.
- Es bringt Ihnen nicht nur bei, wie Sie Ihr emotionales Schicksal beherrschen und es hartnäckig ablehnen *können*, sich unglücklich zu machen, sondern es erklärt auch ganz spezifisch, was Sie *unternehmen* können, um Ihr Potential an Selbstbestimmung zu nutzen.
- Wissenschaftliches Denken, der Verstand und die Realität werden rigoros befolgt und gefördert, und dieses Buch meidet genau das, was die meisten heutigen Selbsthilfe-Bücher so sorglos empfehlen, nämlich gigantische Mengen an Mystik, Religiosität und utopischen Tagträumereien.
- Es wird Ihnen helfen, eine tiefe gedankliche Veränderung und eine radikal neue Lebenseinstellung zu entwickeln, statt unrealistisch übertrieben einer Lebenseinstellung wie dem „positiven Denken" zu huldigen, die Ihnen zwar kurzfristig Erleichterung verschafft, aber auf lange Sicht oft versagt.
- Es bietet Ihnen viele Techniken zur Entwicklung Ihrer Persönlichkeit, die nicht nur von anekdotischen „Beweisen" bzw. Erfahrungsberichten gestützt werden, sondern inzwischen auch durch Dutzende von objektiv wissenschaftlich, mit Kontrollgruppen durchgeführte Experimente als wirkungsvoll belegt wurden.

- Es zeigt Ihnen wirksam, wie Sie *im Augenblick* Ihre Gefühls- und Verhaltensprobleme immer noch selbst schaffen. Es ermutigt Sie nicht, endlos Ihre Zeit und Energie mit dem törichten Versuch zu vergeuden, Ihre Vergangenheit zu begreifen, zu bewältigen und zu verklären. Es führt die Mechanismen Ihrer selbstgeschaffenen Probleme vor Augen und zeigt, was Sie *heute* unternehmen können, um dieses fortdauernde unnötige Verhalten abzulegen.
- Es ermutigt Sie, lieber die volle Verantwortung für Ihr Verhalten zu übernehmen und es zu verändern, anstatt das Handtuch zu schmeißen und Ihren Eltern oder aber Ihrer Umwelt die Schuld dafür in die Schuhe zu schieben, dass Sie ihren albernen Lehren folgen.
- Dieses Buch legt die Grundlagen der RET (und anderer Formen der kognitiven Therapie bzw. kognitiven Verhaltenstherapie) in allgemein verständlicher Weise dar und zeigt, wie Stimuli bzw. aktivierende Ereignisse (A) in Ihrem Leben nicht unbedingt oder unmittelbar Einfluss auf Ihre Gefühlswelt haben müssen (C). Stattdessen ist es das System Ihrer eigenen und selbst geschaffenen Ideen (B), das Sie ziemlich verwirrt, und Sie sind daher in der Lage, diese unsinnigen Ideen anzufechten und aufzugeben. Insbesondere zeigt Ihnen dieses Buch viele Denk-, Emotions- und Verhaltensstrategien, wie Sie das System Ihrer eigenen irrationalen Ideen (iBs) anfechten und aufgeben können, und wie Sie dadurch zu einer effektiven neuen Lebensphilosophie (E) gelangen können.
- Es zeigt Ihnen nicht nur, wie Sie Ihre gegenwärtigen Wünsche, Begehren, Vorlieben, Ziele und Werte beibehalten, sondern auch wie Sie Ihre übersteigerten, gottähnlichen Forderungen und Befehle aufgeben können, diese absoluten und dogmatischen „ich sollte“, „ich hätte“ und „ich müsste“, die man seinen Wünschen

und Vorlieben anhängt und mit denen man sich umsonst abgibt.

- Dieses Buch demonstriert, wie Sie unabhängig und nach innen orientiert sein können, und wie Sie mehr an *sich selbst* denken, anstatt leichtgläubig und beeinflussbar weiterhin das zu denken, was *andere* von Ihnen erwarten.
- Es zeigt Ihnen viele praktische, handlungsorientierte Übungen, die Ihnen dazu verhelfen werden, Ihre bisherige Lebensweise neu zu gestalten und rationale RET-Methoden in *der Praxis* zu verwenden.
- Es zeigt Ihnen, wie Sie in einer höchst irrationalen Welt rational vorgehen können, damit *Sie* unter den schwierigsten und „unmöglichsten" Umständen so glücklich wie möglich leben können. Es besteht darauf, dass Sie es hartnäckig ablehnen können, sich über einige wahrhaft grauenhafte Ereignisse – Armut, Terrorismus, Krieg – unglücklich zu machen; und dass Sie, wenn Sie sich doch dazu entschließen, erfolgreich daran arbeiten können, einige der schlimmsten Situationen, mit denen Sie konfrontiert werden, und vielleicht sogar die ganze Welt zu verändern.
- Es wird Ihnen helfen, für einige der Hauptursachen von Geistesstörungen, wie zum Beispiel Engstirnigkeit, Intoleranz, Dogmatismus, Tyrannei und Despotismus, Verständnis aufzubringen, und zu sehen, wie Sie gegen diese Ursachen Ihrer eigenen neurotischen Störungen oder der Neurosen Dritter angehen können.
- Das „Training der Gefühle" stellt eine große Vielfalt von RET-Methoden vor, die Ihnen helfen, mit den quälenden Gefühlen von Angst, Depression, Feindschaft, Selbsterniedrigung und Selbstmitleid umzugehen. Mehr als andere Therapieformen bleibt die RET wirklich eklektisch und multimodal. Gleichzeitig ist sie zielstrebig und tut ihr Möglichstes, schädliche und un-

wirksame psychotherapeutische Methoden aus der Welt zu schaffen.

- Die RET ist sehr aktiv ausgerichtet. Sie zielt direkt auf den Kern menschlicher Störungen und stellt ein Selbsthilfe-Programm vor, das innerhalb kürzester Zeit ungewöhnliche Erfolge erzielen kann.
- Dieses Buch zeigt Ihnen, wie Sie ein ehrlicher Genießer und Individualist sein können – sich selbst treu, aber gleichzeitig ein glückliches, soziales Mitglied der Gesellschaft. Es lässt zu, dass Sie Ihre eigenen spezifischen Werte, Ziele und Ideale beibehalten und sogar erweitern, während Sie gleichzeitig ein verantwortungsbewusster Bürger bleiben.

Wie ich hoffe, ist mein Buch einfach zu lesen und höchst eindeutig in seiner Argumentation, ohne dabei einfältig zu sein.

Die Weisheit vieler Denker und Psychologen konzentriert sich hier als praktisch orientierte, aber trotzdem sinnige Lebenshilfe. „Training der Gefühle" präsentiert Regeln und Methoden, die von den beiden Therapien abgeleitet wurden, die in den letzten Jahren die größte Anerkennung gefunden haben, – RET (Rational-Emotive Therapie) und die Kognitive Verhaltenstherapie. Auch aufgrund ihrer Wirksamkeit genossen diese beiden Therapieformen so großen Zuwachs. Dieses Buch vereint die besten Selbsthilfe-Techniken beider Therapien, mit deren Hilfe Sie Ihre emotionalen Probleme lösen können, sofern Sie das wünschen.

KAPITEL 2

Können Sie sich wirklich weigern, sich wegen jeder Kleinigkeit unglücklich zu machen?

Dieses Buch vermittelt eine seltsame Botschaft, nämlich, dass praktisch alle seelischen Konflikte ziemlich unnötig sind – ganz zu schweigen davon, dass sie unethisch sind. Sie selbst unethisch? Wenn Sie sich selbst in tiefe Angst oder Depressionen versetzen, so sind Ihre Handlungen ganz klar gegen *sich selbst* gerichtet und Sie sind *sich selbst* gegenüber unfair und ungerecht.

Ihre Verwirrung hat auch eine schlechte Auswirkung auf Ihr soziales Umfeld. Sie trägt dazu bei, Freunde und Verwandte in Aufregung zu versetzen und in gewissem Maße Ihrer ganzen Umwelt zu schaden. Die Konsequenzen, die Sie dafür zu tragen haben, dass Sie sich in Panik, Zorn oder Selbstmitleid ergehen, sind ungeheuerlich. Sie vergeuden Zeit und Geld, unternehmen nutzlose Anstrengungen, leiden unerwünschte seelische Qualen, unterminieren das Glück anderer und lassen sich dummerweise mögliche Freuden entgehen in dem einen – jawohl, dem EINEN Leben, das Sie jemals haben werden.

Was für eine Verschwendung!

Aber ist seelischer Schmerz vielleicht nicht eine Grundbedingung der menschlichen Existenz? Begleitet er uns nicht seit undenklichen Zeiten? Ist er dann nicht unvermeidlich, solange wir wahrhaft menschlich sind, solange wir die Fähigkeit besitzen zu fühlen?

Nein, das ist er nicht.

Verwechseln wir nicht schmerzliche Gefühle mit seelischer Störung! Ohne Zweifel können Menschen *fühlen*. Andere Wesen fühlen auch, ihre Gefühle sind jedoch nicht so tief. Zum Beispiel scheinen Hunde das zu fühlen, was wir vielleicht Liebe, Trauer, Furcht und Vergnügen nennen. Sie empfinden nicht genauso wie wir, aber sie haben ganz zweifellos Gefühle.

Aber wie steht es mit Ehrfurcht, romantischer Liebe, poetischem Feuer, kreativer Leidenschaft und wissenschaftlicher Neugierde? Haben Hunde und Affen diese Gefühle auch?

Ich bezweifle es. Unsere feinsinnigen, romantischen, kreativen Gefühle entstehen aus komplizierten Gedanken und Weltanschauungen. Zwei Stoiker, Epiktet und Mark Aurel, wiesen darauf hin, dass wir Menschen hauptsächlich so fühlen, wie wir denken. Das stimmt nicht ganz, aber im Großen und Ganzen.

Das ist seit über 30 Jahren die zentrale Botschaft der Rational-Emotiven Therapie (RET). Sie entstand aus der Verschmelzung und Anpassung einiger Grundregeln alter und neuerer Denker, insbesondere der Gedanken von Baruch Spinoza, Immanuel Kant, John Dewey und Bertrand Russell. *In der Tat* schaffen wir unsere eigenen Gefühle, und das tun wir durch Lernprozesse (von unseren Eltern und der Umwelt) und durch das Erfinden unserer eigenen rationalen und irrationalen Gedanken.

Wir treffen bewusst oder unbewusst die Wahl unserer Gedanken und somit bestimmen wir unsere Gefühle, und zwar auf eine Art und Weise, die uns selbst hilft oder schadet.[1]

Das stimmt so noch nicht ganz. Denn sowohl die Vererbung als auch unsere Umwelt beeinflussen uns zusätzlich.

Wir werden kaum mit bestimmten Gedanken, Gefühlen und Verhaltensweisen geboren. Und genauso wenig *veranlasst* uns unsere Umgebung unmittelbar zum Handeln oder Fühlen. Unsere Gene und unser soziales Umfeld beeinflussen unser Denken und Handeln in hohem

Maße, auch unsere Launen, unsere Lust und unsere Vorlieben. Und obwohl wir normalerweise diesen vorhersehbaren Neigungen nachgeben, sind wir doch nicht unbedingt dazu *gezwungen*.

Nicht, dass wir unbegrenzte Wahlmöglichkeiten oder gar einen freien Willen hätten. Oh nein. So sehr wir es auch wollen, wir können nicht einfach die Arme ausbreiten und fliegen. Wir können unsere verschiedenen Abhängigkeiten, wie die Abhängigkeit von Zigaretten, Nahrungsmitteln und Alkohol, oder Gewohnheiten, wie chronische Entschlusslosigkeit, nicht so einfach ablegen. Es fällt uns sehr schwer, auch nur eine unserer eingefahrenen Verhaltensweisen zu ändern. Leider!

Wir haben aber die *Möglichkeit*, uns merklich zu verändern. Wir *sind in der Lage*, selbst unseren eingefahrensten Verhaltensweisen eine neue Richtung zu geben. Warum? Weil wir, im Gegensatz zu Hunden, Affen und Kakerlaken, menschlich sind. Als Menschen werden wir mit einem Wesenszug geboren (und können diesen gezielt weiterentwickeln), den andere Wesen nicht besitzen: wir besitzen die Fähigkeit, uns über unsere Gedanken Gedanken zu machen. Wir sind von Natur aus Philosophen, wir können über unsere Weltanschauungen philosophieren, unsere Vernunft durchdenken.

Das ist ein ziemliches Glück! Und das gibt uns einen *gewissen* Grad an Selbstbestimmung oder freien Willen. Wenn wir nämlich *nur* eingleisige Denker wären, unser Denken nicht erforschen, unsere Gefühle nicht abwägen, unser Tun nicht im Nachhinein analysieren könnten, wo stünden wir dann? Wir säßen fest!

In der Tat sitzen wir nicht fest, wir sind auch nicht die Sklaven unserer eigenen Gewohnheiten, wenn wir es nicht *wollen*. Denn wir können uns unserer Umgebung und *unserer selbst* bewusst sein. Wir werden geboren – ja, geboren – mit dem seltenen Potenzial, unsere Beobachtungsgabe und unsere Fähigkeit nachzudenken, *uns selbst* gegenüber einzusetzen. Nicht, dass andere Wesen (zum Beispiel die Primaten) *kein* Bewusstsein ihrer Selbst hätten. Sie haben ein wenig davon, aber nicht sehr viel.

Wir Menschen besitzen richtige Selbst-Erkenntnis. Wir *können*, obwohl wir es nicht *müssen*, unsere eigenen Ziele, Wünsche und Zwecke betrachten und beurteilen. Wir *können* sie überprüfen, neu setzen und sie ändern. Wir *können* auch unsere *veränderten* Ideen, Gefühle und Taten beobachten und über sie nachdenken. Und wir können *sie* immer und immer wieder ändern![2]

Nun wollen wir diesen Gedanken der „Selbst-Veränderung" nicht sinnlos ausschlachten. Natürlich *besitzen* wir diese Fähigkeit. Natürlich *können* wir sie anwenden, aber nicht grenzenlos. Wir erhalten unsere ursprünglichen Ziele und Wünsche zum großen Teil durch unsere biologische Konditionierung und unsere frühkindliche Erziehung.

Wir *mögen* Muttermilch (oder abgepackte Fertignahrung), und es bereitet uns *Vergnügen*, uns an den Körper unserer Eltern zu schmiegen. Muttermilch und Körperkontakt zu den Eltern lieben wir, weil unser Überlebensinstinkt uns zeigt, dies zu lieben, wir dazu *erzogen* sind, es zu lieben, und wir uns daran *gewöhnen*, es zu lieben. Also ist das, was wir unsere Wünsche und Vorlieben nennen, nicht *frei* gewählt. Vieles davon wird uns durch Vererbung und *Erziehung* eingepflanzt.

Je mehr wir unsere Selbst-Erkenntnis *benutzen*, um über unsere Ziele und Wünsche nachzudenken, desto mehr schaffen wir freien Willen und Selbst-Bestimmung. Das gilt auch für Gefühle, sowohl für gesunde als auch gestörte Gefühle. Nehmen Sie nur als Beispiel Ihre eigenen Gefühle der Frustration und Enttäuschung, wenn Sie einen Verlust erleiden. Jemand verspricht Ihnen beispielsweise eine Stellung, oder will Ihnen Geld leihen, und macht dann einen Rückzieher. Natürlich fühlen Sie sich verärgert und traurig. So weit, so gut: Diese negativen Gefühle bestätigen, dass Sie nicht bekamen, was Sie wollten, und ermutigen Sie, nach einer anderen Stellung oder einem anderen Geldgeber Ausschau zu halten.

Diese Gefühle von Verärgerung und Traurigkeit sind also zunächst unbequem und „schlecht". Auf Dauer gesehen haben sie jedoch die Tendenz, Ihnen zu dem zu verhelfen, was Sie wollen, und dem abzuhelfen, was Sie nicht wollen. Haben Sie Einfluss auf diese gesunden negativen Gefühle, wenn etwas in Ihrem Leben schief geht? Ja. Sie können sehr verärgert sein – oder nur wenig. Sie könnten sich auf die Vorteile konzentrieren, die der Verlust einer bereits versprochenen Stellung mit sich bringt (wie etwa die Möglichkeit, eine bessere zu suchen) und sich kaum verärgert fühlen. Oder Sie könnten auf die Person herabschauen, die Ihnen irrtümlicherweise diese Stellung versprochen hat, und glücklich sein, dass Sie „besser" sind als diese „Laus".

Sie könnten sich natürlich auch entschließen, Ihr Augenmerk auf die Nachteile der versprochenen Stellung zu richten (z.B. die Unannehmlichkeiten der täglichen Anfahrt) und letztlich ganz froh sein, sie nicht bekommen zu haben. Sie müssten sich vielleicht darum bemühen, nicht traurig oder enttäuscht über den verlorenen Arbeitsplatz zu sein, aber Sie könnten sich in jedem Fall dazu *entschließen*. Also haben Sie die Wahl, was die *natürlichen* oder *normalen* Reaktionen auf den Verlust eines Arbeitsplatzes (oder einer Anleihe oder etwas Ähnlichem) betrifft. In der Regel würden Sie sich nicht bemühen, überhaupt eine Wahl zu treffen, und stattdessen die normalen, gesunden Gefühle von Verärgerung und Enttäuschung akzeptieren. Sie würden mit ihnen leben und sie sich zunutze machen.

Nehmen wir einmal an, dass Sie, wenn Ihnen eine Stellung oder Anleihe unfairerweise entgeht, tief besorgt, deprimiert, erniedrigt oder erzürnt sind. Sie sehen sich unfair behandelt. Sie regen sich sehr darüber auf.

Haben Sie dennoch Einfluss auf *diese* ausgeprägten Gefühle? Oder aber nicht?

Ja, ganz bestimmt sogar!

Das ist das Hauptthema dieses Buches: Egal, wie Sie sich verhalten, egal, wie unfair andere Sie behandeln, egal, wie elend die Lebensumstände sind – Sie haben praktisch immer (JA, IMMER) die Fähigkeit und die Macht, die eigenen Gefühle von Angst, Verzweiflung und Feindseligkeit zu ändern. Sie können sie nicht nur vermindern, sondern Sie können sie auch aus Ihrem Leben streichen, *wenn* Sie sich die in den folgenden Kapiteln vorgestellten Verhaltensweisen zu Eigen machen und sie praktizieren.

Wenn Sie einen echten Verlust erleiden, sind dann Gefühle von Panik, Depression und Wut unnatürlich? Natürlich nicht. Sie machen einen Teil des Menschseins aus. Nahezu jeder kennt solche Gefühle. Sie wären eine Ausnahme, wenn sie Ihnen weniger vertraut wären. Alle von uns haben sie und das sehr oft! Es wäre also verwunderlich, wenn Sie nicht ziemlich häufig so fühlen würden.

Aber *vertraut* ist nicht gleichbedeutend mit *gesund*. Erkältungen sind weit verbreitet, genauso blaue Flecken, Knochenbrüche und Infektionen. Aber man kann sie schwerlich als angenehm oder wohltuend bezeichnen.

So ist es auch mit Gefühlen der Angst, Sorge, Vorsicht, Umsicht und was wir leichte Besorgnis nennen. Sie sind normal und *gesund*. Wenn Sie absolut keine Angst hätten, würden Sie bald nicht mehr darauf achten, wo Sie hingehen oder was Sie tun, und Sie würden bald in Schwierigkeiten geraten, oder sich vielleicht selbst in tödliche Gefahr bringen.

Schwere Angstzustände, Furcht und Panik sind zwar normal (oder häufig), aber *ungesund*. Tiefe Angst führt zu düsterer *Überbesorgtheit*, zu Schrecken und Entsetzen. Sie kann Sie lähmen und dazu beitragen, dass Sie sich inkompetent und unsozial verhalten. Deshalb sollten Sie auf alle Fälle Sorge und Vorsicht positiv bewerten, dafür aber Gefühle wie Überbesorgtheit, „Überdramatisierung", Panik und Furcht über Bord werfen.

Wie das?

Zuerst müssen Sie anerkennen, dass die beiden Gefühle ganz verschiedener Natur sind, und Sie dürfen keine Ausflüchte machen oder aber pseudorationalisieren, Angstzustände wären „gesund". Behaupten Sie nicht, dass Angst unvermeidlich sei und als Teil Ihres Lebens akzeptiert werden müsse. Sorge oder Vorsicht sind fast unvermeidlich (und gut) für Sie, Panik und Schrecken dagegen nicht.

Worin liegt also der Unterschied zwischen Sorge und Panik?

Der Unterschied liegt darin, die Dinge, die Sie sich wünschen, als *absolute Notwendigkeiten* zu betrachten. Wie ich bereits in „A New Guide to Rational Living" (‚Ein neuer Führer in ein rationales Leben') ausgeführt habe, können Sie schwere Angstzustände auslösen, wenn Sie Wünsche durch *Muss*turbation ersetzen.

Wenn Sie eine gute Leistung bringen und von anderen akzeptiert werden *wollen*, sind Sie *besorgt* darüber, ob Sie versagen und zurückgewiesen werden könnten. Diese gesunde Besorgnis lässt Sie möglichst gut und kompetent handeln. Wenn Sie jedoch fest daran glauben, dass Sie unbedingt unter allen Umständen eine gute Leistung bringen und von anderen akzeptiert werden *müssen*, dann neigen Sie dazu, sich selbst in Panik zu versetzen, wenn Sie eine weniger gute Leistung erbringen als Sie vermeintlich *müssen*.[3]

Wenn die Theorien von Epiktet, Karen Horney (die als Erste über die Tyrannei von *„Muss-Vorstellungen"* sprach), Alfred Korzybski (der Gründer der allgemeinen Semantik) und RET richtig sind, dann sind Ihre emotionalen Probleme praktisch immer selbst geschaffen, indem Sie nämlich eine grundlegende Methodik verschrobener Denkweise angenommen haben – die *Muss*turbation.

Wenn Sie also die Mechanismen erkennen, durch die Sie in irrationale *Soll/Muss-Vorstellungen* geraten, können Sie damit aufhören, sich unbewusst von ihnen konditionieren zu lassen.

Immer? Nein, aber *fast* immer.

Denn es gibt, wie wir später sehen werden, ein paar Ausnahmen von den Regeln der *Muss*turbation. Aber in etwa 95 von 100 Fällen können Sie die *muss*turbatorische Denkweise entdecken, sie ändern und sich weigern, sich wegen der Schwierigkeiten elend zu fühlen, wegen derer Sie sich „normalerweise" aufregen.

Wirklich?

Ja, wirklich, wie Sie feststellen können, wenn Sie darüber *nachdenken.*

Kann ich diesen RET-Anspruch beweisen? Ich glaube schon. In dcr modernen Psychologie ist mehrfach nachgewiesen worden, dass deprimierte oder unter Angstzuständen leidende Menschen im Stande waren, über ihre gestörten Gefühle hinwegzukommen und ein viel glücklicheres Leben zu führen, indem sie ihren gedanklichen Ansatzpunkt änderten. Es liegen mehr als 200 kontrollierte wissenschaftliche Studien über Rational-Emotive-Therapie, Kognitive Therapie und andere kognitive Verhaltenstherapien vor, die zeigen, dass Menschen ihre Handlungen und Gefühle viel besser in den Griff bekommen, wenn man sie darin unterweist, wie sie ihre negativen Vorstellungen verändern können.[4] Uns liegen auch

Hunderte anderer Studien vor, die zeigen, dass die Haupttechniken, die in der RET-Arbeit angewendet werden, wirkungsvoll funktionieren.

Weitere wissenschaftliche Studien – bis heute mehr als 250 – haben getestet, ob die hauptsächlichen irrationalen Überzeugungen (iBs im Englischen: irrational beliefs), an denen Menschen festhalten, tatsächlich ein Indiz dafür sind, wie sehr diese Menschen unter seelischen Störungen leiden, das zeigte ich schon im Jahre 1956 auf. Ungefähr 95 % dieser Studien zeigen, dass Menschen, die schwere emotionale Probleme haben, auch mehr irrationale Überzeugungen haben als Leute mit weniger Problemen.

Beweisen all diese wissenschaftlichen Zeugnisse, dass es leicht ist, Ihre vorbehaltlosen, starren *Soll/Muss-Vorstellungen,* Befehle und Ansprüche, die Sie unglücklich machen, aufzuspüren? Ist es möglich, sie bald danach aufzugeben? Können Sie schnell ein klarer Denker werden und danach ein sorgenfreies Leben führen?

Nein, nicht unbedingt! Dazu braucht es mehr, wie die weiteren Seiten dieses Buches zeigen werden.

Es gibt jedoch eine Antwort. Sie können die irrationalen Ideen, mit denen Sie sich selbst in Aufregung versetzen, erkennen, an Ihnen arbeiten und sie aufgeben. Sie können eine wissenschaftliche Denkweise benutzen, um die eigenen selbstzerstörerischen Dogmen auszumerzen. Wie?

Lesen Sie das nächste Kapitel. – Aber zuerst eine Übung.

RET-Übung Nr. 1

Zunächst mag die nachfolgende Übung sehr einfach erscheinen, aber sie ist nicht ganz so einfach wie sie aussieht. Sie verleiht Ihnen Übung darin, zwischen *angebrachten* und *un*angebrachten negativen Gefühlen zu unterscheiden, wenn Sie etwas in Ihrem Leben als „unglücklich“ ansehen oder wenn Sie darüber besorgt sind, dass Ihnen etwas „Schlechtes“ zustoßen könnte.

Wie Sie zwischen angebrachter Besorgnis, Vorsicht, Umsicht und unangebrachter Angst, Nervosität und Panik unterscheiden können

Stellen Sie sich vor, es könnte Ihnen etwas Unangenehmes geschehen, wie z.B. der Verlust eines guten Arbeitsplatzes, ein Autounfall oder der Verlust eines geliebten Menschen. Stellen Sie sich vor, dass dieses Ereignis leicht eintreffen könnte. Wie fühlen Sie sich dabei? Was sagen Sie sich, um dieses Gefühl hervorzurufen?

Wenn Sie eine angebrachte Sorge oder Vorsicht fühlen, sagen Sie sich so etwas wie „Ich möchte wirklich nicht, dass so ein Unglück passiert, aber wenn es geschehen sollte, werde ich damit fertig werden.“ – „Wenn mein Partner schwer erkranken oder sterben würde, so wäre dies sehr traurig, aber ich könnte trotzdem weiterleben und einigermaßen glücklich sein.“ – „Wenn ich das Augenlicht verlieren würde, wäre das eine schwere Behinderung, aber ich könnte dennoch mein Leben genießen.“

Achten Sie darauf, dass alle diese Gedanken aussagen, was für einen Verlust Sie erleiden würden, und wie es Ihnen Leid täte, wenn gewisse Dinge geschehen würden. Alle jedoch fügen dieser Aussage ein „aber“ hinzu, das Ihnen trotz allen Leids immer noch eine Aussicht auf ein lebenswertes Leben eröffnet.

Wenn Sie *un*angebrachte Angst, Nervosität oder Panik empfinden, sollten Sie nach diesen Arten von *Muss-Vorstellungen, Überdramatisierungen, „Ich-kann-es-nicht-mehr-ertragen“-Vorstellungen, Selbstherabsetzungen* und

Übergeneralisierungen suchen. „Wenn ich meine Arbeit verlieren würde, was nicht passieren *darf*, könnte ich *niemals mehr* eine gute Stelle bekommen, und das würde beweisen, was für ein komplett *unzulänglicher* Mensch ich bin." – „Mein Partner *darf* nicht sterben, denn ich *könnte* es nicht *ertragen*, allein zu sein und würde mich bis an mein Lebensende elend fühlen." – „Es *darf* nicht geschehen, dass ich mein Augenlicht verliere, denn sonst wäre mein Leben *schrecklich* und *entsetzlich*, und ich könnte nie wieder Freude empfinden!"

Beachten Sie, dass dies Voraussagen sind, die Sie in tiefste seelische Qualen stürzen werden und dass es für Sie *keinen* Ausweg mehr aus lebenslangem Leid geben wird.

Stellen Sie sich weiterhin vor, dass Ihnen tatsächlich etwas Schreckliches geschehen ist, so wie der Verlust Ihres gesamten Vermögens oder einen Chef zu haben, der Sie ständig kritisiert oder einen Partner oder besten Freund, der Sie sehr ungerecht behandelt. Fühlen Sie sich jetzt *nur* traurig und voll Bedauern? Oder fühlen Sie sich *auch* unangemessen deprimiert oder wütend?

Falls Sie sich deprimiert fühlen, suchen Sie nach *Soll-*, *Muss-* oder *Zwangsvorstellungen* wie „Ich *hätte* mit meinem Geld vorsichtiger umgehen *sollen*. Was für ein Narr ich war, dass ich nicht vorsichtiger war!" oder „Mein Chef *sollte* mich nicht so kritisieren. Ich *kann* diese Art von ständiger Kritik nicht *ertragen*!"

Wenn Sie sich sehr ärgerlich fühlen, suchen Sie nach *muss*turbatorischen Selbstaussagen wie „Mein bester Freund *darf* mich nicht unfair behandeln! Was für ein lausiger Mensch er ist!" oder „Meine Lebensumstände *müssen* besser sein als sie sind! Wie ungerecht und schrecklich, dass alles so ist!"

Wann immer Sie stark negative Gefühle haben, weil Ihnen unangenehme Dinge zustoßen oder Sie sich vorstellen, dass sie geschehen könnten, sollten Sie überprüfen ob diese Gefühle aus dem *Wunsch* und dem *Bedürfnis* entstanden sind, dass Ihnen Besseres zusteht. Oder produzieren Sie diese Gefühle, indem Sie sich über Ihre Vorlieben hinwegsetzen und mächtige *Soll-, Muss-Vorstellungen, Ansprüche, Befehle* und *Notwendigkeiten* schaffen? Wenn das der Fall ist, dann verdrehen Sie Sorge und Vorsicht in *Über*-Besorgtheit, zwanghafte Angst und Panik. Beachten Sie den tatsächlichen Unterschied in Ihren Gefühlen!

KAPITEL 3

Kann wissenschaftliches Denken Sie von Ihren seelischen Problemen befreien?

Durch einfache Logik können Sie herausfinden, dass Sie sehr selten verstört sein müssten, wenn Sie nur bei Ihren Wünschen und Vorlieben bleiben würden und wenn Sie nicht dem unrealistischen Anspruch verfallen würden, der fordert, dass Ihre Wünsche erfüllt werden *müssen*.

Warum?

Weil Ihre Vorlieben mit „Ich würde *sehr gerne* Erfolg, Anerkennung oder Trost haben" beginnen und mit der Schlussfolgerung enden „*Aber* ich *muss* sie nicht unbedingt erreichen. Ich werde schon nicht ohne sie sterben und könnte auch so ganz glücklich sein."

Oder Ihre Wünsche beginnen mit „Misserfolg, Ablehnung oder Unbequemlichkeit würden mir auf jeden Fall Missfallen." Dann folgt die Schlussfolgerung „*Aber* falls ich Misserfolg, Ablehnung oder Schmerz erfahre, *kann* ich sie *ertragen*. Ich werde nicht *zusammenbrechen*. Ich kann *trotzdem* noch einigermaßen (wenn auch nicht *so*) glücklich sein, wenn ich diese unangenehmen Erfahrungen mache."

Wenn Sie jedoch darauf bestehen, dass Sie etwas haben oder tun *müssen*, sehen Ihre Gedanken wahrscheinlich folgendermaßen aus: „Weil ich *sehr gerne* Erfolg, Anerkennung oder Vergnügen hätte, *muss* das unbedingt und unter allen Umständen geschehen. Sofern ich nicht erreiche, was ich unbedingt erreichen *muss*, ist das *schrecklich*. Ich *kann* es nicht *ertragen*, ich bin eine *minderwertige* Person, weil ich es nicht so einrichten konnte, dass es mir gelang, und die Welt ist *schrecklich*, weil ich in ihr nicht haben kann, was ich haben *muss*! Ich bin sicher, dass ich es *nie* bekommen werde und deshalb kann ich *überhaupt nicht* glücklich sein!"

Wenn Sie in diesen starren, *muss*turbatorischen Kategorien denken, werden Sie häufig angespannt, deprimiert, feindselig gegen sich selbst, aggressiv und voll Selbstmitleid sein. Bleiben Sie bloß bei Ihren tief gehenden, starren *Soll/Muss-Vorstellungen* und Sie werden sehen, wie es Ihnen geht!

Sind dogmatische *Muss-Vorstellungen* die einzige Ursache für emotionale Probleme? Nein, nicht ganz. Einige Störungen, z.B. Psychosen oder Epilepsie, können durchaus *Muss-Vorstellungen* enthalten. Andere seelische Probleme, wie ernste Depressionen und Alkoholismus, schließen auch körperliche Symptome mit ein, die *Muss-Vorstellungen* und andere Formen von ungesundem Denken nach sich ziehen können.

Aber gewöhnliche emotionale Störungen oder Neurosen (wie die meisten Ängste und Aggressionen) lassen sich hauptsächlich auf überhöhte Erwartungen zurückführen. Auch wenn Sie mit starken Gefühlen von Unzulänglichkeit zu kämpfen haben? Jawohl, Ihre Minderwertigkeitsgefühle sind ironischerweise das Resultat der absolutistischen Ansprüche, die Sie an sich selbst stellen.

Nehmen Sie zum Beispiel den 23-jährigen Stevie. Er hatte ein Jurastudium hinter sich gebracht und war auf dem besten Weg, Steuerberater zu werden. Es schien so, als habe er alles, was er wollte. (Einschließlich eines großartigen Körperbaus, fast vollkommener Gesichtszüge und reicher Eltern, die ihn anbeteten.) Und doch war Stevie ein Problemfall: Er hatte keine Freunde, keine Rendezvous, war unfähig, über etwas anderes als Recht und Geschäft zu sprechen. Außerdem hasste er sich zutiefst.

Besaß Stevie einen älteren Bruder, der viel besser Kontakte knüpfen konnte als er?

Litt er unbewusst unter Schuldgefühlen, weil er seine Mutter begehrte?

Hatte er beim Sport einen riesen Fehler gemacht und war deswegen von all seinen Klassenkameraden ausgelacht worden?

Hatte sein Vater ihn wegen Onanierens angeschrien und damit gedroht, ihm den Penis abzuschneiden?

Nichts von alledem! Stevie hatte nur wenige Kindheitstraumata erlebt und fast alles, was er tat, gelang ihm.

Aber: als er die Pubertät erreichte, hasste Stevie sich selbst – trotz aller Liebe, die er durch seine Eltern erfahren hatte, trotz seiner guten Schul- und Sportleistungen.

Warum?

Weil er sich praktisch nicht unterhalten konnte. Er hatte eine hohe Stimme und lispelte leicht. Perfektionist wie er war, verlangte er von sich auch eine schöne Sprache. Aber je mehr er darauf bestand, dass er gut zu sprechen hatte, desto mehr stotterte und stammelte er. Von da an schwieg er in der Regel und zog sich in sich selbst zurück.

Mit 23 Jahren kannte jedermann Stevie als einen außergewöhnlich schüchternen, gehemmten jungen Mann. Niemand zweifelte an seiner Selbstverachtung. Aber nur wenige durchschauten sein unterschwelliges Grandiositätsstreben, sein unbedingtes Bedürfnis, in jeder Beziehung perfekt und ideal zu sein und seine absolute Weigerung, Mittelmäßigkeit zu akzeptieren. Erst nach einigen Monaten RET gelang es mir, Stevie klarzumachen, dass er sich viele *Soll*-Zwänge selbst auferlegte. So z.B.: „Ich muss in *allen* wichtigen Dingen großartig sein, und wenn ich *dummes Zeug rede* oder schlecht spreche, was ich *unter gar keinen Umständen* darf, bin ich völlig wertlos. Wenn ich aber von Haus aus nichts Vernünftiges herausbringe, warum sollte ich es dann überhaupt versuchen?“

Zunächst konnte Stevie seinen Perfektionismus nicht zugeben. Aber schließlich sah er ein, dass er gottähnliche

Ansprüche an sich selbst stellte. Sobald er diese Ansprüche erkannt hatte und anfing, sie mit Hilfe von RET zu überprüfen; sobald er einsah, dass ihn niemand zwang, schön zu sprechen, verlor er seine Minderwertigkeitsgefühle. Er zog sich nicht mehr zurück, obwohl er immer noch lispelte und mit hoher Stimme sprach, und zwang sich selbst, weiter und weiter zu sprechen – schließlich wurde er ein guter Redner.

Nicht jede emotionale Störung lässt sich auf arrogantes Denken zurückführen. Aber die meisten. Wenn Sie von sich selbst verlangen, dass Sie nicht versagen *dürfen*, können Sie auch verlangen, dass Sie nicht neurotisch sein dürfen. Stevie, zum Beispiel, sah ein, dass er neurotisch war – setzte sich selbst herab, weil er gestört war, und verstärkte demzufolge seine Neurose.

So sagte er sich beispielsweise: „Andere Menschen sind nicht so schüchtern wie ich. Wie verrückt von mir, so schüchtern zu sein, wenn die meisten anderen dieses Problem nicht haben! Wie dumm von mir, so gestört zu sein!" So schuf er sich ein sekundäres Problem – eine Neurose wegen einer Neurose!

Wenn Sie neurotisch sind, wird Ihnen durch unlogisches und unrealistisches Denken mit hoher Wahrscheinlichkeit das Gleiche passieren. Sie haben zunächst einmal das angeborene Talent, selbstzerstörerische Denkweisen zu akzeptieren und zu schaffen. Dann erhalten Sie beträchtliche Hilfe durch die Umgebung – die Ihnen einerseits echte Schwierigkeiten (Armut, Krankheit, Ungerechtigkeit) bereiten kann und Sie anderseits zu starrem Denken ermutigt („Nachdem Du musikalisch begabt bist, *solltest* Du unbedingt ein hervorragender Musiker sein").

Aber Neurosen sind trotzdem hauptsächlich selbst verursacht. Sie *entschließen sich* bewusst oder unbewusst, ein Opfer zu werden. Und sie *können* sich entschließen, mit diesem Unsinn aufzuhören und sich stur weigern, sich, aus welchem Grund auch immer, neurotisch zu machen.

Das ist das Hauptthema dieses Buches. Sie können wissenschaftlich denken. Wie der glänzende Psychologe George Kelly 1955 sagte, sind Sie von Natur aus ein Wissenschaftler. Sie können *vorhersagen*, was geschehen wird, wenn Sie sich entschließen, Geld zu sparen oder ein teures Auto zu kaufen. Sobald diese Entscheidungen erst einmal getroffen sind, *beobachten* Sie die Resultate Ihrer Entscheidung und *überprüfen* sie, um Ihre Voraussagen zu *bestätigen*. Werden Sie genug sparen können? Werden Sie ein schönes Auto bekommen? Sie überprüfen solche Fragen, um zu sehen, ob sie sich realisieren lassen.

Das ist die Quintessenz der Wissenschaft: Plausible Hypothesen oder Vermutungen aufzustellen und dann so lange weiter zu experimentieren und sie zu überprüfen, bis sie aufrechterhalten werden können oder bewiesen ist, dass sie falsch sind. Denn eine Hypothese ist keine *Tatsache,* nur eine Vermutung, eine Annahme. Sie überprüfen sie, um ihre Richtigkeit zu bestimmen. Wenn sie sich als falsch erweist, verwerfen Sie sie und stellen eine neue Hypothese auf. Falls sie richtig erscheint, verwenden Sie sie provisorisch – sind aber immer bereit, sie fallen zu lassen, falls später Gegenbeweise auftreten.

So funktioniert Wissenschaft. Sie ist fehlbar und führt oft zu unsicheren Resultaten. Aber sie ist wahrscheinlich die beste Methode, die wir haben, um „Wahrheit" zu entdecken und „Realität" zu verstehen. Viele Mystiker und Religionsgründer haben argumentiert, dass uns die Wissenschaft nur einen *begrenzten* Ausschnitt der Realität eröffnet und dass wir die „Absolute Wahrheit" und „Kosmisches Verständnis" durch reine Intuition oder direkte Erfahrung der alles durchströhmenden universalen Energie erreichen können. Das mögen interessante Theorien oder Hypothesen sein. Aber bis jetzt sind sie wohl kaum bewiesen, und höchstwahrscheinlich dürften auch wir keine endgültige Antwort auf sie finden. Deshalb sind sie auch nicht wissenschaftlich.

Wissenschaft ist nicht nur die Anwendung von Logik und Fakten, um eine Theorie auf ihre Richtigkeit zu überprüfen. Ihre wichtigste Aufgabe besteht darin, Theorien ständig zu überprüfen, abzuändern und sie durch geeignetere Ideen und nützlichere Vermutungen zu ersetzen. Sie ist eher flexibel als starr, offen statt dogmatisch ausgerichtet. Sie zielt auf mehr Wahrheit ab, aber nicht auf die absolute und vollkommene Wahrheit.[1]

Die Prinzipien der RET, die in diesem Buch dargelegt werden, machen deutlich, dass ein unwissenschaftliches, irrationales Denken ein Hauptgrund für emotionelle Störungen ist.

Wenn Sie gelernt haben, beständig wissenschaftlich und flexibel in Bezug auf Ihre Wünsche, Vorlieben und Wertvorstellungen zu sein, werden Sie diese nicht zu selbstzerstörerischen Dogmen eskalieren lassen. Sie werden dann denken: „Ich möchte sehr gerne Karriere machen und einen Partner finden, den ich liebe“. Aber Sie werden nicht fanatisch und unwissenschaftlich hinzufügen: (1) „Ich muss Karriere machen!“ (2) „Ich kann nur mit einem Partner glücklich sein, den ich liebe!“ (3) „Ich bin eine durch und durch schlechte Person, wenn ich nicht die steile Karriere und die großartige Beziehung erreiche, die ich erreichen muss.“

RET zeigt Ihnen auch, dass Ihnen, wenn Sie bereits diesen absoluten *Muss-Vorstellungen* verfallen sind und sich auf diese Weise elend machen, immer noch die Möglichkeit offen steht, die wissenschaftliche Methode anzuwenden, um wieder anzufangen, gesund zu denken. Denn emotionale Stabilität ist eine Konsequenz aus gesundem bzw. wissenschaftlichem Denken. Es ist fast unmöglich, sich selbst ernsthaft neurotisch zu machen und in diesem Zustand zu verharren, wenn Sie alle Dogmen, alle Bigotterie und alle Intoleranz aufgeben. Denn wenn Sie wissenschaftlich denken, können Sie unabänderliche Schwierigkeiten *akzeptieren* (wenn Sie sie auch kaum je *mögen* werden) und damit aufhören, sie weiterhin als „geheiligte Katastrophen" zu kultivieren.

Sie *werden* das natürlich nicht immer tun.

Ihre Chancen, ein perfekter Wissenschaftler zu werden, sind in etwa so hoch wie Ihre Chance, ein vollkommener Pianist oder Schriftsteller zu werden. Als ein allzu *fehlbarer* Mensch dürften Sie wohl kaum jemals die Perfektion erreichen!

Wenn Sie wollen, können Sie sich bemühen, so gut wie möglich zu sein. Aber Hände weg von der Perfektion! Sie können sich *wünschen*, Ihr Ziel zu erreichen, und dadurch vermeiden, sich aufzuregen, falls Sie versagen sollten. Bereits der *Wunsch* nach Perfektion erscheint sinnlos. Aber sie absolut zu setzen grenzt bereits an Wahnsinn.

Selbst wenn Sie dieses Buch lesen und energisch versuchen, seinen Vorschlägen zu folgen, werden Sie kein perfekter Wissenschaftler werden oder sich für den Rest Ihres Lebens „unelend" fühlen. Versuchen Sie es mit einem „Zaubertrank", der Ihnen reines Wohlergehen für immer und ewig verspricht, wenn Sie diese Art von utopischer Frucht pflücken wollen. Die Wissenschaft verspricht Ihnen nichts. Aber es gibt einen realistischen RET-Plan:

Arbeiten Sie daran, rational zu denken, sich an die Realität zu halten, Ihre Hypothesen über sich selbst, über andere und über die Welt zu überprüfen. Überprüfen Sie sie angesichts der besten Beobachtungen und Fakten, die Sie finden können. Hören Sie auf, das Unerreichbare anzustreben, geben Sie Ziele, die Sie nie erreichen können, auf. Hängen Sie Ihr Wunschdenken an den Nagel. Zerstören Sie rücksichtslos ihre *kindischen Träumereien*.

Kommt dann das Schlaraffenland? Nein. Werden Sie sich niemals *wieder* gestört fühlen? Ich bezweifle es. Werden Sie Ihre *Ängste*, Depressionen und Ihre Aggressionen auf den Null-Punkt bringen? Wahrscheinlich nicht.

Aber ich kann Ihnen Folgendes versprechen: Je wissenschaftlicher, rationaler und realistischer Sie werden, desto weniger werden Sie emotional befangen sein. Und im Laufe der Jahre werden Ihre Betrachtungsweisen sich konsolidieren und immer weniger neurotisch werden.

Ist das eine Garantie? Nein, aber eine Voraussage, die sich wohl erfüllen dürfte.

RET-Übung Nr. 2

Denken Sie einmal an das letzte Mal, als Sie aus irgendeinem Grund angespannt waren. Wovor hatten Sie Angst? Davor, neue Leute zu treffen, Erfolg im Berufsleben zu haben oder die Anerkennung einer Person zu gewinnen, die Sie mögen? Fürchteten Sie sich davor, ein Tennis- oder Schachspiel zu gewinnen, in eine gute Schule zu kommen, zu erfahren, dass Sie keine schwere Krankheit haben oder unfair behandelt zu werden?

Suchen Sie nach dem Befehl oder dem Verlangen nach Erfolg oder Anerkennung, der Ihre ängstliche Spannung oder Überbesorgtheit hervorgerufen hat. Was waren Ihre *Soll-, Muss-Vorstellungen?* Achten Sie auf diese Art von Angst erzeugenden Gedanken:

„Ich *muss* diese neuen Leute, die ich treffe, beeindrucken!" – *„Ich habe mir vorgenommen, gut in meinem Beruf zu sein, deswegen muss* ich es einfach schaffen!"

„Weil ich diesen Menschen sehr gerne mag, *muss* ich seine/ihre Anerkennung gewinnen!" – „Diesen Test zu bestehen ist sehr wichtig. Deshalb *muss* ich ihn bestehen!" – „Weil dies ein guter Job sein könnte, ist es *unbedingt notwendig*, dass ich *beim Vorstellungsgespräch* einen guten Eindruck mache." – „Wenn ich diese Tennis- (oder Schach-) Partie gewinne, kann ich beweisen, was für ein guter Spieler ich bin. Deshalb ist es *lebensnotwendig*, dass ich gewinne und jedem zeige, dass ich wirklich gut bin!" – „Die Schule, an der ich mich beworben habe, ist eine der besten, und ich will wirklich aufgenommen werden. Also *muss* ich aufgenommen werden, und es wäre *schrecklich*, falls sie mich nicht nehmen würden."

„Es wäre wirklich *entsetzlich*, wenn ich eine schwere Krankheit hätte. *Ich könnte es nicht ertragen!*"

„Ich habe diese Leute sehr gut behandelt und deshalb *dürfen* sie mich nicht unfair behandeln. Es wäre *schrecklich*, wenn sie es täten!"

Bei allen Gelegenheiten, bei denen Sie sich in letzter Zeit angespannt oder überbesorgt gefühlt haben, suchen Sie nach Ihren Vorlieben („ich würde den Job sehr gerne haben") und finden Sie dann Ihren Befehl oder Ihre *Muss-Vorstellung* („also *muss* ich ihn bekommen und ich *könnte* es nicht ertragen, wenn ich ihn nicht bekomme!").

Tun Sie dasselbe bei unlängst aufgetretenen depressiven Gefühlen. Finden Sie heraus, weshalb Sie deprimiert sind, dann suchen Sie so lange, bis Sie die *Soll-* bzw. *Muss-Vorstellung* gefunden haben, die Ihre Depression hervorruft. Beispiele: „Weil ich diesen Job will, hätte ich mich auf das Vorstellungsgespräch vorbereiten *sollen*, und da ich es nicht getan habe, bin ich ein *Idiot*, der so einen guten Job nicht *verdient*!"

„Ich hätte mehr trainieren können, um das Tennis-Match zu gewinnen, habe es aber nicht getan, und das beweist, dass ich ein fauler Nichtsnutz bin, der *niemals* gut im Tennis oder irgendetwas anderem sein wird!"

Finden Sie Ihre *Muss- und Soll-Vorstellungen*, die daran Schuld sind, dass Sie sich erst vor kurzem über jemanden geärgert haben. Zum Beispiel: „Nachdem ich alles Mögliche unternommen habe, um John Geld zu leihen, hat er es nie zurückgezahlt, wie er es unbedingt hätte tun *müssen*. Was ist er doch für eine verantwortungslose Laus! Er *darf* mich nicht so behandeln!"

„Ich hätte am Samstag an den Strand gehen können, aber dummerweise habe ich bis Sonntag gewartet – und es regnete. Das Wetter hätte am Sonntag auch gut sein *sollen*. Wie *schrecklich*, dass es geregnet hat! Ich *kann* Regen nicht *ertragen*, wenn ich an den Strand gehen will!"

Nehmen Sie an, dass Sie jedes Mal, wenn Sie Angst haben, deprimiert oder ärgerlich sind, sich nicht nur intensiv *wünschen*, sondern *befehlen*, dass alles gut geht und Sie bekommen, was Sie wollen. Suchen Sie die *Soll-Vorstellung*, erkennen Sie die *Muss-Vorstellung!* Geben Sie nicht auf, bis Sie sie gefunden haben. Wenn es Ihnen schwer fällt, sie zu finden, wenden Sie sich an einen Freund, einen Verwandten oder RET-Therapeuten, der Ihnen dabei helfen wird. Halten Sie durch!

KAPITEL 4

Wie Sie sich selbst, andere und Ihre Lebensumstände wissenschaftlich einschätzen können

Nehmen wir an, dass ich Ihnen jetzt die wissenschaftliche Methode schmackhaft gemacht habe. Was nun? Wie können Sie rationales Denken bei sich selbst, in Ihren Beziehungen zu anderen und Ihrer Umwelt anwenden?

Wissenschaft, wie ich im vorhergehenden Kapitel ausgeführt habe, ist flexibel und undogmatisch. Sie hält sich an Fakten, an die Realität (die sich jederzeit ändern kann) und an logisches Denken (das sich nicht widerspricht und zwei gegensätzliche Standpunkte gleichzeitig vertritt). Sie vermeidet starres „Alles-oder-Nichts"- und „Entweder-Oder"-Denken und sieht, dass die Realität oft zwei Seiten hat und widersprüchliche Ereignisse und Charakteristika aufweist.

Also bin ich in meinen Beziehungen zu Ihnen nicht eine völlig *gute* oder *schlechte Person*, sondern jemand, der Sie manchmal gut und manchmal schlecht behandelt. Anstatt Weltereignisse auf eine starre, absolute Art zu betrachten, nimmt die Wissenschaft an, dass solche Ereignisse, und insbesondere menschliche Angelegenheiten, normalerweise den Gesetzen der Wahrscheinlichkeit unterliegen.

Die Hauptregeln der wissenschaftlichen Vorgehensweise lauten wie folgt:

1. Es wäre besser, wenn wir das, was in der Welt geschieht, als „Realität" akzeptierten, selbst wenn es uns nicht gefällt und wir es ändern wollen. Wir beobachten und überprüfen ständig „Fakten", um zu sehen, ob sie

noch „wahr“ sind oder ob sie sich geändert haben. Man nennt die Beobachtung und Überprüfung der Realität die empirische Methode der Wissenschaft.

2. Wir stellen wissenschaftliche Gesetze, Theorien und Hypothesen auf logisch zusammenhängende Weise auf und vermeiden grundlegende Widersprüche (ebenso wie falsche oder unrealistische „Fakten“). Wir können diese Theorien ändern, wenn sie sich nicht auf Fakten und Logik stützen.

3. Wissenschaft ist flexibel und undogmatisch. Sie ist skeptisch gegenüber Ideen, die etwas als absolut, unbedingt oder garantiert wahr annehmen. Sie überprüft und verändert ihre Theorien, wenn neue Informationen vorliegen.

4. Wissenschaft vertritt keine Theorien oder Ansichten, die unbeweisbar sind. Z.B. die Idee, dass unsichtbare, allmächtige Teufel existieren und alles Übel in der Welt verursachen. Sie behauptet nicht, dass das Übernatürliche nicht existiert, aber nachdem es keine Möglichkeit gibt, zu beweisen, dass übernatürliche Wesen existieren, fasst sie sie nicht als Forschungsgegenstand auf. Unser Glaube an übernatürliche Dinge ist wichtig und kann wissenschaftlich erforscht werden. Wir können oft eine natürliche Erklärung für „übernatürliche“ Phänomene finden. Es ist jedoch unwahrscheinlich, dass wir jemals definitiv die Existenz von übermenschlichen Wesen werden nachweisen können.

5. Wissenschaft ist skeptisch, ob das Universum zwischen „Schuld“ und „Unschuld“ unterscheidet, und dass es Menschen (oder Dinge) für ihre guten Taten belohnt oder sie für ihr „schlechtes“ Verhalten verdammt. Sie hat keinen absoluten universellen Standard für „gutes“ und „böses“ Verhalten. Sie nimmt an, dass eine Gruppe, die gewisse Taten als „gut“ definiert, wahrscheinlich dazu neigen wird, diejenigen zu belohnen, die auf diese Art

handeln und oft (aber nicht *immer*) die bestrafen wird, die „böse" handeln.

6. Im Hinblick auf menschliches Verhalten hält die Wissenschaft wieder keine absoluten Regeln bereit; sobald jedoch Menschen einen Standard oder ein Ziel aufstellen (etwa zu Überleben und innerhalb der eigenen Gruppe glücklich zu sein), kann die Wissenschaft studieren, wie Menschen sind, ihre Lebensumstände und die Art, wie sie für gewöhnlich handeln, erforschen; und sie kann in gewissem Maß beurteilen, ob sie diese Ziele erreichen und ob es weise wäre, sie zu modifizieren oder andere Wege zu finden, um sie zu erreichen. In Bezug auf emotionale Gesundheit und Glück kann die Wissenschaft oft helfen, Ziele zu erreichen, wenn sich ein Mensch erst einmal für ein bestimmtes Ziel entschieden hat (was nicht einfach ist!). Aber sie gibt keine Garantien!

Wenn dies einige der Hauptregeln der wissenschaftlichen Methode sind, wie können Sie ihnen folgen und dadurch sich selbst dazu verhelfen, emotional gesünder und glücklicher zu sein?

Indem Sie Ihre Erregung und die irrationalen Ideen nehmen, die für Ihre Probleme verantwortlich sind, und die wissenschaftliche Methode benutzen, um sie zu widerlegen.

Um Ihnen zu zeigen, wie Sie das machen können, lassen Sie uns einige der verbreitetsten irrationalen Überzeugungen nehmen und anhand dieser Beispiele zeigen, wie Sie sich wissenschaftlich überprüfen lassen.

Irrationale Idee Nr. 1: „Weil ich gerne kompetent sein will, *muss* ich auch kompetent handeln."

Wissenschaftliche Analyse:

Ist diese Überzeugung realistisch und den Tatsachen entsprechend? Offensichtlich nicht. Weil ich ein Mensch bin, der ein gewisses Maß an freier Wahl hat, *muss* ich nicht kompetent handeln und kann mich entscheiden, schlecht zu handeln. Da ich außerdem fehlbar bin, habe ich, realistisch gesehen, kaum die Möglichkeit, immer kompetent zu handeln.

Ist diese Überzeugung logisch? Nein, denn meine Fehlbarkeit widerspricht dem Anspruch, dass ich immer kompetent handeln *muss*. Daraus, dass ich in einer bestimmten Art und Weise handeln möchte, folgt auch nicht, dass ich es *muss*.

Ist diese Überzeugung flexibel? Nein, denn sie sagt, dass ich unter *allen* Umständen und auf *jeden* Fall kompetent sein muss. Darum ist es eine unflexible, starre Überzeugung.

Kann diese Überzeugung widerlegt werden? In gewisser Weise ja. Denn ich kann beweisen, dass ich nicht immer kompetent handeln *muss*. Aber die Überzeugung bzw. der Glaube, dass ich kompetent handeln *muss*, macht mich zu einer gottähnlichen Figur, deren Wunsch nach Kompetenz immer erfüllt werden muss und die die Macht besitzt, ihn zu erfüllen. Es gibt vielleicht keinen Weg, diesen gottähnlichen Befehl ad absurdum zu führen, denn selbst wenn ich manchmal unfähig handle, könnte ich behaupten, dass ich das aus einem besonderen Grund getan habe und immer noch, wenn ich wollte, kompetent handeln könnte. Ich könnte ebenso gut sagen: „Gottes Wille geschehe!" – als Gott muss ich nicht erklären, warum ich „inkompetent" war.

Beweist diese Überzeugung, dass ich es verdiene, kompetent zu sein? Nein. Ich kann zwar annehmen, dass ich, weil ich intelligent bin und mich anstrenge, *normalerweise* und *wahrscheinlich* kompetent sein werde. Aber ich kann nicht beweisen, dass das Universum mir Kompetenz *schuldet*, nur weil ich relativ intelligent bin, hart arbeite und erfolgreich sein will. Diese Art von Verpflichtung oder Notwendigkeit existiert nicht.

Beweist diese Überzeugung bzw. diese Idee, dass ich Erfolg haben werde und positive Resultate erzielen werde, indem ich an ihr fest halte? Ganz bestimmt nicht. Selbst wenn ich immer kompetent bin, kann ich schlechte Resultate erzielen, weil viele vielleicht neidisch auf mich sind, mich hassen und versuchen, mir wegen meiner Vollkommenheit Schaden zuzufügen. Und wenn ich verbissen daran glaube: „weil ich es unbedingt will, *muss* ich kompetent sein" werde ich manchmal sehen, dass ich nicht so gut handle, wie ich angeblich muss, und werde demzufolge dazu neigen, mich und die Welt zu hassen und Ängste und Depressionen entwickeln. Also wird diese Idee nicht funktionieren, es sei denn, es gelingt mir irgendwie, immer kompetent zu handeln!

Irrationale Idee Nr. 2: „Ich *muss* von den Leuten anerkannt werden, die mir etwas bedeuten; es ist *schrecklich* und *katastrophal*, wenn das nicht der Fall ist!"

Wissenschaftliche Analyse:

Ist diese Überzeugung realistisch und den Tatsachen entsprechend? Ganz offensichtlich nicht, denn es gibt kein universelles Gesetz, das besagt, dass ich von Leuten anerkannt werden *muss*, die für mich wichtig sind. Das Gesetz der Wahrscheinlichkeit besagt, dass viele von den Leuten, deren Anerkennung ich gern finden würde, mich nicht anerkennen werden. Es ist nicht *schrecklich* oder *katastrophal*, wenn ich nicht anerkannt werde, denn es wird höchstens unbequem (aber nicht fürchterlich) sein, falls ich nicht anerkannt werde. Wenn etwas „schrecklich" ist, ist es (a) außergewöhnlich schlecht; (b) völlig schlecht; oder (c) mehr als schlecht. Von wichtigen Leuten nicht anerkannt zu werden, kann vielleicht sogar nicht außergewöhnlich, sondern nur mäßig schlecht sein. Es ist mit Sicherheit keine völlige Katastrophe, denn es könnte ja immer noch schlimmer kommen. Und es kann kaum schlechter als schlecht sein. Also entspricht diese Idee auf keinen Fall der Realität.

Ist diese Überzeugung logisch? Nein, denn nur weil gewisse Leute für mich wichtig sind, folgt daraus nicht, dass sie mich anerkennen *müssen.* Selbst wenn ich es äußerst unbequem finde, wenn wichtige Leute mich nicht anerkennen, so folgt doch nicht daraus, dass mein Leben *katastrophal* oder *schrecklich* sein wird. In der Tat lässt sich selbst aus der Tatsache Gewinn ziehen, nicht auf Anhieb gemocht zu werden: denn diese Person könnte mich ja zunächst mögen und mich später frustrieren oder fallen lassen.

Ist diese Überzeugung flexibel? Bestimmt nicht, denn sie geht davon aus, dass Menschen, die für mich wichtig sind, mich unter *allen* Umständen und *jederzeit* anerkennen müssen.

Kann diese Überzeugung widerlegt werden? Ja, denn wichtige Leute *können* mich ablehnen, und ich kann *trotzdem* das Leben lebenswert finden. Diese Überzeugung geht jedoch von meiner Allwissenheit aus, da ich *befehle*, dass die Leute, die ich wichtig finde, mich unter allen Umständen anerkennen müssen. Sollten sie mich nicht anerkennen, kann ich so tun, als ob sie mich anerkennen, selbst wenn die Tatsachen dagegen sprechen. Ich kann jederzeit behaupten, dass ich allwissend *bin* und alle geheimen Gedanken und Gefühle kenne. Diese Art von Überzeugung lässt sich nicht widerlegen.

Beweist diese Überzeugung, dass ich es verdiene, anerkannt zu werden? Nein, ich kann nicht beweisen, dass es ein universelles Gesetz gibt, wonach man mich anerkennen *sollte* oder *müsste*, selbst wenn ich mich wichtigen Menschen gegenüber nett verhielte. Diese Art von „Verdienst“ ist eine weitere nicht widerlegbare Überzeugung.

Beweist diese Überzeugung, dass ich positive Resultate mit ihr erzielen werde? Im Gegenteil. Egal, wie sehr ich mich um Anerkennung bemühe – ich kann versagen – wenn ich dann auch noch erwarte, dass man mich um meiner selbst willen mögen *muss*, erwartet mich eine weitere Enttäuschung. Indem ich die Vorstellung aufrecht erhalte, dass bestimmte Menschen mich unter allen Umständen und jederzeit akzeptieren *müssen*, werde ich es höchstwahrscheinlich nicht fertig bringen, ihre Anerkennung zu gewinnen und schließlich sie, mich selbst und die ganze Welt hassen, wenn sie nicht tun, was ich von ihnen erwarte.

Irrationale Idee Nr. 3: „Die Leute müssen mich rücksichtsvoll und fair behandeln, anderenfalls sind sie verkommene Individuen, die es verdient hätten, schwer bestraft zu werden."

Wissenschaftliche Analyse:

Ist diese Überzeugung realistisch und den Tatsachen entsprechend? Nein. Sie geht davon aus, dass man mich unter allen Umständen und jederzeit rücksichtsvoll und fair behandeln muss. Offensichtlich halten sich jedoch die meisten Menschen nicht an dieses ungeschriebene Gesetz und werden es wohl auch in Zukunft nicht tun. Doch deswegen sind sie noch lange nicht von Grund auf verdorben oder unfähig, etwas Gutes zu tun. Menschen, die so abgrundtief verdorben sind, scheint es nicht zu geben. Diese Überzeugung beinhaltet auch, dass Menschen, die mich rücksichtslos und unfair behandeln, *immer* schwer bestraft werden sollten bzw. dass es irgendwie so eingerichtet werden *wird*, dass sie verurteilt und bestraft werden. Das geschieht aber in Wirklichkeit nicht.

Ist diese Überzeugung logisch? Nein, denn sie gibt an, dass die Menschen, die mich manchmal tatsächlich rücksichtslos und unfair behandeln, von Grund auf verdorbene Individuen sind und immer bestraft werden müssen. Selbst wenn sich zweifelsfrei nachweisen lässt, dass einige Leute mich schlecht behandeln, kann ich nicht beweisen, dass sie völlig verdorben sind und *deshalb* immer bestraft werden sollten. Solche Schlussfolgerungen ergeben sich nicht zwangsweise aus meiner empirischen Beobachtung: „Ich bin schlecht behandelt worden".

Ist diese Überzeugung flexibel? Nein, denn sie stellt fest und sagt aus, dass in jedem einzelnen Fall *alle* Menschen, die mich rücksichtslos behandeln, *total* verdorben sind und es *ohne Ausnahme* verdient haben, schwer bestraft zu werden.

Kann diese Überzeugung widerlegt werden? Zum Teil, denn diese scheinbar völlig verdorbenen Individuen zeichnen sich „unbegreiflicherweise" relativ oft durch gute Taten aus. Allerdings lässt sich mein Glaube daran, dass ich es verdient habe, gut behandelt zu werden bzw. daran, dass alle diejenigen, die mich schlecht behandelt haben, bestraft werden sollten, selbst dann nicht widerlegen, wenn nicht ein einziger Mensch mich darin unterstützen würde. Ich könnte immer noch behaupten, dass der Rest der Welt einem traurigen Irrtum unterliegt, dass meine Ansichten über Strafe und Verurteilung fraglos richtig sind, und dass es eine Strafe für die, die mich unfair behandeln, geben *sollte*, selbst wenn es sie (noch) nicht gibt. Wenn Menschen, die mir Unrecht tun, in der Regel nicht schwer bestraft werden, kann ich immer noch behaupten, dass es besondere Gründe dafür gibt und dass mir früher oder später Gerechtigkeit widerfahren wird.

Beweist dieses Glaubens- bzw. Überzeugungssystem, dass ich es verdient habe, gut behandelt zu werden? Es wird nie einen Beweis dafür geben, dass (1) jemand dafür bestraft worden ist, weil er mich schlecht behandelt hat, (2) dass irgendein universelles Geschick oder übernatürliches Wesen eine Strafe für dieses „Verbrechen" vorgesehen hat, oder (3) dass hinfort Missetäter dafür bestraft werden, weil ich (oder andere) ungerecht behandelt wurden. Übrigens – die Kategorien „gut“ bzw. „schlecht“ sind relativ, denn was für mich „schlecht“ ist, kann durchaus für jemand anderen „gut“ sein.

Der Begriff dessen, was man als Strafe für seine „Sünden“ verdient hat, beinhaltet, dass gewisse Taten unter allen Umständen verwerflich sind. Dies ist unmöglich zu beweisen.

Bedeutet diese Überzeugung, dass ich positive Resultate mit ihr erzielen werde? Überhaupt nicht! Sie wird jedoch mit an Sicherheit grenzender Wahrscheinlichkeit folgende Ergebnisse zeitigen:

(1) Ich werde aggressiv und rachsüchtig sein, meine Nerven und meinen Körper unnötig in Mitleidenschaft ziehen. (2) Ich werde besessen von dem Gedanken an die Leute sein, die mich meiner Meinung nach hereingelegt haben und enorme Zeit und Energie darauf verschwenden, an sie zu denken. (3) Wenn ich versuche, etwas gegen die unfairen Taten anderer zu tun, werde ich dazu neigen, bei jeder Gelegenheit zu streiten, es aber trotzdem oft nicht fertig bringen, andere zu überzeugen oder zu stoppen. In der Tat werde ich anderen wahrscheinlich als eine unangebracht aggressive und deshalb unfaire Person erscheinen. Andere Menschen werden sich deshalb bewusst weigern, ihre falsche Handlung einzusehen. Vielleicht schaden sie mir sogar noch mehr, um sich zu rächen. (4) Ich werde vermutlich unfähig sein zu verstehen, warum Leute mich „falsch“ behandeln, unterstelle ihnen vielleicht ungerechter- oder paranoiderweise Handlungen, die sie nicht begangen haben, und hindere mich oft selbst daran, mit ihnen freundschaftlich und objektiv zu diskutieren und vielleicht passende Kompromisse zu arrangieren.

Wie in den oben angeführten Beispielen gezeigt wurde, entlarvt erst das wissenschaftliche In-Frage-Stellen Ihrer eigenen irrationalen Überzeugung, dass sie unrealistisch, eindeutig unlogisch, oft unflexibel und starr ist, dass sie nicht widerlegt werden kann und sich auf falsche Konzepte stützt. Wenn Sie an diesen unrealistischen und unlogischen Anschauungen festhalten, werden Sie häufig Ihre eigenen Interessen sabotieren.

RET besteht aus dieser Art von Analyse und dem Disput Ihrer irrationalen Ideen oder Überzeugungen (iBs). RET gibt Ihnen die Chance, Ihre Probleme durch rationales, wissenschaftliches Denken besser zu bewältigen. Nutzen Sie sie!

RET-Übung Nr. 3

Haben Sie Angst, sind aufgewühlt, deprimiert, aggressiv, voll Selbsthass oder Selbstmitleid? Handeln Sie dummerweise Ihren eigenen Grundinteressen zuwider, indem Sie vermeiden, was Sie lieber tun sollten oder nach Taten gieren, die Sie unterlassen sollten? Dann können Sie davon ausgehen, dass Sie unwissenschaftlich denken. Vorsicht vor den folgenden weit verbreiteten Denkfallen:

Unrealistisches Denken

Beispiele: „Wenn ich nett zu Leuten bin, werden sie mich sicher lieben und gut behandeln."

„Wenn ich diesen Test nicht bestehe, werde ich nie einen guten Schulabschluss schaffen und in der Gosse enden."

Unlogische und widersprüchliche Überlegungen

Beispiele: „Weil ich es will, musst Du mich lieben."

„Wenn ich bei einem Einstellungsgespräch versage, bedeutet das, dass ich eine Niete bin und niemals einen guten Job bekommen werde."

„Die Leute müssen fair zu mir sein, selbst wenn ich zu ihnen unfreundlich und ungerecht bin."

Unbeweisbare und nicht widerlegbare Interpretationen

Beispiele: „Weil ich anderen geschadet habe, bin ich dazu verdammt, in der Hölle zu schmoren und bis in alle Ewigkeit zu leiden."

„Ich bin etwas Besonderes und werde immer an der Spitze stehen, egal, was ich tue."

„Ich habe magische Fähigkeiten und kann Menschen dazu bringen zu tun, was ich will."

„Weil ich glaube, dass Du mich hasst, ist es auch so."

Glaube an den eigenen Verdienst bzw. Nicht-Verdienst

Beispiele: „Weil ich ein guter Mensch bin, habe ich Erfolg im Leben verdient, und das Schicksal wird es so fügen, dass mir Gutes widerfährt!"

„Weil ich mich nicht bemüht habe, verdiene ich zu leiden und nichts im Leben zu erreichen."

Mutmaßungen darüber, dass bereits Ihr Glaube (und die Gefühle, die mit ihm einhergehen) gute Resultate erzielen und Sie glücklich machen wird

Beispiele: „Du hast mich unfair behandelt, obwohl Du das nicht hättest tun sollen. Mein Zorn auf Dich wird

Dich dazu veranlassen, mich besser zu behandeln und mich glücklicher zu machen."

„Wenn ich mich selbst für meine dummen Handlungen verurteile, werde ich mich in Zukunft besser verhalten."

Wenn Sie einige Ihrer unwissenschaftlichen Überzeugungen entdeckt haben, mit denen Sie sich emotionale Probleme schaffen und gegen Ihre eigenen Interessen handeln, benutzen Sie die wissenschaftliche Methode, um sie in Frage zu stellen. Fragen Sie sich selbst:

Ist diese Überzeugung realistisch?

Ist diese Überzeugung logisch? Widerspricht sie sich selbst oder meinen übrigen Überzeugungen?

Kann ich diese Überzeugung nachweisen? Kann ich sie widerlegen? Hat es einen Sinn, an ihr festzuhalten, wenn sich herausstellt, dass sie absurd und unwiderlegbar ist?

Beweist diese Überzeugung, dass es eine universelle Gerechtigkeit gibt? Wenn ich mich gut verhalte, habe ich dann ein gutes Leben verdient, und falls ich schlecht handle, eine schlechte Existenz?

Wenn ich an dieser Überzeugung fest halte (und an den Gefühlen und den Taten, die aus ihr resultieren), werde ich Gutes leisten, die gewünschten Resultate erzielen und ein glücklicheres Leben führen? Oder führt sie dazu, dass ich mich weniger glücklich fühle?

Hören Sie erst damit auf, Ihre irrationalen Überzeugungen wissenschaftlich in Frage zu stellen, wenn Sie beginnen, diese aufzugeben, Sie selbst effizienter geworden sind und mehr Spaß am Leben haben.

KAPITEL 5

Warum die üblichen Einsichten Ihnen nicht beim Überwinden Ihrer emotionalen Probleme helfen können

Kann Ihnen das Verständnis Ihrer emotionalen Probleme helfen, sie zu überwinden? Dieses Verständnis kann helfen, vorausgesetzt, sie begnügen sich nicht mit konventionellen oder psychoanalytischen Einsichten.

Konventionelle Einsichten werden Ihnen sehr wenig helfen. Denn sie besagen, dass die genaue Kenntnis der Ursachen Ihrer Neurose Sie weniger neurotisch sein lässt.

Unsinn! Dadurch werden Sie oft noch verdrehter!

Nehmen Sie zum Beispiel an, dass Ihre Eltern darauf bestanden, dass Sie einmal viel Geld verdienen müssen, um in Ihren Augen kein Nichtsnutz zu sein. Nehmen Sie an, Sie verdienen in Wirklichkeit jedoch wenig und Sie fühlen sich dadurch wertlos. Ihre wunderbare „Einsicht" in den „Ursprung" Ihrer Selbstverachtung bringt Sie höchstens dazu, Ihre Eltern zu verabscheuen oder sich selbst noch mehr zu hassen, weil Sie auf sie gehört haben! Vielleicht denken Sie ja auch, dass Ihre Eltern das Recht hatten, von Ihnen zu verlangen, Sie sollten viel Geld verdienen und dass Sie in der Tat ein Taugenichts sind, weil Sie ihren Lehren nicht gefolgt sind.

Die Einsicht *macht* Sie nicht automatisch besser, selbst wenn sie korrekt ist, obgleich sie helfen kann, wenn Sie sie korrekt *anwenden.* Sie kann jedoch leicht falsch sein. Denn wenn Ihre Idee des Selbsthasses von Ihren Eltern stammte, wäre es besser zu fragen: *Warum* haben Sie diese Ideen akzeptiert? Was tun Sie *jetzt?* Halten Sie immer noch an Ihnen fest? Wer sagt Ihnen, dass Sie, selbst wenn

Ihre Eltern Sie gelehrt hätten, sich zu akzeptieren, nicht *trotzdem* zu dem Schluss gekommen wären, einmal sehr viel Geld verdienen zu müssen, um etwas wert zu sein?

Mit anderen Worten sind konventionelle „Einsichten" in der Regel mit Vorsicht zu genießen und besagen weder, welche Faktoren *wirklich* für Ihre Störung verantwortlich sind, noch was Sie *tun* können, um sie zu bewältigen.

Psychoanalytische Einsichten sind noch schlimmer. Sie basieren auf vielen verschiedenen und widersprüchlichen Vermutungen, die unmöglich alle wahr sein können. Wenn Sie also jetzt glauben, dass Sie viel verdienen *müssen,* um sich selbst akzeptieren zu *können,* werden verschiedene Analytiker Ihnen klar machen, dass:

1. Ihre Mutter Ihnen Einläufe gemacht hat und Sie deshalb „anal fixiert" und auf Geld versessen sind. 2. Sie unbewusst denken, dass eine Tasche voller Geld Ihre Genitalien repräsentiert und deshalb Ihre Geldbesessenheit in Wirklichkeit ein Zeichen dafür ist, dass Sie häufiger im Bett den Partner wechseln wollen. 3. Ihr Vater grausam zu Ihnen war; nun müssen Sie seine Liebe gewinnen und glauben, das schaffen Sie nur, indem Sie viel Geld verdienen. 4. Sie Ihren Vater hassen und ihn beschämen wollen, indem Sie mehr Geld verdienen als er. 5. Sie einen kleinen Penis oder Busen haben und viel Geld verdienen müssen, um dieses Manko zu kompensieren. 6. Ihr Unterbewusstsein Geld mit Macht identifiziert und Sie in Wirklichkeit davon besessen sind, Macht zu erlangen 7. Ihr Urgroßvater Sozialhilfeempfänger war und Sie jetzt die Schande von der Familie nehmen müssen, indem Sie Millionär werden. Die Liste der Beispiele ist endlos.[1]

Alle diese psychoanalytischen Interpretationen (und tausend ähnliche) sind möglich, aber keine von ihnen ist sehr plausibel.[2] Selbst wenn eine dieser „Einsichten" wahr wäre, wie könnte das Wissen darum Ihnen helfen, Ihre Geldbesessenheit zu *ändern?*

Wenn Sie zum Beispiel wahrhaftig denken, dass Sie die Liebe Ihres Vaters gewinnen müssen und Sie das nur erreichen können, indem Sie viel Geld verdienen, wie kann Sie dieses Wissen dazu veranlassen, das grässliche Bedürfnis nach seiner Anerkennung aufzugeben? Um sich zu ändern, müssen Sie diese Idee kritisch analysieren und gegen sie *agieren.* Die Psychoanalyse hilft Ihnen nicht dabei und ermutigt Sie (und Ihren Analytiker), noch nach weiteren glänzenden „wahren“ Interpretationen zu forschen.

Konventionelle und psychoanalytische „Einsichten“ werden Ihnen also nicht weiterhelfen. Sie blockieren oft genug wissenschaftliches Denken und stehen Veränderungen im Wege. Ignoriert RET deshalb Einsichten? Überhaupt nicht! Sie benutzt – und lehrt – verschiedene unkonventionelle Einsichten, die Ihnen helfen, Ihre emotionalen Probleme zu verstehen und was Sie im Besonderen *tun* können, um sie über Bord zu werfen.

In RET-Begriffen bedeutet Einsicht in erster Linie zu verstehen, wer Sie sind. In der Tat *sind* Sie ein Mensch, der verschiedene Vorlieben und Abneigungen *hat* und vieles *tut*, um mehr von dem zu bekommen, was er mag und weniger mit dem konfrontiert zu werden, was er nicht mag. Also hilft Ihnen RET dabei, Ihre Vorlieben und Abneigungen zu erkunden und herauszufinden, was Sie tun können, um Ersteres zu verwirklichen bzw. Letzteres zu verringern.

RET hilft Ihnen also nicht nur, sich selbst besser zu verstehen, sondern auch Gedanken, Gefühle und Taten, mit denen Sie sich selbst schaden, aufzugeben. Die Rational-Emotive Therapie akzeptiert Ihre Sehnsüchte, Wünsche, Vorlieben, Ziele und Wertvorstellungen und versucht, Ihnen zu helfen, sie zu verwirklichen. Aber RET zeigt Ihnen auch, wie Sie Ihre *Vorlieben* von Ihren *Fixierungen* trennen und somit vermeiden können, Ihre eigenen Ziele zu sabotieren. Sie gibt Ihnen Einsicht in das, was Sie im Augenblick tun, anstatt Zeit mit dem zu vergeuden, was Sie (oder Ihre Eltern) einmal getan haben.

Annabel, eine meiner Klientinnen, die ihren Perfektionismus pflegte, weil sie glaubte, dadurch eine gute Schriftstellerin und ausgezeichnete Mutter zu sein, hatte Schwierigkeiten mit einigen Lehren gegen krankhaften Perfektionismus, die David Burns in dem Buch „Fühl Dich gut“ aufgestellt hatte. Sie glaubte, Dr. Burns fordere, alle ideellen Ziele aufzugeben und sich nur an realistische und durchschnittliche Wünsche zu halten. Dann würde sie weder enttäuscht noch deprimiert sein können. „Aber wenn ich nicht nach ideellen Zielen strebe“, sagte sie, „werde ich nie die Hälfte von all den guten Dingen erreichen, die ich jetzt erreiche. Wie steht es also *damit*?“ – „Richtig“, antwortete ich, „Sie und viele hervorragende Erfinder und Schriftsteller haben nach einem Ideal gestrebt und haben damit der Menschheit bemerkenswerte Dienste erwiesen. RET steht nicht im Widerstreit mit dem normalen Wettbewerb oder dem Streben nach hervorragender Leistung. Sie verficht die Perfektion bei *Aufgaben*, nicht den *Selbst*-Perfektionismus.“

„Was bedeutet das?“

„Es bedeutet, dass Sie versuchen können, so gut oder sogar so perfekt wie möglich zu sein, bei jedem *Projekt* oder jeder Aufgabe, die Sie zu erfüllen haben. Sie können versuchen, *es* ideal zu machen. Aber das Projekt und Sie selbst stehen in keinem Zusammenhang. Sie sind immer noch *jemand*, der ein Projekt perfekt ausgeführt hat, aber niemals eine gute *Person*, nur weil Sie es getan haben.“

„Wie werde ich dann eine inkompetente oder schlechte Person?“

„Das werden Sie ja nicht! Wenn Sie inkompetent oder böse *handeln*, werden Sie *eine Person, die schlecht gehandelt hat*, niemals aber eine *schlechte Person*.“

„Warum aber sollte ich dann nach Perfektion oder auch nur nach guten Leistungen streben?"

„Weil sie die Leistungen an sich wahrscheinlich erstrebenswert finden. Wenn Ihre Leistungen hervorragend oder ideal sind, werden Sie sie als *noch* erstrebenswerter und erfreulicher ansehen. Ihre Leistungen, wie gut sie auch sein mögen, machen jedoch niemals eine *völlig gute Person* aus Ihnen."

„Aber hat Burns nicht Recht, wenn er sagt, dass mich eine Enttäuschung erwartet, wenn ich ein Ideal anstrebe und es nicht erreiche?"

„Sie werden zwar enttäuscht sein – aber nicht voller Selbstverachtung, wenn Sie RET anwenden."

„Und wie mache ich das?"

„Indem Sie zwar Ihre *Vorliebe* für perfekte Mutterschaft oder perfektes Schreiben beibehalten, aber Ihre *Ansprüche* oder *Muss-Vorstellungen* eliminieren. Solange Sie sich selbst sagen: ‚Ich möchte wirklich gern einen perfekten Roman schreiben, aber ich *muss* es nicht tun', behalten Sie Ihren Perfektionismus bezüglich Ihrer Aufgaben, verlangen ihn jedoch nicht von sich selbst."

„Also ist der entscheidende Unterschied die *Muss-Vorstellung*. Ich kann beim Schreiben nach Perfektionismus streben, solange ich nicht glaube, dass ich ihn erreichen *muss* und mich nicht selbst als schäbige Schriftstellerin oder verdorbene Person betrachte, wenn es mir nicht gelingt!"

„Genau!"

Annabel bemühte sich weiter um die Perfektionierung ihrer Aufgaben als Mutter und Schriftstellerin. Sie überwand allerdings die Angst, die sie zur Therapie getrieben hatte, indem sie ihre perfektionistischen *Muss-Vorstellungen* wieder als Wünsche ansah, die sie hatte.

RET befasst sich von Zeit zu Zeit mit Ihrer Vergangenheit, denn wenn Sie Probleme haben, war Ihr Denken früher mindestens in gleichem Maße verschroben wie jetzt. RET analysiert jedoch hauptsächlich, was *Sie* in früheren Jahren getan und gedacht haben, und verschwendet wenig Zeit darauf, was Ihnen Ihre lieben Eltern oder andere angetan haben. Sie konzentriert sich insbesondere auch darauf, was Sie *jetzt* denken, fühlen und tun und zeigt Wege, wie Sie Ihre Schwächen mildern können.

Einsicht in Ihre Probleme kann Ihnen dabei helfen zu erkennen, wie Sie sich selbst sabotieren und was Sie tun können, um sich zu ändern. Mehr als die meisten anderen Therapieformen macht sich RET philosophische Erkenntnisse zunutze und basiert auf vielen verschiedenen Arten der Selbsterkenntnis. Die folgenden Kapitel beschreiben viele dieser Einsichten und lehren, wie Sie sie anwenden können, um damit aufzuhören, sich unglücklich zu machen.

RET-Übung Nr. 4

Versuchen Sie, sich an einige Ihrer schlimmsten Kindheitserlebnisse zu erinnern. Wie war es, als Ihre Mutter Sie vor Ihren eigenen Freunden ausschimpfte? Oder damals, als Sie in der Klasse etwas aufsagen sollten und solche Angst hatten, dass Sie kein Wort herausbrachten und die ganze Klasse über Sie lachte? Können Sie sich an das eine Mal erinnern, als Ihre Hose oder Ihr Rock so tief gerutscht waren, dass Ihr halber Hintern für jeden zu sehen war? Und der Vorfall, als Sie einem anderen Kind sagten, wie sehr Sie es mögen und nur eine halbe oder negative Antwort erhielten?

Erinnern Sie sich an diese oder ähnliche „traumatische" Vorfälle? Glauben Sie immer noch, dass sie Ihr Leben stark beeinflusst haben?

Dem ist nicht so! Nicht, wenn Sie gründlich darüber nachdenken.

Versuchen Sie, sich zunächst einmal daran zu erinnern (oder herauszufinden), was Sie sich selbst damals gesagt haben, um dieses vergangene Erlebnis so „traumatisch" oder „schmerzlich" zu machen. Als Ihre Mutter Sie vor Ihren Freunden ausgeschimpft hat, haben Sie sich dann nicht selbst gesagt, dass sie das nicht hätte tun *dürfen* und dass Sie es nicht *ertragen können*, dass Ihre Freunde etwas Negatives über Sie hören? Als Sie die Panik beim Ausfragen vor der Klasse verspürten, haben Sie sich da nicht gedacht: „Ich *muss* meinem Lehrer eine gute Antwort geben. Ist es nicht *schrecklich*, wenn ich nichts kann und wenn die anderen Kinder mich auslachen?" Als Sie es versäumten, Ihre Hose oder Ihren Rock hochzuziehen und Ihr Hintern herausschaute, sagten Sie sich da nicht selbst „Wie beschämend, dass ich so schlampig war. Ich *darf* mich nicht so dumm anstellen!"

Verfolgen Sie, was Ihnen sicher leicht fällt, die irrationalen Ideen, die damals für Ihre Aufregung verantwortlich waren. Erkennen Sie auch die selbstzerstörerischen Ideen, die Sie sich immer seit jener Zeit *wiederholt* haben und mit denen Sie diesen traumatischen Vorfall am Leben *erhalten* haben.

Etwa: „Meine Mutter wusste, dass ich nichts tauge, und deshalb hat sie mich ständig kritisiert. Sie hatte Recht!" – „Ich kann *immer noch* nicht vor Leuten sprechen. Schrecklich!" – „Weil ich mich als Kind so schlampig angezogen habe, hat jeder gesehen, was für ein Ferkel ich war. Und ich habe mich immer noch nicht gebessert. Ich bin ein Dummkopf, der es *verdient* hat, dass andere über ihn lachen!"

Wenden Sie Ihre Kenntnisse der RET an, um zu verstehen, wie Sie sich selbst mit Ihren *Muss-Vorstellungen* und Ihren Befehlen quälen, wie Sie während Ihrer Kindheit umsonst gelitten und sich Ihre verwirrten Gefühle bis zum heutigen Tag immer noch bewahrt haben.

KAPITEL 6

Einsicht Nr. 1: Wie Sie sich Ihrer angemessenen und unangemessenen Gefühle bewusst werden

Einsicht ist ein anderer Begriff für Bewusstsein. Bewusstsein zu entwickeln ist der erste Schritt zur Befreiung vom Leid. Je mehr Sie sich Ihrer Leid erzeugenden Gedanken, Gefühle und Verhaltensweisen bewusst sind, desto größer sind Ihre Chancen, sie loszuwerden.

Lassen Sie uns zunächst mit Ihren leidvollen Gefühlen beginnen. Wie können Sie sich Ihrer Gefühle bewusst sein und entscheiden, ob sie angemessen sind?

Der erste Teil dieser Frage ist ziemlich einfach zu beantworten. Sie wissen, wie Sie sich fühlen, indem Sie sich lediglich fragen: „Wie fühle ich mich?"

Manchmal sind Sie natürlich in der Defensive. Sie streiten ab, Angst zu haben oder ärgerlich zu sein, weil Sie sich schämen, solche „falschen" Gefühle zuzugeben.

Normalerweise geschieht das jedoch nicht. Wenn Sie wirklich Angst haben oder deprimiert sind, fühlen Sie sich wahrscheinlich so unwohl, dass Sie freiweg zugeben (zumindest sich selbst gegenüber!), dass Sie diese leidvollen Gefühle haben. Solches Leid ist leicht zu fühlen – man darf es zugeben.

Aber wie *angebracht* sind Ihre negativen Emotionen? Das ist viel schwerer zu beantworten. RET gibt Ihnen jedoch einen Schlüssel, denn sie unterscheidet eindeutig zwischen angemessenen und unangemessenen Gefühlen.

Einsicht Nr. 1 macht das noch einmal deutlich:

Wenn Ihre Ziele und Wünsche blockiert sind, entstehen sowohl angemessene als auch unangemessene Gefühle!

Sie können lernen, klar zwischen diesen selbst geschaffenen emotionalen Reaktionen zu unterscheiden. Die meisten anderen Therapien wie die Verhaltenstherapie von Joseph Wolpe und die kognitiven Therapien von Richard Lazarus, Aaron Beck und Donald Meichenbaum betonen starke Gefühle wie tiefe Trauer und Gereiztheit und unterscheiden sie nicht von Depressionen und Ärger.[1]

Nicht so RET!

RET bewertet Trauer, Gereiztheit und Sorge positiv, denn sie helfen Ihnen dabei, Ihr Missfallen an unerwünschten Ereignissen auszudrücken und entsprechend zu handeln. Im Gegensatz dazu definiert RET Depressionen, Ärger und Angst (fast immer) als schädlich, denn sie entstehen aus dem unrealistischen „Befehl", dass es unangenehme Ereignisse nicht geben *darf*, und stehen im Weg, wenn es darum geht, etwas gegen sie zu unternehmen.

Im Gegensatz zu anderen Therapien zeigt Ihnen RET deshalb nicht nur, wie Sie Ihre negativen (und positiven) Gefühle erkennen können, sondern auch, wie Sie sich bewusst machen können, ob sie angemessen oder unangemessen sind. Sie ermutigt Sie, Ihre Gefühle anzunehmen und *auch* abzuwägen, wie wünschenswert sie sind. Wollen Sie sie wirklich fühlen? Und was für gute oder schlechte Resultate erzielen Sie mit ihrer Hilfe?

Wenn Sie also besorgt über den eventuellen Verlust Ihres Arbeitsplatzes sind, werden Sie versuchen, pünktlich zu sein, fleißig zu arbeiten und mit Ihrem Chef und den Kollegen zu kooperieren. Wenn Sie jedoch *über*besorgt sind, etwa dass Sie ihn verlieren könnten, werden Sie von diesem Gedanken besessen sein, Ihre Zeit und Ihre Energie vergeuden und Ihr Selbstvertrauen verlieren. Die

Konsequenz aus diesen Gedankengängen: kein Job. Oder: ein Job, dafür aber auch ein Magengeschwür oder großes Leid bei der Arbeit.

Noch einmal: Wenn Sie enttäuscht oder voll Trauer über die Ablehnung durch einen geliebten Partner sind, werden Sie entweder versuchen herauszufinden, warum Sie verlassen wurden, die Liebe dieser Person zurückzugewinnen oder versuchen, einen besser passenden Partner zu finden. Wenn Sie jedoch böse auf den sind, der Sie abgelehnt hat, werden Sie sich gegen ihn stellen und sein Feind werden, statt Freund zu bleiben. Wenn Sie stattdessen wegen der Ablehnung deprimiert sind, werden Sie dazu neigen, sich völlig zurückzuziehen und denken, dass sie niemand liebt, weil Sie es nicht wert sind, geliebt zu werden.

Ihre Gefühle von Enttäuschung und Bedauern sind also normalerweise *angebrachte* Gefühle, die Ihnen helfen, unerwünschten Ereignissen standzuhalten und nach einer glücklicheren Zukunft zu streben. Panik, Depressionen und Wut sind andererseits unangebrachte Gefühle, die Ihnen im Weg stehen und Sie blockieren.

Wie steht es mit *mäßiger* Anspannung oder Aggressionen? Spornen Sie *diese* Gefühle nicht dazu an, den Schwierigkeiten des Lebens die Stirn zu bieten? Sind *sie* deshalb nicht nutzbringend?

Nicht ganz.

Praktisch jedes negative Gefühl kann gelegentlich von Nutzen sein. Extreme Angst kann Ihnen die Energie verleihen, vor einem Waldbrand davonzulaufen. Intensiver Zorn kann Ihnen helfen, gegen eine unfaire Bürokratie zu kämpfen.

Dem muss aber nicht so sein.

Extreme Panik wird Sie *normalerweise* durcheinander bringen und lähmen, so dass Sie sich nicht vor dem Feuer in Sicherheit bringen können. Intensive Wut bringt Sie *normalerweise* zum *Kochen* anstatt zum *Handeln*, wenn Sie sich mit Ungerechtigkeit konfrontiert sehen. Wenn Sie aus Ihrer Wut heraus handeln, reagieren Sie oft dumm und schlecht.

Sie haben darüber hinaus andere und bessere Wahlmöglichkeiten. Sie könnten auch, anstatt in schrecklicher Panik vor einem Feuer zu fliehen, zunächst darüber nachdenken, wohin Sie fliehen wollen, und Sie können sich entscheiden, zwar *betrübt*, aber *entschlossen* zu sein, sich gegen Ungerechtigkeiten zu wehren.

Wahrscheinlich erzielen diese Verhaltensweisen mehr Erfolge!

RET geht davon aus, dass Sie die Wahl haben zwischen einem vernünftigen Maß an Besorgnis und unüberlegter Panik. Sie können sich außerdem entschließen, ob Sie rückhaltlos erzürnt sein oder nur starkes *Missfallen* empfinden wollen, jedoch versuchen, Unrecht abzuändern.

Es ist durchaus ratsam, dass Sie über die unangenehmen Dinge, die Ihnen zustoßen, besorgt sind. Denn Ihre Besorgnis, Vorsicht, Sorgfalt und Umsicht helfen Ihnen, sicher und zufrieden zu bleiben. Übertriebene Sorge, Angst, Panik und Schrecken verursachen allerdings Unsicherheit und Unzufriedenheit. Ähnlich ist es, wenn Sie unfair oder schlecht behandelt werden. Sie haben die Wahl, angemessen wenig erfreut, bedauernd, frustriert und entschlossen zu sein, die unfaire Situation zu ändern. Oder aber Sie können wählen, sich unangemessen ärgerlich, aufgebracht, wütend und mordgierig zu fühlen und demzufolge jämmerlich und *un*aktiv zu sein.

Können Sie zwischen unangemessenen und angemessenen Gefühlen klar unterscheiden? Nicht immer ist diese Unterscheidung einfach, da unsere Emotionen selten eindeutig sind und oft sowohl angemessene als auch unangemessene Elemente beinhalten. Sie können sowohl rational *besorgt* sein und vor einem Feuer fliehen als auch irrational *über*besorgt sein oder in Panik geraten. Wo endet das erste Gefühl und wo beginnt das zweite?

RET besagt, dass Sie, wenn Sie in angemessener Weise wegen einer Gefahr besorgt sind, es vernünftigerweise *vorziehen*, sie zu vermeiden. Wenn Sie allerdings wegen der gleichen Gefahr in Panik geraten, wünschen Sie zwar noch immer, aber bestehen *auch* darauf, dass Sie sie unbedingt vermeiden *müssen*. Gefahren zu vermeiden ist *legitim*.

Aber ihr dogmatischer Befehl, dass Sie immer erreichen *müssen*, was Sie sich wünschen, ist illegitim und selbstzerstörerisch – weil das Universum Ihnen eindeutig nicht Ihren Herzenswunsch *schuldet*. Sie werden sich selbst beim Erreichen Ihrer Ziele im Weg stehen, indem Sie fanatisch verlangen, dass Ihre Wünsche erfüllt werden *müssen*.

Ich habe bereits angedeutet, dass RET philosophischer als andere psychotherapeutische Vorgehensweisen ist. Das können Sie vielleicht jetzt verstehen. Wenn Sie verstört sind, stellt die *RET-Einsicht Nr. 1* fest, dass Sie sowohl angemessene als auch unangemessene Emotionen haben. Normalerweise (nicht immer!) können Sie die beiden voneinander unterscheiden, indem Sie nach den Gedanken Ausschau halten, die mit Ihnen einhergehen.

Ihre *angebrachten* Gefühle entstammen in etwa folgenden Gedankengängen:

„Ich *will* diesem Feuer entkommen, um zu überleben."

Oder: „Ich hasse Ungerechtigkeit und bin entschlossen, sie zu bekämpfen."

Unangebrachte Gefühle entstammen *diktatorischen* Gedanken in *Befehlston*. So etwa: „Ich *muss* diesem Feuer *unbedingt* entkommen, denn das Universum schreibt vor, dass ich lebe und glücklich sein *muss*!" Und: „Ich hasse jeden, der ungerecht ist. So *darf* man sich nicht benehmen! Um jeden Preis *muss* ich die Leute daran hindern, ungerecht zu sein, und ihnen vor Augen führen, dass man mich immer fair behandeln *muss*!"

Einsicht Nr. 1 der RET stellt noch einmal fest: „Wenn Ihre Ziele und Wünsche blockiert sind, entstehen sowohl *angemessene* als auch *unangemessene* Gefühle. Sie können und sollten lernen, wie Sie zwischen diesen beiden selbst geschaffenen emotionalen Reaktionen klar zu unterscheiden haben." Wenden Sie das ABC der RET an, das im nächsten Kapitel dargelegt wird.

RET-Übung Nr. 5

Blättern Sie zum Ende von Kapitel 2 zurück und wiederholen Sie noch einmal die Übung, die Ihnen zeigt, wie Sie zwischen Ihren angemessenen und unangemessenen negativen Gefühlen unterscheiden können. Versuchen Sie auch, den Unterschied zwischen einigen Ihrer angebrachten und unangebrachten positiven Gefühle zu erkennen.

Stellen Sie sich beispielsweise vor, dass Ihnen etwas bemerkenswert Gutes gelungen ist. Sie haben z.B. gerade ein Tennis-Match gewonnen, sind ein hervorragender Schauspieler, Autor, Maler oder Geschäftsleiter. Lassen Sie es zu, dass Sie wegen dieser Leistung sehr glücklich sind.

Analysieren Sie jetzt Ihr Glücksgefühl. Freuen Sie sich über Ihre Leistung? Seien Sie jetzt ganz ehrlich! Fühlen Sie sich nicht auch *um Ihrer selbst willen* großartig? Fühlen Sie sich als eine *großartige Person* – als ein edles, gottähnliches, fast *übermenschliches Individuum*?

Wenn Sie sich wie eine edle, übermenschliche Person vorkommen, erleben Sie laut RET ein *un*angemessen positives Gefühl. Sie befinden sich dann nämlich in einem grandiosen, geltungssüchtigen Zustand und haben sich über Ihre Mitmenschen erhoben. Aus der Idee „Mein Verhalten ist hervorragend“, ist die Idee „Ich bin deshalb eine hervorragende, großartige Person!“ geworden.

Dies ist jedoch gefährlich. Denn wenn Sie das nächste Mal nicht bemerkenswert gut *abschneiden*, sind Sie wieder ganz unten! Sollten Sie dennoch Gutes leisten, werden Sie angespannt sein, denn das nächste Mal könnte es ja *nicht* so sein. Sie sollten also lieber Ihre gute *Leistung* zu schätzen wissen und nicht sich selbst auf eine Stufe mit Gott stellen.

Wenn Sie sich gottähnlich fühlen, untersuchen Sie Ihre *Soll-* oder *Muss-Vorstellungen.* Wie etwa die Idee: „Ich habe es so gut gemacht, wie ich *muss*. Mein Erfolg macht mich zu einem wunderbaren, wertvollen Individuum.“ Und: „Jetzt, wo ich diese Sache so gut gemacht habe, werden die Leute in mir eine wunderbare Person sehen. Es ist notwendig, dass sie mich in diesem Licht sehen, damit ich mich selbst akzeptieren und mit meinem Leben zufrieden sein kann.“

Wenn Sie sich *un*angemessen schlecht bzw. großartig fühlen, stellen Sie eine Liste der Nachteile dieser Gefühle auf. Sie werden es leicht finden, die Nachteile negativer Gefühle aufzulisten, wie etwa Depressionen, Schuldgefühle und Selbsthass. Aber auch Ihre unangemessen positiven Gefühle weisen deutliche Nachteile auf. Wenn Sie sich also großartig und erhaben fühlen – hier ist eine Liste von Nachteilen, die diese Gefühle mit sich bringen können:

- Die unrealistische Annahme, dass Sie in Zukunft weiterhin solch gute Leistungen erbringen werden.
- Egoistisches, arrogantes und widerwärtiges Verhalten gegenüber anderen.
- Das Denken, dass Sie so großartig sind, dass Sie sich in Zukunft nicht mehr bemühen müssen, etwas zu leisten.

– Die Angst, dass Sie später eine Niederlage erleiden und andere enttäuschen könnten, die Sie bewundern.
– Den Glauben aufrechtzuerhalten, dass Sie gut sein *müssen* und es *schrecklich* ist, wenn Sie versagen.
– Die Aufgaben, die Sie gut erledigen, zu wichtig nehmen und andere Lebensaspekte dabei zu vernachlässigen.
– So im eigenen Ich gefangen zu sein, dass Sie Ihr Gefühl und Ihr Verständnis für andere verlieren und dadurch Ihre zwischenmenschlichen Beziehungen aufs Spiel setzen.
– So sehr danach streben, weiterhin Gutes zu leisten, dass Sie sich unter großen Stress setzen und Ihre geistige und körperliche Gesundheit riskieren.

Fragen Sie sich, ob Sie einige von diesen oder ähnlichen Nachteilen heraufbeschwören, indem Sie sich selbst unangebracht positive (oder negative) Gefühle erlauben. Wenn ja, suchen Sie wieder nach den Ansprüchen und Befehlen, durch die Sie diese selbstzerstörerischen Gefühle hervorrufen und setzen Sie sich mit ihnen auseinander.

KAPITEL 7

Einsicht Nr. 2:
Sie selbst bestimmen Ihr emotionales Schicksal

Viele psychotherapeutische Schulen – besonders die Psychoanalyse – entbinden die Klienten von ihrer Verantwortung für ihre eigenen Neurosen. Nicht so RET. Vor über einem Jahrzehnt bezeichnete die amerikanische Zeitschrift *Psychology Today* RET als „Anti-Drückeberger-Therapie", was sie in der Tat ist.

RET behauptet zwar nicht, dass Sie für Ihre Probleme vollkommen verantwortlich sind. Das sind Sie nicht. Wie schon zuvor bemerkt, werden Sie von ererbten Bedingungen oder erlernten Verhaltensweisen beeinflusst. Nichtsdestoweniger bestimmen Sie in *gewissem* Maße Ihr emotionales Schicksal selbst. In *gewissem* Maße wählen Sie, wie oft Sie Ihre eigene emotionale Balance riskieren. Denn Sie *hören* auf Ihre Eltern und Lehrer und *führen* deren Unsinn weiter. Sie *schwelgen* in Ihrer Panik und Ihrer Verzweiflung, obwohl Sie manchmal sehr wohl wissen, wie man diese Gefühle zum Schweigen bringt.

Es ist ein großer Glücksfall, dass Sie selbst an Ihren Problemen schuld sind. Wenn die emotionalen Probleme Sie schlichtweg überwältigten, wenn die äußeren Umstände Sie so neurotisch *machen* würden, wie Sie sind, was könnten Sie dann selbst noch tun, um dem abzuhelfen? Ziemlich wenig!

Aber wenn Sie, und nur Sie, Ihr Schicksal bestimmen, sind Sie höchstwahrscheinlich auch in der Lage, diesem Schicksal einen anderen Lauf zu geben. Was Sie tun wollten, können Sie auch *ablehnen* zu tun. Was Sie denken und fühlen wollten, können Sie auch *ablehnen*, zu denken und zu fühlen. Das ist die *RET-Einsicht Nr. 2: Sie schaffen zum großen Teil Ihre eigenen gestörten Gedanken und Gefühle selbst, und deshalb haben Sie auch die Macht, sie zu kontrollieren und zu ändern – vorausgesetzt, Sie akzeptieren diese Einsicht und bemühen sich, sie anzuwenden!*

Lassen Sie mich einmal das berühmte ABC der RET umreißen. „A" steht für: „Aktivierendes Ereignis", das normalerweise ein Vorkommnis ist, das Ihre wichtigen Ziele, Wünsche oder Vorlieben blockiert oder frustriert. Sie möchten vielleicht gerne Ihren Arbeitsplatz wechseln, versagen beim Vorstellungsgespräch und werden abgelehnt. „A" (Aktivierendes Ereignis) ist Ihr Versagen oder die Absage, die Sie erhalten.

Das ABC seelischer Störungen beginnt mit Ihren Zielen, Zwecken, Wünschen und Wertvorstellungen. Sie beginnen dieses Alphabet mit (Bewussten oder unbewussten) Zielen „G" (für Englisch: „Goals").

Worin bestehen normalerweise Ihre Hauptziele, wegen derer Sie sich manchmal unglücklich machen?

Sie bestehen in erster Linie in Ihrem Überlebensdrang und zweitens darin, dass Sie zufrieden oder glücklich sein wollen. Ohne den Überlebenstrieb würden Sie kaum überleben. Und ohne den Wunsch, das Ziel, glücklich zu sein, würden Sie wahrscheinlich nicht weiterleben wollen. Also sind Ihre Überlebens- und Glücksbestrebungen angeborene Tendenzen und helfen Ihnen und Ihren Artgenossen, die Spezies zu erhalten.

Wann wollen Sie glücklich oder zufrieden sein? Vor allem doch wohl:

- Wenn Sie allein sind.
- Wenn Sie mit anderen zusammen sind.
- Wenn Sie sich auf einige wenige besondere Menschen einlassen.

- Wenn Sie gute Erfolge im Geschäft oder in der Karriere erzielen und gut verdienen.
- Wenn Sie sich künstlerisch, wissenschaftlich, sportlich oder kreativ betätigen.

Wenn Sie sich erst einmal dafür entschieden haben, zu überleben und glücklich zu sein, gliedern Sie diese Ziele ins Alphabet des menschlichen Lebens ein. Sie gehen zu Punkt A (Aktivierende Ereignisse), mit dem Wunsch, dass Ihre Ziele erfüllt werden mögen. Wenn Sie sich unglücklich fühlen und sich dumm benehmen, werden Ihre Ziele normalerweise bei A blockiert. Wir haben nun also:

G – Ihr Ziel: zu erreichen, was Sie wollen (vor allem Erfolg und Anerkennung).

A – die Aktivierenden Ereignisse, die Ihr Ziel blockieren (vor allem Versagen oder Ablehnung durch Dritte).

C – die Konsequenzen (C steht für Englisch „Consequences“) aus G und A (wie etwa Angstzustände, Depressionen sowie selbstzerstörerisches Verhalten, etwa „innere Emigration“ oder Flucht in die Sucht).

Jedes Mal, wenn Ihre Ziele (Gs) durch aktivierende Ereignisse (As) gefährdet erscheinen, und jedes Mal, wenn Sie durch die Konsequenzen (Cs) dieser Ereignisse irritiert sind, machen Sie fälschlicherweise A für C verantwortlich. Sie denken also: „weil ich bei A versagt habe, abgelehnt wurde und deprimiert war (C), folgt C aus A. Versagen und Ablehnung machen mich deprimiert.“

Irrtum!

A (Versagen oder Ablehnung durch Dritte, die Ihre Ziele im Augenblick unerreichbar machen) *tragen* zu C *bei, verursachen* es aber nicht wirklich.

Warum?

Wenn 100 Leute mit demselben Ziel (sagen wir, dem Wunsch, einen Job zu ergattern) alle bei A blockiert würden (= abgelehnt würden), wären dann alle bei C gleich deprimiert? – Offensichtlich nicht.

Einige wären sicher sehr deprimiert und würden selbstmörderische Gedanken hegen. Andere wären enttäuscht und traurig, aber nicht übermäßig deprimiert. Einige wenige wären sogar glücklich. Warum? Weil diese wenigen zu dem Schluss kommen würden, dass der Job, den sie ursprünglich gewollt hatten, im Grunde genommen unangenehm war. Oder dass sie lieber arbeitslos als überarbeitet sind.

Sie sehen also, dass aktivierende Ereignisse (As) *nicht* direkt gestörtes Verhalten (Cs) auslösen müssen, obwohl sie durchaus dazu beitragen können.

Das ist keine Neuerfindung der RET. Viele Philosophen haben bereits diesen Grundgedanken verbreitet, insbesondere die griechischen und römischen Stoiker vor fast 2500 Jahren. Einer ihrer herausragenden Denker, Epiktet, stellte im 1. Jahrhundert nach Christus fest: „Menschen sind nicht durch die Dinge an sich gestört, sondern durch die Art, wie sie sie beurteilen." Und Shakespeare wiederholte diese Idee in *Hamlet*: „Es gibt nichts Gutes oder Schlechtes; erst die Gedanken machen es dazu."

Die Ansicht der RET über das Alphabet emotionaler Probleme kann also auf eine *ehrwürdige Geschichte zurückblicken. Nicht, dass (wie Sie später sehen werden) RET reiner Stoizismus wäre. Das ist sie nicht! Aber sie stimmt Epiktet zu. Sie schaffen sich größtenteils (nicht ganz)* Ihr eigenes Unglück. Und Sie haben die *Wahl*, dies nicht zu tun.

Wie können Sie Ihren Problemen zuvorkommen – wie können Sie sie lösen? Indem Sie Einsicht in das B im Alphabet der RET gewinnen.

Was ist dieses B? Der englische RET-Begriff „B" („Belief") bedeutet zu Deutsch: Idee, Überzeugung, Interpretation. Man kann darunter auch Erkenntnisse, Gedanken, Ansichten Meinungen, Werte, Bedeutungen, Haltungen, Ideen, Erwartungen und Weltanschauungen verstehen. RET nennt sie Ideen, Überzeugungen und Interpretationen (B), weil sie es tatsächlich zu sein scheinen. Andere Therapien benutzen andere Namen. Aber in diesem Buch verwenden wir hauptsächlich die Bezeichnungen „Ideen", „Überzeugungen" oder „Interpretationen".

Sie können sich über Ihre Ideen klar oder unklar, bewusst oder unbewusst sein. Sie können sie auch durch Worte, Bilder, Fantasien oder Symbole ausdrücken. Wenn Sie sie verstehen und dazu benutzen würden, um sich zu verändern, wäre es besser, sie bewusst und verbal aufzuführen. Aber Sie können die Ideen, die Sie unglücklich machen, auch auf andere Art und Weise außer Kraft setzen. Einer der Vorzüge der RET liegt darin, dass sie Ihnen *viele* Wege zeigt, um Ideen zu ändern.

Wenn Sie sich unnütz unglücklich machen, so liegt die Ursache hierfür vor allem bei zwei Haupt-Ideen:

1. *Rationale Ideen (rBs)* sind Gedanken, die Ihren Gefühlen in angemessener Weise entsprechen und Ihnen helfen, Ihr Verhalten den Gegebenheiten anzupassen. Auf diese Art erreichen Sie Ihre Ziele und vermeiden unangenehme Situationen bzw. Dinge, die Sie nicht wollen. Sie schließen „kühle", objektive Gedankengänge oder Situationsanalysen Ihrer augenblicklichen Lage mit ein. Zum Beispiel: „Dieser Personalchef schaut mich schief an und bewertet mich vielleicht bei dieser Stelle nicht positiv." Dies ist ein „kühler" Gedanke, denn er sagt Ihnen, was der Gesprächsleiter tut, aber nicht, wie Sie seine Handlung *einstufen* oder *bewerten*.

Sie können Ihre Gefühle besser verstehen, wenn Sie die „warmen" Gedanken untersuchen, die in Ihre rationalen Ideen einfließen. Zum Beispiel: „Weil ich diesen Job gern hätte, gefällt es mir nicht, dass mich der Personalchef schief anschaut; ich wünschte, er würde damit aufhören und mich stattdessen anlächeln." Mit diesen „warmen" Gedanken drücken Sie Ihre Sehnsüchte, Wünsche, Vorlieben und Abneigungen aus. Sie bewerten die augenblickliche Situation im Hinblick auf Ihre Grund-Ziele (Gs).

„Warme" rationale Überzeugungen sind ebenfalls undogmatisch und beruhen auf Wahrscheinlichkeiten statt Sicherheiten, z.B. „Es ist sehr gut möglich, dass mir diese Stelle gefallen könnte, wenn ich sie bekomme, vielleicht ist das aber nicht der Fall. Obwohl ich sie sehr gern hätte, so muss ich sie doch nicht unbedingt bekommen oder behalten.

2. *Irrationale Ideen (iBs)* sind Gedanken, die Ihren Gefühlen unangemessen sind und die dazu beitragen, dass Sie sich ineffektiv verhalten. Sie hindern Sie daran, Ihre Ziele zu erreichen, bzw. unangenehme Ereignisse oder Dinge zu vermeiden. Sie beginnen sowohl mit „kühlen" Gedanken („Dieser Gesprächsleiter scheint mich nicht zu mögen") als auch mit „warmen" Gedanken („Ich wünschte, er würde mich mögen; es passt mir nicht, dass er mich nicht mag und mir diese Stelle vorenthält"). Sie schließen jedoch auch „heiße" Gedanken ein, die stark bewertend und dogmatisch sind, z.B.: „Dieser Personalchef *muss* mich um jeden Preis mögen und mir die Stelle geben! Wenn nicht, ist das *entsetzlich*. Wenn ich diesen Arbeitsplatz verliere, beweist das, wie inkompetent und wertlos ich bin, und dass ich *niemals* einen guten Arbeitsplatz bekommen und behalten kann!"

Beachten Sie Folgendes: RET behauptet nicht, dass

sich alle emotionalen Störungen von iBs herleiten, denn sie haben möglicherweise andere wichtige Ursachen. RET behauptet auch keineswegs, dass alle irrationalen Ideen zu Störungen führen; denn (wie bereits John Dewey erkannt hat) tun das viele von ihnen nicht. Sie können vielleicht irrationalerweise der Meinung sein, dass alle Frauen verrückt sind, der Verzehr von Schildkröten Warzen heilt und dass 2 + 2 = 5 ist und trotzdem nicht darunter leiden. Sie handeln vermutlich unpassend, wenn Sie an diesen (und anderen) irrationalen Überzeugungen festhalten, aber das alleine sagt noch sehr wenig darüber aus, ob Sie unter Ihren Störungen leiden oder nicht.

RET behauptet nur, dass Sie sich selbst unnötigerweise in eine schlechte Verfassung bringen und wahrscheinlich einige ihrer meistgehegten Wünsche verfehlen, wenn Sie dogmatisch davon ausgehen, dass Sie gut zu sein haben, von anderen anerkannt werden müssen; dass es unerlässlich ist, von anderen fair behandelt zu werden und dass Sie immer unter angenehmen und erfreulichen Umständen leben sollten.

RET stellt weiterhin fest, dass Sie bewusst oder unbewusst diese absolutistischen *Soll/Muss-Vorstellungen* wählen, wenn Sie irrationalen Überzeugungen (iBs) anhängen – und dass Sie demzufolge auch die Fähigkeit haben, sie bewusst zu überdenken und zu ändern. Lassen Sie mich noch einmal *Einsicht Nr. 2* wiederholen!

Sie selbst schaffen und bestimmen in hohem Maße Ihre gestörten Gedanken und Gefühle, deshalb haben Sie auch die Macht, Ihnen radikal eine Wende zu geben. Vorausgesetzt, Sie akzeptieren diese Einsicht und bemühen sich, sie anzuwenden!

Genauer ausgedrückt: Sie können Ihrem Elend entgegenwirken, wenn Sie sich bemühen, Ihre irrationalen Überzeugungen zu erkennen und aufzugeben.

George, der gehört hatte, dass RET sich mit irrationalen Ideen beschäftigt, kam zu mir, weil er „völlig irrational" fast jeder Frau unter 40 nachstellte, die er traf. George war 25.

Schon bald konnte ich George deutlich machen, dass er zwar eine starke Neigung hatte, sexuelle Beziehungen zu vielen Frauen aufzunehmen, dass das aber kaum irrational zu nennen war, solange es sich nur um eine Neigung handelte! Seine rationale Überzeugung (rB) lautete: „Ich liebe Sex und wünschte, ich könnte die meisten Frauen haben, die ich treffe."

Seine größte irrationale Idee (iB) war: „Ich *darf* nicht so einen starken Sexualdrang haben! Ich sollte wählerischer sein und nur mit Frauen ins Bett gehen, die ich wirklich mag!"

„Warum ist dieser Gedanke irrational?" fragte mich George, nachdem er erkannt hatte, dass er so dachte.

Ich antwortete: „Weil es mehr ein Befehl denn ein Wunsch ist. Sie können es – rational gesehen – vorziehen, weniger Begierde zu verspüren, ja sogar, überhaupt nicht lüstern zu sein. Aber sobald Sie sich selbst sagen: ‚Ich darf nicht lüstern sein!' werden Sie von Ihrem Wunsch besessen sein und ihm wahrscheinlich um so intensiver nachgeben. Darüber hinaus werden Sie nicht in der Lage sein, einen Plan zu entwickeln, wie sie ihn vermindern können. Ihre Entschlossenheit, weniger lüstern zu sein, kann durchaus in Ordnung sein. Aber die absolute Notwendigkeit, weniger lüstern zu sein, wird Sie in Schwierigkeiten bringen. Sie werden Angstzustände bekommen und unter Schuldgefühlen leiden!"

„So ist es!" rief George aus.

„Also sollten Sie über Ihre wirklich irrationale Idee nachdenken!"

„Sie meinen", sagte George, dass ich eine irrationale Idee von einer rationalen Überzeugung habe, nämlich meiner starken Vorliebe für Sex. Stimmt das?"

„Sehr gut ausgedrückt! Laut RET-Terminologie haben Sie ein iB über ein rB. Wenn wir Ihnen jetzt dabei helfen können, Ihre irrationale Idee aufzugeben, dass Sie nicht lüstern sein *dürfen*, werden Sie immer noch die rationale Überzeugung haben, dass Sex etwas sehr Erfreuliches sein kann und werden wahrscheinlich im Stande sein, Ihre sexuellen Bedürfnisse auszuleben und sie zu genießen!"

„Ich verstehe!" sagte George. Obwohl es relativ einfach für ihn war, mit meiner Hilfe den Unterschied zwischen seinem rB und seinem iB festzustellen, hatte er doch anfangs Schwierigkeiten, letzteren zu eliminieren. Er fragte sich ganz richtig bei Punkt D (Disput irrationaler Überzeugungen) „Warum *darf* ich nicht viele Frauen begehren? Warum ist das unrecht?" Und er antwortete ebenso korrekt: „Es ist in Ordnung, wenn ich ausgeprägte sexuelle Bedürfnisse habe. Deshalb bin ich auch als Mensch in Ordnung."

Das war die falsche Antwort, denn er war bald wieder an dem Punkt angelangt, an dem er dachte: „Aber was ist, wenn es doch falsch ist, so sexbesessen zu sein? Andere Männer haben schließlich kein so ausgeprägtes Bedürfnis. Vielleicht bin ich also doch in dieser Hinsicht anormal. Wenn das der Fall ist, bin ich ein schlechter Mensch!"

Als George mit diesen Gedankengängen zu mir kam und immer noch ängstlich und schuldbewusst war, versuchte ich ihm klarzumachen, dass er eine höchst unelegante Lösung für seine Schuldgefühle gewählt hatte, und dass die elegantere RET-Lösung für ihn wäre – sich *zuerst* vor Augen zu führen, dass seine ausgeprägten sexuellen Bedürfnisse rational waren. Der zweite und wesentlich wichtigere Punkt war, dass er Folgendes einsah: Selbst unter der Voraussetzung, dass seine Bedürfnisse ungewöhnlich wären und es irrational wäre, ihnen allzu oft nachzugeben, bestand die Konsequenz darin, dass er eine Person mit „anormalen“ Wünschen, nicht aber ein „anormaler“ oder „schlechter“ Mensch war. Denn RET zeigt, dass man damit aufhören kann, sich selbst zu verurteilen und sich stattdessen voll akzeptieren kann, selbst wenn die eigenen Handlungen dumm, falsch oder unmoralisch sind.

Als George den Unterschied zwischen seinen rationalen und irrationalen Ideen verstanden hatte und sich bemühte, letztere aufzugeben, konnte er seinen sexuellen Bedürfnissen entspannter gegenüberstehen und litt auch nicht mehr unter Schuldgefühlen. Als er schließlich einmal mehrere Wochen damit verbrachte, seine Bedürfnisse auszuleben und darüber seinen Beruf vernachlässigte, war er im Stande, einzusehen, dass zwar sein Benehmen dumm und selbstzerstörerisch, er selbst aber kein verdorbener Mensch war. Danach war er in der Lage, mit seinen Bedürfnissen vernünftiger umzugehen.

Indem er Einsicht Nr. 2 verstand und sie anwandte, war George in der Lage, sein emotionales Schicksal zu bestimmen, zwar ab und zu traurig, nicht aber deprimiert zu sein.

RET-Übung Nr. 6

Versuchen Sie, sich zu erinnern, wann Sie zuletzt Angst hatten, z.B. wegen einer Prüfung, der Teilnahme an einem wichtigen Spiel, der Bitte um Beförderung oder Gehaltserhöhung. Nehmen Sie an, dass Sie dieses Gefühl geschaffen haben, indem Sie (1) eine rationale Überzeugung (rB) oder Neigung und (2) eine irrationale Überzeugung (iB) oder ein starkes Verlangen hatten.

Beispiel für Ihre rB oder *Neigung:* „Ich möchte diese Prüfung gern bestehen, – wenn ich es nicht schaffe, kann ich es später noch einmal versuchen. Sollte ich sie niemals bestehen, kann ich trotzdem weiterleben und glücklich sein."

Beispiel für Ihre iB oder Ihre *Muss-Vorstellung:* „Ich muss diese Prüfung bestehen; wenn nicht, bin ich ein wirklich dummer Mensch, der nie das erreichen wird, was er sich vorgenommen hat."

Denken Sie jetzt an ein Ereignis, bei dem Sie versagt haben oder abgelehnt wurden und dementsprechend deprimiert waren. Gehen Sie wieder davon aus, dass Sie diese depressive Stimmung hervorgerufen haben, indem Sie sich irrationale Überzeugungen (iBs) vorhielten. Finden Sie diese heraus!

Beispiel für Ihre rB oder Neigung: „Ich wollte das Spiel unbedingt gewinnen, aber ich kann es akzeptieren zu verlieren und lernen, das nächste Mal besser zu spielen. Ich kann es genießen zu spielen, auch wenn ich viele Spiele verliere."

Beispiel für Ihre iB oder Ihr Verlangen: „Ich hätte das Spiel unbedingt gewinnen sollen. Nachdem ich es verloren habe, bin ich ein durch und durch mieser Spieler und ein inkompetenter Mensch."

Denken Sie einmal an einen Zeitpunkt, zu dem sie ärgerlich oder wütend waren. Nehmen Sie wieder an, dass Sie sich selbst verärgert haben, indem Sie sowohl einer rationalen Überzeugung (rB) oder Vorliebe und einer irrationalen Überzeugung (iB) oder gottesähnlichem Befehl anhingen.

Beispiel für Ihre rB oder Vorliebe: „Es wäre mir sehr lieb gewesen, wenn mein Chef gesehen hätte, dass ich eine Gehaltserhöhung verdiene und mir eine großzügige gegeben hätte. Nachdem er das nicht getan hat, weiß er meine Arbeit leider nicht zu schätzen, was schade, aber kein Weltuntergang ist."

Beispiel für Ihre iB oder Ihren gottesähnlichen Befehl:

„Weil ich ein guter Mitarbeiter bin, hätte mein Chef mich unbedingt hoch schätzen und mir eine großzügige Gehaltserhöhung geben sollen. Nachdem er das nicht getan hat, taugt er nichts und hätte verdient, sein Geschäft zu verlieren."

Suchen Sie standhaft nach Ihren rationalen und irrationalen Überzeugungen (rBs und iBs), bis Sie sie finden, wenn Sie sich wirklich ängstlich, deprimiert, wütend, voll Selbsterniedrigung und Selbstmitleid fühlen.

Versuchen Sie einzusehen, dass rBs fast immer Ihre Vorlieben und Abneigungen (was Sie wollen oder nicht wollen) und iBs Ihre unangemessenen *Muss/Soll-Vorstellungen* (Ihre absoluten Befehle an sich selbst, andere und das Universum) ausdrücken. Üben Sie viele Male, diesen Unterschied zu erkennen, damit Sie ihn leicht und automatisch klar erkennen. Bemühen Sie sich, die Realität voll zu akzeptieren, dass – egal wie legitim und angebracht Ihre Ziele und Wünsche auch sein mögen – sie doch nicht dasselbe sind wie Ihre dogmatischen und nutzlosen Befehle.

KAPITEL 8

Einsicht Nr. 3: Die Tyrannei der *Muss-Vorstellungen*

Welche besonderen irrationalen Überzeugungen (iBs) wenden Sie hauptsächlich an, um sich aus der Fassung zu bringen?

Ihr wichtigster irrationaler Wandelpfad ist die *Muss*turbation oder – wie Karen Horney es nannte – „Tyrannei der *Muss-Vorstellungen.*"[1]

Wenn wir Horneys Gedankengang nachvollziehen, landen wir bei *Einsicht Nr. 3.:*

Sie machen sich größtenteils selbst unnötigerweise elend und neurotisch, indem Sie an absolutistischen, irrationalen Ideen (iBs) festhalten, besonders indem Sie an vorbehaltlose „Soll- oder Muss-Vorstellungen" glauben.

Wo liegt der Ursprung dieser selbstzerstörerischen *Muss-Vorstellungen?*

Ganz einfach:

Als Kind sind Sie zuallererst empfänglich für die Zwänge, die Ihnen von Ihren Eltern oder Ihrer Umwelt auferlegt werden. Was noch schlimmer ist, Sie selbst erfinden Regeln und Anordnungen, von denen Sie starr glauben, dass Sie (und andere) sie befolgen müssen.

Wie praktisch alle Menschen sind Sie ein geborener Denker und Problem-Löser. Aber Sie sind auch ein Meister in der Kunst der Vereinfachung, des Selbstbetrugs und der Bigotterie.

Sie denken geradlinig – und verschwommen. In der Tat besitzen Sie genug gesunden Menschenverstand, um sich selbst glücklich zu erhalten – und sind verrückt genug, sehr irrational, unlogisch und unbeständig zu sein. Die lange Geschichte der Menschheit beweist dies nur allzu deutlich.[2]

Es fällt Ihnen so leicht, dumm zu denken, dass Ihre Gedanken oft emotionale Probleme verursachen. Ich habe zwölf der bedeutendsten irrationalen Überzeugungen in meiner ersten Abhandlung über die Rational-Emotive Therapie (RET) beschrieben, die ich 1956 vor der Jahresversammlung des Amerikanischen Psychologischen Verbandes in Chicago vortrug.[3]

Die Psychologen waren bald so begeistert von diesen irrationalen Ideen (iBs), dass sie einige Irrationalitäts-Tests entwickelten und inzwischen Hunderte von Studien vorliegen. Über 90 % dieser Studien unterstützen die RET-Theorie, dass emotional gestörte Menschen in höherem Maße irrationalen Ideen anhängen als vergleichsweise weniger gestörte Individuen.[4]

Meinen Ausführungen folgend entwickelten eine Reihe anderer Therapeuten Tests, die sich mit „falschem" Denken befassten (wie etwa das Becksche Depressions-Inventar). Sie wurden in Hunderten von Forschungsprojekten angewandt und zeigen nahezu übereinstimmend, dass gestörte Menschen relativ häufig unrealistische und dogmatische Gedanken vertreten.[5]

Das weit verbreitete Interesse an irrationalen Ideen hat sowohl gute als auch schlechte Ergebnisse gezeigt. Denn Menschen schaffen viele Arten von Irrationalität, die dazu geeignet sind, ihre Gefühle negativ zu beeinflussen und sie ineffektiv handeln zu lassen. Aber keinesfalls alle dieser Irrationalitäten führen zur Neurose.

Wenn Sie glauben, dass Sie ein guter Pokerspieler sind, was jedoch gar nicht stimmt, so gehen Sie aus dieser Dummheit heraus wahrscheinlich das Risiko ein, mit guten Spielern zu spielen – und werden oft verlieren. Wenn

Sie jedoch denken, dass Sie ein guter Poker-Spieler sein *müssen* und dass Sie den anderen ständig zeigen *müssen*, wie gut Sie sind, dann werden Sie wahrscheinlich zwanghaft spielen und auch dann noch weitermachen, wenn Sie immerzu verlieren.

Nachdem ich die ersten zwölf grundlegenden iBs der RET im Jahr 1956 beschrieben hatte, fuhr ich damit fort, die irrationalen Vorstellungen meiner Klienten zu erforschen. Zu meiner Überraschung entdeckte ich, dass ich meine ursprüngliche Liste auf drei Haupt-iBs zusammenstreichen konnte. Alle bestanden aus *Muss-Vorstellungen* anstatt aus *Neigungen*. Die drei *Haupt-Muss-Vorstellungen*, die emotionale Probleme hervorrufen, sind:

1. „Ich muss eine gute Leistung erbringen und/oder die Anerkennung wichtiger Persönlichkeiten finden, sonst bin ich eine *unzulängliche Person*!"

2. „Du *musst* mich fair und rücksichtsvoll behandeln und mich nicht über Gebühr frustrieren, sonst bist *du* verdorben!"

3. „Mein Leben *muss* mir die Wünsche erfüllen, die ich habe, und *muss* mich vor Unheil bewahren, sonst ist das *Leben* unerträglich und ich *kann* überhaupt nicht glücklich sein."

Als ich die vorausgegangenen irrationalen Ideen, die ich entdeckt hatte, auf diese *drei wichtigsten Muss-Vorstellungen reduzierte*, kam ich zu dem Schluss, dass die übrigen Probleme meiner Klienten nicht von ihnen unabhängig, sondern im Gegenteil bewusst oder unbewusst von diesen *Muss-Vorstellungen* abgeleitet worden waren.

Nehmen Sie z.B. eine der weitverbreitetsten iBs, die ich als *Dramatisieren* bezeichne: „Es ist *entsetzlich*, wenn ich bei dieser wichtigen Aufgabe versage, und es ist schrecklich, wenn mich die Leute aus diesem Grund ablehnen".

Dies ist eine absurde Idee, denn – obwohl es für Sie

persönlich ein *Unglück* sein kann, zu versagen, und ausgesprochen unbequem sein mag, abgelehnt zu werden – wenn Versagen und Ablehnung zu einer entsetzlichen und schrecklichen Katastrophe werden, so übertreiben Sie. Diese Tatsachen sind noch nicht einmal hundertprozentig schlecht, denn es könnte ja noch schlimmer kommen. Wenn Sie übergeneralisieren und über die Realität hinausgeraten, werden Sie in Panik geraten und deprimiert sein (statt dass es Ihnen in angemessener Weise leid tut und Sie frustriert sind), wenn Sie versagen oder abgelehnt werden.

Warum lässt sich ein intelligenter Mensch wie Sie auf diese alberne, unrealistische Dramatisierung ein? Vor allem, weil Sie bei einer bewussten oder unbewussten *Muss-Vorstellung* beginnen und dann davon Ihre Dramatisierung ableiten. Sie fangen also an mit „Ich muss diese Aufgabe *unbedingt* gut bewältigen!" Dann schließen Sie „vernünftigerweise" daraus: „Nachdem ich nicht die Leistung erbracht habe, die unbedingt nötig wäre, ist das schrecklich, es ist das Ende der Welt!"

Wenn Sie bei Ihrer Neigung, Dinge gut zu machen, blieben und sie niemals zu einer grässlichen Notwendigkeit, einem *Muss*, eskalieren ließen, würden Sie dann schlechte Leistungen dramatisieren? So gut wie nie, behaupte ich. Ihre Neigungsaussage würde lauten: „Ich würde diese Aufgabe gern gut bewältigen, aber ich *muss* es nicht. Wenn ich versage, so ist das zwar schade – aber nicht entsetzlich!"

Nehmen wir eine andere Gruppe von iBs: Personalisierung oder Alles-oder-Nichts-Denken:

„Nachdem mich die Person, die ich wirklich liebe, abgewiesen hat, bin ich sicher, dass ich mich *sehr schlecht verhalten habe*. Ich bin darum ein unzulänglicher Mensch, der *immer* abgelehnt und niemals geliebt werden wird."

Diese Ideen sind irrational und selbstzerstörerisch, denn:

1. Sie haben sich vielleicht gar nicht schlecht verhalten und sind trotzdem zurückgewiesen worden, weil die Person, die Sie lieben, einen anderen Geschmack oder Vorurteile hat. Es ist sogar möglich, dass Sie sich so perfekt verhalten, dass die von Ihnen geliebte Person zu dem Schluss gelangen könnte, Sie seien *zu gut* für sie und es deshalb vorzieht, Sie abzulehnen, um *Ihrer* Ablehnung zuvorzukommen.

2. Selbst wenn Sie sich dem geliebten Menschen gegenüber schlecht verhalten haben und deshalb abgelehnt werden, sind Sie deshalb noch lange keine unfähige Person, sondern eine Person, die unangemessen gehandelt hat und lernen kann, sich in Zukunft besser zu verhalten.

3. Die alleinige Tatsache, dass Sie jetzt abgelehnt werden, beweist noch lange nicht, dass Sie künftig abgelehnt und niemals von anderen akzeptiert werden, an denen Ihnen etwas liegt. Wenn Sie sich weiter bemühen, ist das sehr unwahrscheinlich. Ihre Folgerung ist eine alberne Übergeneralisierung. Warum zieht ein vernünftiger Mensch wie Sie so verrückte Schlussfolgerungen?

Der Wunsch, akzeptiert zu werden, kann nicht die alleinige Ursache hierfür sein. Denn schließlich würden Sie daraus schließen, dass es nicht wünschenswert ist, abgelehnt zu werden und würden sich künftig um Anerkennung bemühen. Sie würden möglicherweise Ihre Bemühungen als nicht ausreichend kritisieren, sich aber kaum verurteilen, wenn ein geliebter Mensch Sie ablehnt.

Aber nehmen wir einmal an, Sie gehen von starken *Muss-Vorstellungen* aus, denen sie treu ergeben sind: „Ich *muss* die Liebe aller Menschen gewinnen, die ich wahrhaft liebe und *darf* nie abgewiesen werden!" Sie werden dann konsequenterweise daraus schließen: „Weil ich abgelehnt wurde, was nicht geschehen *darf*, bin ich sicher, mich falsch verhalten zu haben und bin ein unzulänglicher Mensch, der nie so geliebt werden wird, wie er es *wirklich* verdient!"

RET demonstriert, wie man sich selbst mit absolutistischen *Muss- und Soll-Vorstellungen* aus der Fassung bringt. Man kann zwar an bedingten und logischen *Muss-Vorstellungen* festhalten – z.B. „Wenn ich dieses Buch lesen will, muss ich eine Ausgabe davon kaufen." Und: „Wenn ich etwas haben will, muss ich mich entsprechend verhalten, um es zu bekommen." Diese Art von *Muss* ist (wenn auch nicht immer) realistisch und hilft Ihnen, vernünftig zu handeln.

RET akzeptiert Ihre realistischen *Muss-Vorstellungen* und zeigt Ihnen, wie Sie Ihren unangemessenen und unlogischen Muss-Vorstellungen auf die Spur kommen, z.B. „Selbst wenn ich keine Ausgabe dieses Buches bekommen kann, *muss* ich es trotzdem lesen." Und „Obwohl ich keine Universitäts-Seminare bestanden habe, *sollte* ich ein Diplom erhalten, weil ich es unbedingt so will."

RET fügt der *Einsicht Nr. 3* folgende Regel hinzu: „Wenn Sie bemüht sind, die irrationalen Überzeugungen (iBs) zu entdecken, mit denen Sie Ihre Probleme schaffen, achten Sie auf so dogmatische Gedankengänge wie *„Ich sollte"* oder *„Ich muss."*

Eine meiner Klientinnen, Sandra, beharrte darauf, dass für sie vor allem der Gedanke, von einem Liebhaber abgelehnt zu werden, entsetzlich sei, und der Gedanke, sie *dürfe* nicht abgelehnt werden, wäre erst später entstanden. Anfänglich behauptete sie, sie habe nur den Wunsch, nicht aber den Anspruch gehabt, geliebt zu werden.

Ich war ziemlich skeptisch. „Nehmen wir einmal an", sagte ich, „dass Sie diesen Liebhaber für sich wollten und nicht *gleichzeitig* darauf bestanden, ihn nicht verlieren zu *dürfen*. Was denken Sie darüber, ihn zu besitzen oder zu verlieren?"

„Ich glaube, ich möchte unbedingt, dass er mich liebt. Wenn er das nicht tut, ist es *schrecklich* und ich *kann* es *nicht ertragen*!"

„Sie deuten an, dass es lediglich unangenehm, aber kaum schrecklich wäre, wenn Sie nur den schwachen Wunsch verspürten, dass er Liebe für Sie empfinden sollte, er dies jedoch nicht täte. Richtig?"

„Ja. Nur wenn ich sehe, dass meine starke Sehnsucht nach ihm möglicherweise blockiert wird, habe ich das Gefühl, dass dies schrecklich ist."

„Aber nehmen wir einmal an, Sie dächten folgendermaßen: „Ich *will*, dass mein Geliebter mich liebt, aber es *muss nicht* so sein. Ich brauche seine Liebe nicht wirklich, obwohl ich sie mir aufrichtig wünsche." Was würden Sie dann empfinden, falls Sie ihn verlieren?"

„Nun ja, wenn ich wirklich der Überzeugung wäre, dass er mich nicht lieben *muss*, dass ich seine Liebe nicht *brauche*, hätte ich wahrscheinlich das Gefühl, dass ich ohne ihn weiterleben könnte, und es wäre nicht ganz so schrecklich. Aber es wäre trotzdem ziemlich frustrierend und schlimm."

„Sehen Sie! Wenn Sie seine Liebe nicht als eine *Notwendigkeit, sondern nur als einen ausgeprägten Wunsch* ansehen würden, würden Sie sich *frustriert* und *unangenehm berührt* fühlen. Je stärker jedoch Ihr Wunsch nach seiner Liebe ist, desto unangenehmer fühlen Sie sich berührt. Sie fügen eine zweite Idee hinzu:

Obwohl es *so* schlimm ist, meinen Geliebten zu verlieren, darf ich nicht so unangenehm berührt sein. Wenn ich trotzdem frustriert bin, obwohl ich es nicht sein *darf*, ist das entsetzlich."

„Also lässt sich die Tatsache, dass ich den Verlust meines Geliebten als etwas Entsetzliches empfinde, von meiner *Muss*turbation über so einen großen Verlust ableiten?"

„Ja, denn wenn Sie einfach nur ungern allein gewesen wären, hätten Sie zu sich gesagt: ‚Ich hasse den Gedanken daran, meinen Geliebten zu verlieren. Aber es gibt keinen Grund, warum ich ihn nicht verlieren darf.'"

„Ja, da haben Sie Recht."

„Kommen Sie dann nicht auch zu dem Schluss ‚Es gibt keinen Grund dafür, dass ich ihn nicht verlieren *darf*, es wäre schlimm, wenn dieser Fall eintreten würde, aber die Welt ginge nicht unter. Ich könnte trotz allem ein relativ glücklicher Mensch sein'?"

„Ja, zu dem Schluss würde ich wohl kommen."

„Überdramatisierungen entstammen im Grunde von Ihrem Befehl, ihrer inneren Notwendigkeit, dass dieser schlimme Verlust nicht eintreten *darf*."

„Wenn ich mir sage ‚Ihn zu verlieren ist furchtbar', verlange ich dann, dass dieser Verlust nicht eintreten *darf*?"

„Nicht immer. Sie verwenden vielleicht das Wort ‚furchtbar', wenn Sie in Wirklichkeit meinen ‚Es ist sehr schlimm, ihn zu verlieren', und das wiederum wäre ein Zeichen für angemessene Trauer oder Frustration. Aber wenn Sie sich selbst sagen ‚Es ist furchtbar, dass ich ihn verloren habe', könnte das auch heißen: ‚Es ist eine Katastrophe! Ich werde es nicht ertragen können!'" Ihr *Muss* ist hier entscheidend. Den starken Wunsch, geliebt zu werden, nicht erfüllt zu sehen, kann in der Tat *sehr* schlimm sein und kann Sie *sehr* betrübt machen. Aber sich zu sagen, dass es so tiefes Leid *absolut nicht geben dürfte* und es aus diesem Grunde unerträglich ist, stellt Sie außerhalb der Realität und ist die Ursache Ihrer Ängste. „Verstehen Sie den Unterschied?" – „Ich glaube schon. Aber es ist schwer, ihn nicht aus den Augen zu verlieren."

„Das ist wahr! Darüber hinaus, wenn Sie zu sich sagen ‚Ich darf meinen Liebhaber nicht verlieren, das wäre schrecklich', ergänzen Sie diesen Teufelskreis noch, indem Sie hinzufügen ‚nachdem es so schrecklich wäre, darf dieser Verlust keinesfalls eintreten', und dann denken Sie dummerweise, dass sich Ihre Muss-Zwänge aus Ihren Überdramatisierungen ableiten. In Wirklichkeit trifft jedoch nur die zweite *Muss-Vorstellung* zu!

Sie verbinden *Muss-Vorstellungen* oder *Ansprüche* mit dem möglichen Verlust Ihres Freundes. Deshalb definieren Sie diesen Verlust als schrecklich. Dann bringen Sie den Anspruch, dass es ‚Schreckliches nicht geben darf', damit in Verbindung, dass Sie es als schrecklich ansehen. Also haben Sie primäre und sekundäre *Muss-Vorstellungen,* die Sie auf unerwünschte Situationen projizieren. Daraus ergeben sich sehr oft primäre und sekundäre Störungen."

„Ich beschwöre beide herauf, weil ich mir sage, dass mir schlimme und schreckliche Dinge nicht geschehen *dürfen.*"

„Ja, was Sie da sagen, ist richtig. Wenn Sie denken, dass schlechte, sehr schlechte und so genannte schreckliche Ereignisse nicht eintreten *dürfen*, werden Sie in allen diesen Fällen sogar bei relativ unbedeutenden Ereignissen unnötig leiden. Wenn Sie sich damit abfinden, dass selbst die allerschlimmsten Dinge im Leben, z.B. Todesfälle, manchmal existieren *sollen* und *müssen*, weil sie ganz einfach einen Teil unserer Realität ausmachen, dann wird es Ihnen möglich sein, traurig und frustriert zu sein, aber nicht unter Angstzuständen oder Depressionen zu leiden."

„Ich sehe jetzt ein, dass die *Muss-Vorstellungen* der Grund meiner Störungen sind", sagte Sandra.

„Gut. Aber lassen Sie sich das von mir nicht einreden. Finden Sie es selbst heraus. Suchen Sie jedes Mal, wenn Sie sich wirklich elend fühlen, nach *Soll-/Muss-Vorstellungen,* besonders, wenn Sie unter Panik, Wut oder Depressionen leiden. Sehen Sie dann ein, dass Sie sich noch immer frustriert und traurig fühlen, allerdings nicht mehr niedergeschmettert sein werden."

Sandra beobachtete daraufhin sowohl ihre *Soll/Muss-Vorstellungen* als auch die Dramatisierungen, die aus ihnen resultierten, und es gelang ihr zum ersten Mal im Leben, ihre Situation zu meistern und nicht in tiefe Depressionen zu versinken, als ein Liebhaber sie ablehnte. Wenn sie gelegentlich wieder einmal in Depressionen abglitt, sah sie ein, dass sie zur *Muss*turbation zurückgekehrt war, bemühte sich, sie abzulegen und fühlte sich daraufhin zwar allein, aber nicht erniedrigt oder deprimiert.

RET-Übung Nr. 7

Suchen Sie nach etwas, das für Sie wirklich entsetzlich, schrecklich oder furchtbar ist. Versuchen Sie nun, die dazugehörige *Muss-Vorstellung* zu entlarven – was Ihnen wahrscheinlich möglich ist –, die bereits lauert, wenn Sie diese bestimmte Sache oder Handlung als schrecklich definieren.

Beispiele: „Ich finde, dass es schrecklich ist, von einem Menschen abgewiesen zu werden, den man wahrhaft liebt."

Verstecktes Muss:

„… , weil ich nicht von dem Menschen abgelehnt werden *darf*, den ich aufrichtig liebe."

„… , weil ich gut genug *sein* muss, um die Gunst desjenigen zu gewinnen, den ich wahrhaft liebe."

„… , weil ich nicht der Gesellschaft desjenigen beraubt werden *darf*, den ich wirklich liebe."

„… , weil ich ein netter Mensch bin, der es verdient hat, geliebt zu werden; und deshalb *muss* die Welt die

Dinge so arrangieren, dass ich die Liebe bekomme, die ich verdiene.“

Suchen Sie nach Dingen, von denen Sie annehmen, dass Sie sie nicht aushalten können und versuchen Sie, ein paar der *Muss-Vorstellungen* zu entlarven, die Ihnen dieses Gefühl vermitteln.

Beispiele: „Meine Arbeitsbedingungen sind so unorganisiert und unfair, dass ich es nicht ertragen kann, an diesem Arbeitsplatz zu arbeiten.“

Versteckte *Muss-Vorstellungen:*

„Meine Arbeitsbedingungen sind so unorganisiert und unfair, dass sie eigentlich nicht wahr sein *dürften*.“

„Meine Arbeit *muss* mir Freude machen und entspannter sein. Wenn die Bedingungen so unerfreulich sind, ist das unmöglich.“

„Ich *muss* ein *gewisses Maß* an Glück bei der Arbeit empfinden, aber die Bedingungen dort sind so unmöglich, dass ich *überhaupt* nicht glücklich sein kann.“

„Meine Arbeit muss so sein, wie ich sie mir vorstelle, aber unter diesen Bedingungen ist das unmöglich.“

Diese vier *Muss-Vorstellungen* ziehen alle den Satz nach sich: „Es ist *unmöglich*, unter so schlechten Bedingungen zu arbeiten.“

Suchen Sie nach einem Anlass, bei dem Sie sich inadäquat oder wertlos gefühlt haben. Versuchen Sie, Ihre versteckte *Muss-Vorstellung* zu entlarven, die für dieses Gefühl verantwortlich war.

Beispiel: „Es ist mir oft nicht gelungen, eine dauerhafte Beziehung zu einem Menschen aufzubauen, an dem mir wirklich lag. Das zeigt, was für eine unfähige Person ich bin.“

„Wenigstens eine langfristige Beziehung muss mir gelingen, sonst bin ich unfähig und nicht wert, geliebt zu werden.“

„Ich darf nicht ständig in Beziehungen versagen, die

mir am Herzen liegen, sonst bin ich ganz eindeutig wertlos."

„Weil es für mich das Wichtigste ist, eine gute Beziehung zu haben, *muss* ich bald eine solche verwirklichen. Wenn ich dabei versage, was nicht geschehen *darf*, bin ich offensichtlich eine minderwertige Person, die nichts Gutes verdient hat."

„Ich *darf manchmal* bei Beziehungen versagen, aber ich habe zu oft versagt, und das *darf* nicht sein!"

„Dass ich *so oft* versagt habe, zeigt, dass ich ein Versager bin."

Denken Sie an einen Zeitpunkt zurück, an dem Sie sich hoffnungslos gefühlt haben und wussten, dass Sie *niemals* im Leben Erfolg haben würden und es Ihnen *immer* an dem mangeln würde, was Sie sich am meisten wünschten. Erkennen Sie Ihre versteckte *Muss-Vorstellung*, die für dieses Gefühl der Hoffnungslosigkeit verantwortlich ist.

Beispiel: „Nachdem ich verschiedene gute Jobs verloren habe, werde ich niemals mehr im Stande sein, einen guten zu bekommen oder zu behalten und werde mich immer mit einem schlechten Arbeitsplatz zufrieden geben müssen."

Versteckte *Muss-Vorstellung:*

„Ich *darf* nicht ständig gute Arbeitsplätze verlieren, sonst werde ich offensichtlich niemals in der Lage sein, einen guten Job zu bekommen und zu behalten."

„Ich *muss* über einen vernünftigen Zeitraum kontinuierlich arbeiten. Sonst bekomme ich niemals mehr eine gute Stelle und werde dazu verurteilt sein, *immer* unbefriedigende Tätigkeiten auszuüben."

„Ich *muss* beweisen, was für eine wertvolle Person und Arbeitskraft ich bin, werde aber nie wertvoll sein, solange ich gute Jobs verliere. Als wertloser Mensch kann ich niemals einen guten Arbeitsplatz bekommen und behalten!"

„Ich kann ab und zu einen guten Job verlieren, das darf aber nicht oft vorkommen. Nachdem immer wieder geschieht, was nicht sein *darf*, werde ich nie im Stande sein, einen guten Arbeitsplatz zu bekommen und werde *mich* immer mit einer minderwertigen Stelle abfinden müssen."

Wenn Sie aus irgendeinem Grund aus der Fassung geraten, suchen Sie Ihre offensichtliche oder dogmatische *Muss-Vorstellung*. Nehmen Sie an, dass Sie sie haben, und wenn Sie sie nicht finden können, bitten Sie einen Freund, Verwandten oder Therapeuten um Hilfe.

KAPITEL 9

Einsicht Nr. 4: Vergessen Sie Ihre schreckliche Vergangenheit

Ich war bereits einige Jahre lang ein höchst erfolgreicher Psychoanalytiker und dachte, dass ich meinen Klienten eine große Hilfe sei, indem ich ihr früheres Leben bis in die abschreckendsten Details hinein erforschte und ihnen zeigte, wie diese Erfahrungen sie geprägt hatten – und wie sie mit Hilfe dieses Wissens ihre frühkindlichen Prägungen verstehen und überwinden konnten. Das war jedoch eine Täuschung.

Nachdem ich mir eingestanden hatte, dass meine psychoanalytischen Erfolge kaum so groß waren, wie ich es gern gehabt hätte, sah ich allmählich ein, dass es den Leuten nicht nur kaum gut tat, wenn ich ihnen half, ihre Vergangenheit zu verstehen, sondern sie tatsächlich auch darin blockierte, sich mit ihren aktuellen Schwierigkeiten auseinander zu setzen. Also entwickelte ich die Rational-Emotive Therapie und fing an, die aktuelle Gegenwart meiner Klienten in den Vordergrund zu stellen und ihre augenblicklichen Probleme zu behandeln. Ich erzielte sofort wesentlich bessere Ergebnisse, wenn ich sie lehrte, „unneurotisch" zu sein.

Viele meiner Klienten bestanden jedoch noch immer darauf, über ihre Vergangenheit zu sprechen – zum Teil, weil sie jahrelang in psychoanalytischer Behandlung gewesen waren und gelernt hatten, sich so zu verhalten. Ich machte ihnen daraufhin klar, dass zwar ihre Mutter oder ihr Bruder sie während ihrer Kindheit schwer kritisiert hatten (Punkt A oder Aktivierendes Ereignis im RET-Alphabet); dass sie sich natürlich daraufhin deprimiert oder minderwertig (Punkt C oder Konsequenz) fühlten, aber dass A nicht C verursacht hatte (obwohl es möglicherweise dazu beigetragen hatte).

B (das System ihrer Überzeugungen) war für C verantwortlich; und B schloss eine rationale Idee (rB) ein, die in etwa besagte: „Ich lasse mich nicht gern kritisieren. Vielleicht zeigt diese Kritik an, dass ich etwas falsch mache. Wenn dies der Fall ist, sollte ich mein Verhalten korrigieren". Aber B beinhaltete auch eine irrationale Überzeugung (iB), wie z.B. „Ich *brauche* die Liebe meiner Mutter. Ich *darf* mich nicht schlecht benehmen und dafür ihre Missbilligung ernten. Wenn sie mich nicht mag, bin ich sicher eine minderwertige Person, die keine Liebe verdient hat."[1]

Also zeigte ich meinen ersten RET-Klienten die iBs, die sie mit ihren frühkindlichen Erlebnissen verbanden. Ich bewies ihnen, dass sie sich in ihrer Kindheit im Grunde selbst in Aufregung versetzt hatten.

Indem ich ihr gegenwärtiges Leben analysierte, demonstrierte ich ihnen, dass sie noch immer dieselben früheren iBs benutzten, um sich selbst zu quälen, und dass sie *aus diesem Grunde* so große Probleme mit ihrem Leben hatten. Im Gegensatz zu vielen anderen Menschen, die in ihrer Kindheit aus der Fassung gebracht worden waren, inzwischen aber längst ihre Denkweise wieder geändert und über ihr Minderwertigkeitsgefühl (und den Hass auf ihre Eltern) hinweggekommen waren, hingen diese Klienten immer noch aktiv ihren ursprünglichen *Soll-* und *Muss-Vorstellungen* an und weigerten sich, sie aufzugeben.

Ihre früheren Gedanken und Gefühle *machten ihnen* heute keine Angst. Ihre *gegenwärtigen* und *beharrlichen* Dogmen (iBs) waren vielmehr die direkte Ursache ihrer gegenwärtigen Neurose. Dies bringt uns zu *Einsicht Nr. 4 der RET:*

Ihre frühkindlichen Erfahrungen und Ihre vergangenen Eindrücke sind nicht der Ursprung Ihrer Probleme. Dafür sind Sie selbst verantwortlich.

Sie haben sich auf Grund Ihres verzerrten Denkens entschlossen, auf die aktivierenden Ereignisse und Erfahrungen der Vergangenheit stark oder überhaupt nicht zu reagieren.

Sie selbst sind unmittelbar Bestandteil dieser Erfahrungen. Denn wenn Sie etwas unternehmen (sagen wir eine Bootsfahrt), erleben Sie die Situation (das Boot, die Menschen auf ihm, das Wasser, auf dem es segelt), und Sie *reagieren*, wie nur *Sie* allein darauf reagieren können! Darüber hinaus bringen Sie Ihre Erinnerungen an vergangene Ereignisse (einschließlich Ihrer Reaktionen auf diese Ereignisse) mit in die neue Situation ein, und deswegen „erfahren" Sie sie auf voreingenommene Art und Weise. Sie *verkörpern* zum großen Teil (wenn auch nicht völlig) Ihre Erfahrungen – und Sie schaffen aktiv neue.

Demnach haben Sie in gewissem Maße Ihre Vergangenheit „erfunden". Und wenn sie Sie noch heute angeblich außer Fassung bringt, haben Sie sich in Wirklichkeit dafür entschieden, sie am Leben zu erhalten. – Wie das funktioniert?

1. Indem Sie dieselben irrationalen Ideen (iBs) beibehalten, durch die Sie sich in Ihrer Kindheit aus der Fassung brachten. Z.B. „Ich *will* nicht nur die Anerkennung meiner Mutter, ich *brauche* sie auch dringend und bin ohne sie verloren!"

2. Indem Sie noch heute aktiv an diesen Ansichten festhalten.

3. Indem Sie sich weigern, Ihre iBs zu überdenken und so lange gegen sie anzugehen, bis Sie sie nicht länger gegen sich selbst einsetzen.

In der Vergangenheit haben Sie sich Ihre neurotische Grube gegraben und heute bestehen Sie darauf hineinzufallen! Wenn Sie RET anwenden, um Ihre Vergangenheit zu verstehen, werden Sie Ihren eigenen Anteil an ihr erkennen, aber auch feststellen, inwieweit Sie heute noch von ihren kindlichen Gedanken, Gefühlen und Verhaltensweisen beeinflusst werden.

Ironischerweise werden Sie mit ziemlicher Wahrscheinlichkeit gerade dann verstehen, was in Ihrer Kindheit *wirklich* „geschehen" ist – und was Sie getan haben, *damit es* geschah, wenn Sie ihre Vergangenheit ruhen lassen und danach forschen, was Sie *jetzt* dazu beitragen, dass es Ihnen schlecht geht. Je weniger Sie über Ihre Vergangenheit jammern, desto früher können Sie zugeben, dass Sie selbst zum Teil für sie verantwortlich sind. Je mehr Sie erkunden, was Sie *jetzt* dazu beitragen, um Ihre Probleme hervorzurufen, desto mehr Einsicht werden Sie in sie gewinnen.

Karen, ein Mitglied einer meiner Therapiegruppen am Institut für Rational-Emotive Therapie in New York, bestand darauf, sich selbst zu hassen, weil ihre Mutter ihr während ihrer Kindheit ständig gesagt hatte, sie sei dumm und hässlich. Rob, ein anderes Mitglied dieser Gruppe, unterstützte sie in diesem Glauben, indem er behauptete, dass er kein Selbstvertrauen habe, weil sein Vater darauf bestanden habe, dass er ein reicher Geschäftsmann werde, er aber nur ein schlecht bezahlter Angestellter geworden sei.

Die anderen Mitglieder der Gruppe und ich versuchten, Karen und Rob vor Augen zu führen, dass ihre Geschwister, die auch unter ihren Eltern gelitten hatten, erstaunlicherweise voller Selbstvertrauen waren und sich annehmen konnten. Karen und Rob jedoch hielten an ihren „traumatischen" Erlebnissen fest – und unternahmen wenig, um ihren augenblicklichen Zustand zu ändern.

Audrey, eine sehr attraktive Zahnärztin, die sich selbst ihr ganzes Leben lang verabscheut hatte und noch immer schüchtern und unfähig war, sich durchzusetzen, äußerte sich schließlich folgendermaßen: „Ich habe die Nase voll davon, dass ihr zwei ständig über eure verdammten Eltern jammert und euch beklagt, dass sie euch zu dem gemacht haben, was ihr seid. Lasst mich einmal von meinen Eltern erzählen. Sie waren die nettesten und freundlichsten Leute, die ich jemals getroffen habe. Sie liebten mich und unterstützten mich auf jede erdenkliche Weise. Sie sagten mir immer, dass ich klug und schön sei, dass sie wussten, dass ich alles erreichen könnte, was ich mir vornahm. Sie behandelten meinen Bruder ebenso gut; er war und ist noch immer sehr gut zu mir. Naja, das Ergebnis dieser wunderbaren Erziehung seht ihr heute vor euch – ein Fall, reif für die Klapsmühle: demütig und voller Selbstverachtung. Warum also hört ihr beide nicht damit auf, über eure grässliche Kindheit zu jammern und beschäftigt euch nicht mit eurem gegenwärtigen Leben – so wie ich es trotz meiner wunderbaren Erziehung wohl auch tun muss."

Drei weitere Gruppenmitglieder schlossen sich Audrey mit der Bestätigung an, dass auch sie gute, liebende Eltern gehabt hätten, sich selbst allerdings hassten. Einer von ihnen, Jose, sagte: „Durch RET sehe ich jetzt ein, dass ich mein perfektionistisches *Selbst* meinen toleranten Eltern in die Hand gegeben habe. Egal, wie oft *sie* mich akzeptierten, *ich* weigerte mich stur, dasselbe zu tun. Und oft weigere ich mich *immer noch*. Also arbeite ich weiter daran, *mich* und *meinen* Perfektionismus zu ändern. Ihr solltet das auch tun!"

Überrascht von der Reaktion der Gruppe, beschäftigten sich Karen und Rob mit diesem Gedanken. Karen arbeitete ab diesem Zeitpunkt hart daran, sich selbst und ihre Schwächen zu akzeptieren, und war daraufhin im Stande, ihrer Mutter zu verzeihen und ein gutes Verhältnis zu ihr aufzubauen. Rob hörte für einen gewissen Zeitraum auf, seinen Vater zu verurteilen, verfiel dann aber wieder in sein ursprüngliches Verhalten, ihn für all seine gegenwärtigen Probleme verantwortlich zu machen. Er verließ die Gruppe, sucht seit fünf Jahren einen Psychoanalytiker auf und verbringt nach Aussage eines seiner Freunde, der regelmäßig meine Workshops am Freitagabend besucht, immer noch die meisten seiner therapeutischen Sitzungen damit, seinen Vater zu verdammen.

RET-Übung Nr. 8

Versuchen Sie einmal, sich an ein Ereignis aus Ihrer Kindheit zu erinnern, das Sie erschütterte und deprimierte oder bei dem Sie sich selbst verachteten. Dann überprüfen Sie einmal, ob Sie sich noch an Ihre irrationalen Überzeugungen (iBs) erinnern können, die Sie damals hatten und die wahrscheinlich dazu geführt haben, dass Sie emotional aus dem Gleichgewicht gerieten. Überlegen Sie, wie Sie heute zu ihnen stehen.

Beispiel: „Meine Eltern ließen mich oft schlecht sitzende Secondhand-Kleider anziehen, und ich schämte mich so sehr, dass ich oft zu Hause blieb und mich weigerte, mit anderen Kindern zu spielen."

Rationale Überzeugungen (rBs): „Ich mag keine schlecht sitzenden Kleider und will nicht riskieren, möglicherweise von anderen ausgelacht zu werden. Aber ich kann es ertragen und trotzdem mit den Kindern auskommen, die über mich lachen."

Frühe irrationale Ideen (iBs): „Ich *will* diese schlecht sitzenden Kleider nicht tragen und von den anderen Kindern ausgelacht werden. Wie schrecklich und beschämend! Sie müssen denken, ich bin ein Dummkopf und sie haben Recht, das bin ich!"

Gegenwärtige irrationale Ideen (iBs): „Ich achte heute darauf, keine schlecht sitzenden Kleider zu tragen. Wenn jemand über mich lacht und mich für einen Dummkopf hält, stimme ich ihm allerdings immer noch zu und schäme mich."

Beispiel: „Meine Lehrer haben mich lieblos und unfair behandelt, als ich ein Kind war, und das hat mich sehr aggressiv und rebellisch gemacht."

Rationale Überzeugungen (rBs): „Ich wünschte, meine Lehrer würden mich anständig und fair behandeln, und es ist schlecht, dass dem nicht so ist. Aber es ist *ihr* schlechtes Benehmen und sie sind deswegen nicht von Grund auf schlecht."

Frühe irrationale Ideen (iBs): „Meine Eltern *müssten* mich *unbedingt* liebevoll und fair behandeln, und es ist schrecklich, dass sie das nicht tun. Sie sind völlig unnormal, indem sie sich so schrecklich benehmen und ich hoffe, es trifft sie der Schlag."

Gegenwärtige irrationale Ideen (iBs): „Es gibt heute immer noch ein paar Leute, die mich lieblos und unfair behandeln, und das *dürfen* sie *auf keinen Fall*! Diese Leute sind völlig verdorben, und ich hoffe, sie bekommen ihre gerechte Strafe!"

Immer wenn Sie denken, dass Ihre früheren Erfahrungen sie neurotisch gemacht haben oder Sie negativ geprägt haben, rufen Sie sich diese Erfahrungen wieder vor Augen und finden Ihre rationalen und ganz besonders Ihre irrationalen Ideen (iBs) heraus, die hauptsächlich für Ihre vergangenen emotionalen Probleme verantwortlich waren. Beachten Sie auch, wie Sie noch heute an diesen iBs festhalten.

[illegible] Jugendkopf und [illegible]

[illegible]

[illegible]

[illegible]

[illegible] und [illegible]

[illegible] und [illegible]

[illegible] und [illegible]

[illegible]

[illegible]

KAPITEL 10

Einsicht Nr. 5:
Disput irrationaler Ideen

Sie gewinnen also allmählich Einsicht in Ihre irrationalen Ideen und insbesondere in Ihre dogmatischen *Soll-* und *Muss-Vorstellungen*. Solange Sie nicht mit Nachdruck darangehen, an Ihren iBs zu arbeiten, wird Ihnen das jedoch nicht viel nützen und Sie auch nicht von Ihrem neurotischen Leid erlösen.

Es genügt nicht, dass man das Konzept begreift, schließlich reicht das theoretische Verständnis, wie man Auto fährt, auch nicht aus, um aus Ihnen einen guten Autofahrer zu machen. Was fangen Sie mit dem RET- Alphabet und dem Wissen über Ihre irrationalen Überzeugungen an, die Sie benutzen, um weiterhin unglücklich zu bleiben?

Zu dem Zeitpunkt, da ich dies schreibe, habe ich mindestens 20 Klienten, die sich ihrer iBs wohl bewusst sind, aber wenig tun, um sie zu entkräften.

Irene besucht seit vier Monaten eine meiner Therapiegruppen und hilft oft anderen Gruppenmitgliedern, indem sie sie auf ihre Irrationalitäten hinweist und ihnen nachdrücklich zeigt, dass es keinen Grund gibt, warum sie gute Beziehungen haben oder heiraten müssen. Aber sie selbst glaubt, dass sie unbedingt bald heiraten muss, weil sie bald 35 wird und noch nie eine langfristige Beziehung eingegangen ist.

Irene sagt vor der Gruppe: „Es wäre wünschenswert, dass ich heiraten würde, aber ich *muss* nicht.“ Dann fügt sie klammheimlich hinzu „Aber ich *muss* eigentlich!“ Sie stellt selten ihre eigenen *Muss-Vorstellungen* in Frage oder gibt sie auf, und so bleibt sie weiterhin angespannt.

Frank, ein weiteres Mitglied der Therapiegruppe, zeigt Irene ihre *Muss-Vorstellungen* auf, versucht aber lediglich, ihr praktische Lösungen vorzuschlagen, durch die sie ihr Bedürfnis, bald zu heiraten, eventuell befriedigen könnte – er schlägt Aktivitäten vor, bei denen sie passende Kandidaten kennen lernen könnte. In seinem eigenen Fall tut er dasselbe: Er sucht nach „positiven" Wegen, gegenüber seinem Chef zu argumentieren, statt den Anspruch aufzugeben, sein Chef dürfe nicht widerlich sein.

Josie, ein drittes Mitglied dieser Gruppe, besteht darauf, dass Irene wirklich einen Mann finden *sollte*, weil sie älter wird und Kinder liebt. Man braucht nicht zu betonen, dass Josie ebenfalls unfähig ist, ihre Ansprüche aufzugeben – sie verlangt, dass ihre Tochter und ihr Mann liebevoll und fair zu ihr sein müssen.

Einsicht Nr. 5 der RET:

Erkennen Sie die Tatsache an, dass Sie sich selbst durch irrationale Muss-Vorstellungen aus der Fassung bringen.

Zuzugeben, dass Sie *Muss-Vorstellungen* haben, ist keine Garantie dafür, dass sie von alleine verschwinden. Kämpfen Sie gegen sie an, vor allem aber stellen Sie sie aktiv in Frage und führen Sie rationale Dispute.

Wenn Sie irrational sind, widersetzen Sie sich der Vernunft (dem gesunden Menschenverstand) und weigern sich, die Realität zu akzeptieren. Wissenschaftliches Denken sagt Ihnen, wie man Vernunft, Logik und Tatsachen einsetzt, um irrationales Denken aufzugeben. Es wirft skeptische Fragen auf:

„Wo steht geschrieben, dass ich Erfolg haben *muss*?"

„Warum *müssen* die Leute mich fair behandeln?"

„Wo steht geschrieben, dass mein Leben frei von Schwierigkeiten zu sein hat?“

Wenn Sie wissenschaftliche Fragestellung und Dispute benutzen, ergeben sich dabei in etwa die folgenden Antworten:

„Es gibt keinen Grund dafür, dass ich Erfolg haben *muss*, obwohl das natürlich schön wäre.“

„Die Leute *müssen* mich nicht fair behandeln, obwohl ich mir das wünsche.“

„Mein Leben *muss* und wird auch niemals frei von Schwierigkeiten sein. Aber ich *kann* angenehm leben! Ich kann sogar von meinen Schwierigkeiten profitieren.“

Ist RET eine Selbsthilfe, die auf rationales Argumentieren spezialisiert ist? Ja, allerdings. Sie geht von der Voraussetzung aus, dass der Disput irrationaler Ideen eines der Hauptmittel ist, Ihre Probleme zu überwinden.

Lassen Sie uns zum Alphabet von RET zurückkehren und zu Punkt D übergehen: „Disput“, dem rationalen Überdenken irrationaler Ideen. Welcher Disput wäre denkbar, wenn Sie das Problem hätten, das in Kapitel 5 vorgestellt wurde?

G (Ihr Ziel): Sie wollen eine gute Stelle.

A (Aktivierendes Ereignis): Sie schneiden beim Einstellungsgespräch schlecht ab und bekommen die gewünschte Stelle nicht.

rBs (Ihre rationalen Ideen): „Es passt mir nicht, dass es mir nicht gelungen ist, die Stelle zu bekommen! Wie frustrierend! Wie schade! Wie kann ich es nächstes Mal besser machen?“

iBs (Ihre irrationalen Ideen): „Egal wie, ich muss es schaffen, dass der Personalchef mich mag und mir die Stelle gibt. Wenn nicht, ist das entsetzlich! Ich kann es nicht ertragen! Wenn ich versage, bedeutet das, dass ich unfähig bin und niemals eine gute Stelle finden werde.“

C (Konsequenzen aus den irrationalen Überzeugungen): Sie fühlen sich deprimiert und wertlos. Sie vermeiden weitere Vorstellungsgespräche.

Lassen Sie uns zu Punkt D übergehen – dazu, Ihre irrationalen Überzeugungen wissenschaftlich und rational zu überdenken (Dispute).

iB: „Egal wie, ich *muss* den Personalchef für mich einnehmen, damit er mir die Stelle gibt."

D (Disput): „Warum *muss* ich den Personalchef für mich einnehmen? Warum *sollte* er mir diese Stelle geben?"

E (Effektive Neue Philosophie): „Es gibt keinen Grund dafür, warum ich diesem Personalchef sympathisch sein *müsste*. Ebenso wenig gibt es ein universelles Gesetz, das vorschreibt, dass ich diese Stelle bekomme."

iB: „Wenn ich diese Stelle nicht bekomme, die ich haben *muss*, kann ich es nicht ertragen!"

D (Disput): „Warum sollte ich es nicht ertragen können?"

E (Effektive Neue Philosophie): „Ich kann es offensichtlich doch ertragen. Es gibt genügend andere Wege, wie ich glücklich sein kann, selbst wenn mir nie wieder ein so guter Job angeboten wird."

iB: „Dass ich diesen Job nicht bekommen habe, beweist, dass ich eine unfähige Person bin, die niemals eine gute Stelle finden wird."

D (Disput): „Wo steht das geschrieben?"

E (Effektive Neue Philosophie): „Nur in meiner Einbildung! Wenn ich diesen Job nicht bekomme, beweist das nicht, dass ich inkompetent bin, sondern lediglich, dass dieser eine Personalchef mich nicht mochte. Selbst wenn ich mich beim Vorstellungsgespräch inkompetent verhalten habe, zeigt das lediglich, dass ich ein Mensch bin, der sich schlecht verhalten hat, und nicht, dass ich absolut unfähig bin. Es gibt viele andere Arbeitsplätze und nicht bei allen Vorstellungsgesprächen werde ich versagen. Ich fange am besten wieder mit der Suche an!"

Dispute stellen aktiv und tatkräftig Ihre irrationalen Ideen in Frage. Erst wenn sich Ihre iBs im Disput als falsch erweisen, können Sie sie wirklich aufgeben. Sie wirken sich auch auf C – in diesem Fall Ihre Depression und Selbstbeschuldigung – aus. Wenn Sie Ihre irrationalen Überzeugungen rational überdenken, werden sie Sie nicht mehr belasten und nur selten wiederkehren.

Wenn Sie Ihre unangemessenen Gefühle von Depression und Minderwertigkeit aufgeben, sind Sie auch in der Lage, Ihr Verhalten zu ändern, und können mit größerer Leichtigkeit weiterhin zu Einstellungsgesprächen und auf Stellensuche gehen.

Irene gab schließlich zu, dass sie sich zwar einerseits sagte „Ich *muss* nicht heiraten", sich andererseits aber um so stärker selbst davon überzeugte: „Aber ich *muss* eigentlich!" Sie und die anderen Gruppenmitglieder stellten immer wieder nachdrücklich ihre irrationalen *Muss-Vorstellungen* in Frage, bis sie zu nachstehendem Schluss kam und ihn auch tatsächlich verinnerlichte: „Es wäre wirklich sehr wünschenswert, dass ich heirate. Wenn ich aber nie einen passenden Partner finden sollte, so kann ich trotzdem glücklich sein. Ich kann! Und werde es! Egal, was geschieht."

Nachdem sie diese neue Effektive Rationale Philosophie (E) akzeptiert hatte, verschwand Irenes Panik, obwohl ihr Bedürfnis zu heiraten, blieb. Sie konnte ihre Enttäuschung verkraften und war nicht mehr deprimiert über die Tatsache, immer noch ein Single zu sein.

Frank, der nicht so viele rationale Dispute geführt hatte wie Irene, gab seine irrationale Überzeugung, sein Chef dürfe sich nicht widerlich verhalten, zum Teil auf, aber von Zeit zu Zeit kehrte er wieder zu diesem Standpunkt zurück.

Josie weigerte sich zunächst, ihr Verlangen nach liebevollem Verhalten ihrer Tochter und ihres Mannes aufzugeben. Aber als sie sah, wie Irene ihre Panik vor dem Alleinsein überwand, war sie in der Lage, ihre lieblose Familie zu akzeptieren, obwohl sie deren Verhalten nicht mochte. Sie bemerkte gegenüber der Gruppe: „Sie *sind* nun einmal so, wie sie sind. Und ich habe sie nicht dazu *gemacht*. Sie haben Talent dazu, kalt und lieblos zu sein. Warum sollten sie sich *nicht* schlecht benehmen, wenn sie das doch offensichtlich tun!" – Indem sie so dachte und fühlte, konnte Josie ihre Besessenheit von dem Gedanken an ihre Familie aufgeben und widmete sich fortan mehr ihren eigenen Interessen.

RET-Übung Nr. 9

Denken Sie an ein Ereignis, das Sie im Augenblick (oder erst kürzlich) emotional belastet hat oder bei dem Sie sich dumm verhalten haben. Schreiben Sie es nieder.

Zum Beispiel:

Jemand hat Sie belogen, und Sie waren voll Zorn und Mordlust.

Sie haben es nicht geschafft, Ihre regelmäßigen Übungen zu machen und waren böse auf sich selbst und sehr deprimiert.

Sie waren bei einem offiziellen Anlass leger angezogen und waren dementsprechend verlegen.

Sie wurden von einem Freund, dem Sie in der Vergangenheit geholfen hatten, schwer kritisiert und waren daraufhin zutiefst verletzt und voll Selbstmitleid.

Sie hatten sich vorgenommen, das Rauchen aufzugeben und haben trotzdem nicht aufgehört zu rauchen.

Sie haben aus eigensüchtigen Motiven einem Unschuldigen Leid zugefügt.

Sie haben Ihrer Flugangst nachgegeben und sind 1000 Kilometer gefahren, um an einen bestimmten Ort zu gelangen.

Sie waren böse auf sich selbst, weil Sie bestimmte Phobien oder Zwänge nicht überwunden haben.

Wenn Sie sich an den gegenwärtigen oder vergangenen Zeitpunkt und die Gefühle, die mit ihm verbunden waren, erinnern, nehmen Sie an, Sie hätten eine irrationale *Soll-/Muss-Vorstellung* gehabt. Erkennen Sie sie.

Beispiel: „Die Person, die mich belogen hat, hätte das nicht tun sollen. Wie furchtbar, dass sie sich so schlimm benommen hat."

Untersuchen Sie auch die gewöhnlichen irrationalen Ideen, die oft Ihre *Muss-Vorstellungen* begleiten. Schreiben Sie sie auf. Es sind Überdramatisierungen wie „schrecklich", „fürchterlich", „entsetzlich".

Beispiel: „Es ist schrecklich, dass ich mich bei einem offiziellen Anlass zu leger gekleidet habe. Ich hätte es nicht tun *sollen*. Es ist *furchtbar*, dass ich mich nicht anständig anziehen kann."

Ein weiteres Symptom für irrationale Ideen ist der Satz „Ich *kann* es nicht ertragen".

Beispiel: „Wenn mich Freunde, denen ich geholfen und die ich unterstützt habe, hart kritisieren, was sie *nicht* tun *sollten, kann ich das nicht ertragen!* Ich *halte* Undankbarkeit nicht aus!"

Gefühle von Wertlosigkeit und Selbsthass

Beispiel: „Weil ich mein Versprechen, das Rauchen aufzugeben, nicht gehalten habe, was ich hätte tun *sollen*, bin ich dumm und wertlos. Wenn man bedenkt, wie wichtig es ist, aufzuhören, bin ich wirklich ein Taugenichts."

Beispiel: „Weil ich aus Selbstsucht meinem unschuldigen Freund Unrecht getan habe, was ich *auf keinen Fall* hätte tun *sollen, verdiene* ich es, bestraft zu werden. Ich verdiene nicht, dass andere mich *akzeptieren* und sollte gemieden werden."

Glaube an die Begriffe „alles" und „niemals"

Beispiel: „Jetzt, wo ich dummerweise meiner Flugangst nachgegeben habe und 1000 Kilometer mit dem Auto gefahren bin, was ich keinesfalls hätte tun *sollen*, werde ich *nie* im Stande sein, meine irrationale Furcht vor dem Fliegen zu überwinden. Ich werde *immer* lange Strecken fahren müssen, anstatt zu fliegen, und ich bin *völlig* außerstande, meine Phobie in den Griff zu bekommen."

Glaube an Vollkommenheit, Besonderheit und Grandiosität

Beispiel: „Ich muss perfekt, besonders und edel sein. Wenn ich nichts Hervorragendes leiste, bin ich nichts wert!"

Jetzt überprüfen Sie (Punkt D) aktiv Ihre irrationalen Ideen (iBs), indem Sie wissenschaftliche Fragen stellen und von der Annahme ausgehen, dass Sie Ihre iBs zu rBs umwandeln oder sie ganz aufgeben können, wenn Sie sie weiterhin überprüfen und in Frage stellen. Hier einige der wichtigsten Disput-Fragen, die Sie stellen können.

Disput-Frage: Warum ist meine iB (irrationale Idee) scheinbar wahr? Warum entspricht sie nicht der Realität?

Beispiel: Warum *sollten* Leute, die mich belügen, das eigentlich nicht tun? Warum *dürfen* sie nicht so handeln und warum ist es *schrecklich*, wenn sie es doch tun?

Antwort: Es gibt keinen Grund, warum sie nicht lügen *sollen* oder *dürfen*, obwohl es wünschenswert wäre, wenn sie es nicht täten. Sie müssen sogar weiterlügen, denn das entspricht ihrer Natur. Wenn sie lügen, ist das nicht unbedingt *schrecklich* (oder *schlimmer* als es sein sollte), sondern nur ziemlich unangenehm. Und mit dieser Unannehmlichkeit kann ich leben."

Disput-Frage: „Wer beweist mir, dass meine irrationalen Interpretationen (iBs) richtig sind? Gibt es überhaupt Tatsachen, die sie untermauern?"

Beispiel: „Warum hätte ich mich nicht so dumm verhalten dürfen, die legere Kleidung bei einem offiziellen Anlass zu tragen?"

Antwort: „Es gibt keinen Grund dafür, dass ich mich nicht so dumm hätte verhalten sollen. Es ist allerdings bewiesen, dass ich ein fehlbarer Mensch bin, der sich infolgedessen manchmal ziemlich dumm benehmen wird. Es gibt keine Fakten, die beweisen, dass es *schrecklich* ist, was ich getan habe, sondern nur Fakten, die zeigen, dass ich einige dazu ermutigt habe, schlecht von mir (und meinem Verhalten) zu denken. Das ist zwar unangenehm, aber ich kann trotzdem die Anerkennung vieler Menschen gewinnen und ein erfülltes Leben führen."

Disput-Frage: „Warum eigentlich sollten Freunde, denen ich geholfen habe, mich *keinesfalls* hart kritisieren dürfen? Warum sollte ich es nicht ertragen können, wenn sie es doch tun? Wer sagt, dass ich so harte Kritik nicht ertragen kann?"

Antwort: „Ich bilde mir nur ein, dass sie mich nicht kritisieren dürfen, nachdem Sie sich offensichtlich nicht an meine Wünsche halten. Ich *kann* es aushalten, wenn sie mich scharf kritisieren, denn ihre Worte werden mir nicht wehtun, es sei denn, ich nehme sie zu ernst. Nachdem ich von ihrer Kritik nicht sterben werde und mich trotzdem akzeptieren kann, *kann* ich sie ertragen und vielleicht sogar von ihr profitieren.

Disput-Frage: „Inwiefern lassen sich diese irrationalen Ideen (iBs) durch Fakten untermauern? Wie kann ich ihre Gültigkeit beweisen?“

Beispiel: „Wieso bin ich dumm und wertlos, weil ich mein Versprechen, das Rauchen aufzugeben, nicht gehalten habe? Wieso macht mich dieser dumme Akt des Rauchens wertlos?“

Antwort: „Auf keinen Fall bin *ich*, ein erwachsener Mensch, dumm und wertlos, weil ich eine dumme Handlung wie das Rauchen immer wieder begehe. Meine Handlung ist dumm, aber das macht mich nicht zu einem *wertlosen* Dummkopf, nur zu einem *Menschen*, der sich im Augenblick dumm verhält, der sich in Zukunft vielleicht weniger dumm benimmt und der viele andere intelligente Dinge tut. *Sie*, die dumme Handlung des Rauchens, ist nicht mit mir identisch. Ich bin ich, und ich habe die Fähigkeit, viele gute und viele schlechte Dinge zu tun. Ich habe auch die Fähigkeit, schlechte Taten durch gute zu ersetzen.

Disput-Frage: „Gibt es einen Weg, wie ich meine irrationalen Ideen (iBs) für falsch oder ungültig erklären kann?“

Beispiel: „Bin ich *wirklich* zu verurteilen und verdiene, bestraft zu werden, weil ich so selbstsüchtig meinem unschuldigen Freund Leid zugefügt habe, was ich keinesfalls hätte tun sollen? Wie kann ich die Idee wirklich beweisen bzw. endgültig entkräften, dass ich die Anerkennung anderer nicht verdiene und schwer für mein Verhalten bestraft werden sollte?“

Antwort: „Ich kann meine Überzeugung, Strafe verdient zu haben, nicht widerlegen. Ich kann beweisen, dass ich meinem unschuldigen Freund selbstsüchtig geschadet habe, was falsch war. Aber es ist eine unbewiesene Hypothese, dass dieses Unrecht mich zu einer verurteilenswerten, verdienstlosen Person macht, die auf jeden Fall bestraft und aller menschlichen Anerkennung und Freude beraubt werden sollte. Konzepte wie die rückhaltlose Verdammung eines Menschen deuten an, dass es eine übernatürliche, höhere Macht gibt, die genau weiß, wann menschliche Handlungen den Punkt erreicht haben, an dem sie eine solch unwiderrufliche Sanktion erfordern. Aber es ist bis jetzt noch nicht endgültig erwiesen, dass es solch übernatürliche Kräfte gibt, also gibt es demnach keinen Weg, um dieses ungewöhnlich harte Urteil zu rechtfertigen. Daran zu glauben führt zu extremer Selbstbestrafung und Selbsteinschränkung. Da diese irrationalen Ideen jedoch völlig frei gewählt sind, gibt es keinen Grund, warum man sich dafür entscheiden sollte, in selbstzerstörerischer Weise an sie zu glauben."

Disput-Frage: „Welche Resultate werde ich erzielen, wenn ich weiter an diesen irrationalen Ideen fest halte? Welchen Nutzen – und Schaden – habe ich davon, daran zu glauben?"

Beispiel: „Welches Resultat werde ich erzielen, wenn ich glaube, dass ich *auf keinen Fall* meiner Flugangst hätte nachgeben und 1000 Kilometer mit dem Auto hätte fahren sollen, und dass ich *nie* meine irrationale Angst vor dem Fliegen überwinden werde? Welche Konsequenzen hat es, wenn ich glaube, dass ich weiterhin *immer* auf langen Strecken fahren statt fliegen muss?"

Antwort: „Die erzielten Ergebnisse werden sehr schlecht sein. Wenn ich starr an dieser übergeneralisierenden Denkweise fest halte, verurteile ich mich selbst zu meinen Nie- und Nimmer-Voraussagen und kapituliere vor meiner Phobie. Wann immer ich behaupte, mich nicht ändern zu können, blockiere ich meine Fortschritte und zwinge mich praktisch selbst dazu, stecken zu bleiben."

Disput-Frage: „Habe ich die Wahl, ob ich meinen irrationalen Ideen glauben und folgen muss?"

Beispiel: „Ist es möglich, dass ich nicht perfekt, herausragend und edel sein muss? Kann ich den Glauben aufgeben, dass ich ohne meine Perfektion nichts wert bin?"

Antwort: „Natürlich! Ich habe die Wahl, alles zu glauben oder nicht zu glauben, was ich möchte. Selbst wenn mein früheres Leben von irrationalen Überzeugungen indoktriniert war und es mich einige Mühe kostet, sie zu überdenken, kann ich diese Anstrengung unternehmen. Ich glaube an viele Dinge nicht mehr, an die ich früher geglaubt habe, und jede Vorstellung, der ich jetzt anhänge, kann ich später ebenso ablegen. Ich will mich also bemühen, meine irrationalen und selbstzerstörerischen Ideen in solche umzuwandeln, die bessere Resultate erzielen."

Sobald Sie einige Ihrer dogmatischen *Muss-Vorstellungen* sowie andere irrationalen Ideen (iBs), die zu ihnen führen können, aufgeschrieben haben, stellen Sie sich die oben genannten Disput-Fragen und beantworten Sie sie so gut Sie können, bis Sie, zumindest zeitweise, diese Ideen in rationale Wünsche abändern können. Machen Sie das so lange, bis Sie sich deutlich besser fühlen und Ihre unangebrachten Gefühle und Verhaltensweisen gegen passendere eingetauscht haben. Wiederholen Sie diese Übung immer, wenn Sie sich schlecht fühlen oder auf deutlich selbstzerstörerische Weise handeln. Wenn nötig, wiederholen Sie diese mehrmals am Tag.

KAPITEL 11

Einsicht Nr. 6: Sie können sich weigern, sich über Ihre Probleme Sorgen zu machen

Viele Therapien, wie etwa die Verhaltenstherapie, versuchen, neurotische Symptome, also Phobien, Obsessionen, Zwänge und Abhängigkeiten zu mildern. Einige Therapien, wie die Existenz- und Psychoanalyse, bemühen sich, „noch tiefer" einzudringen und ihren Klienten dabei zu helfen, ihre Lebensphilosophie zu ändern, um sie so daran zu hindern, künftig neue Symptome zu produzieren. Die RET geht noch weiter und zielt sowohl auf eine tief greifende neue Lebensphilosophie als auch auf eine Linderung der Symptome. Sie hilft Menschen auch dabei, sich von ihren neurotischen Problemen nicht überwältigen und depressiv machen zu lassen.[1]

Es gibt, wie ich bereits erwähnt habe, viele Beweise, die die These unterstützen, dass eine selbstbetrügerische Lebensweise emotionale Probleme mit sich bringt. Diese Ansicht wird aber auch durch die eigentliche Natur der Neurose unterstützt. Wie auch in ‚Die rational-emotive Therapie' und „A New Guide to Rational Living" (‚Ein neuer Führer in ein rationales Leben') bereits gesagt wurde, können in psychologischen Labors Ratten „neurotisch" gemacht werden, ohne dass diese sich dessen „bewusst" zu sein scheinen: Weder beobachten Ratten ihr verrücktes Verhalten noch machen sie sich Gedanken darüber oder hassen sich gar, weil sie darunter leiden. Menschen tun das oft.

Sie sehen unentwegt, dass sie Angst haben, wissen, dass Sorgen nutzlos sind, *messen*, wie schlimm die Sorgen sind, *nehmen die Verantwortung auf sich*, dass sie diese geschaffen haben und *kritisieren sich selbst*, dass sie so „schwach" oder „dumm" waren, sie wieder zu wecken. Sie tendieren dann dazu, sich über ihre Ängste zu ängstigen, wegen ihrer Depressionen deprimiert zu sein, sich wegen ihrer Abhängigkeiten schuldig zu fühlen und sich aufgrund ihrer Neurosen zu bemitleiden.

George ärgert sich über seine senile, bedürftige Mutter und hasst sich gleichzeitig, weil er sich über sie ärgert.

Trotz ihrer schwachen Lungen und ihres ständigen Hustens raucht Cynthia zwei Packungen Zigaretten am Tag und fühlt sich wegen ihrer „entsetzlichen Schwäche" schuldig.

Josef kann sich seiner Freundin gegenüber nicht durchsetzen und ist wütend auf sie, weil sie ihm „Angst" macht, wenn er versucht sich durchzusetzen.

Ist es wichtig, sich über seine eigenen Probleme Gedanken zu machen? Wenn George sich wegen seines Ärgers über seine Mutter hasst, wird er dazu neigen, so in seiner Selbstzerfleischung aufzugehen, dass er wenig Zeit und Energie besitzen wird, an seinen Problemen zu arbeiten und seinen Ärger loszuwerden. Wenn Cynthia sich wegen ihrer „entsetzlichen" Schwäche, trotz schwacher Lungen weiterzurauchen, schuldig fühlt, wird sie sich möglicherweise so aufregen, dass sie mehr Zigaretten brauchen wird, um sich von ihrem Selbsthass abzulenken. Während Josef sich über seine Freundin ärgert, weil sie dafür „sorgt", dass er sich nicht durchsetzen kann, wird er eher aggressiv als durchsetzungsfähig wirken und kaum daran arbeiten können, sich weiterzuentwickeln. Durch ihre zusätzliche Aufregung *über* ihre ursprünglichen Neurosen werden George, Cynthia und Josef ihre emotionalen Probleme erheblich *vergrößern*.

Das führt uns zur *Einsicht Nr. 6 der RET:*

Wenn Sie sich wegen irgendetwas unglücklich machen, neigen Sie dazu, Ihr subjektives Unglück noch zu vergrößern, indem Sie Depressionen entwickeln, weil Sie unglücklich sind. Wenn Sie Ihr Tun beobachten, werden Sie entdecken, dass Sie sich wegen Ihrer eigenen Ängste ängstigen, dass Sie wegen Ihrer Depressionen deprimiert sind und sich wegen Ihrer Wut schuldig fühlen. Sie haben wahrhaftig ein großes Talent, sich selbst Probleme zu bereiten.

Seien Sie ehrlich mit sich selbst. Wie haben Sie sich wirklich gefühlt, als Sie das letzte Mal in panische Angst geraten sind? Wie haben Sie sich *wegen* Ihrer panischen Angst gefühlt? Und *wegen* Ihrer letzten Depressionsphase? Sehen Sie! Und die RET-Lösung? Eigentümlicherweise beinhaltet sie mehr Logik, mehr Vernunft. Wenn Sie sich Probleme *wegen* Problemen schaffen, indem Sie negative Gefühle beobachten und *sich selbst sagen*, dass Sie diese Gefühle nicht haben *dürfen*, können Sie sie durch Anwendung der *Einsicht Nr. 6* ausschalten.

Um endgültig aus diesem Teufelskreis auszubrechen, unternehmen Sie folgende Schritte:

1. Fragen Sie sich selbst: „Da ich nun erwiesenermaßen Angst habe, bin ich auch wegen meiner Angst ängstlich?"

2. Wenn Sie die Zeit finden, erkennen Sie die sekundären Symptome an, etwa Ihre Depression, die wegen Ihrer Angst entsteht und überdenken Sie Ihre Angst im Zusammenhang mit Ihrer Depression.

3. Begreifen Sie, dass Sie sich Ihre sekundären Symptome geschaffen haben, jawohl, Sie sind selbst wegen Ihrer panischen Angst in Panik geraten, Sie hassen sich selbst wegen Ihrer Selbstverachtung.

4. Erkennen Sie, dass Sie die Fähigkeit haben, daran zu arbeiten, Ihre sekundären Elendsgefühle zu ändern, weil Sie sie ja selbst hervorgebracht haben.

Was nun? Nehmen wir mal an, dass Sie sich selbst durch Anwendung der RET bewusst gemacht haben, dass Sie – sagen wir – Angst wegen Ihrer Angst oder panische Angst wegen Ihrer Panik verspüren.

Was machen Sie jetzt?

Als nächstes nehmen Sie sich folgenden rationalen Disput vor:

1. *Nehmen Sie an*, dass Sie sich die Panik wegen Ihrer Panik durch einige absolutistische *Muss-Vorstellungen* geschaffen haben. Z.B.: „Ich darf nicht in Panik geraten! Ich muss die Ruhe bewahren!"

2. *Suchen* und *sondieren* Sie Ihre *Muss-Vorstellungen*, bis Sie sie finden: „Ach ja. Jetzt sehe ich ein, dass ich nie in Panik geraten darf, sonst würde ich in der Klapsmühle landen. Und das wäre *wirklich eine Katastrophe*.

3. Setzen Sie sich aktiv mit Ihren *Muss-Vorstellungen* auseinander, bis Sie effektive rationale Philosophien zustande bringen – und auch wirklich an sie glauben!

Zum Beispiel:

iB (irrationale Ideen): „Es ist *schrecklich*, in Panik zu geraten!"

D (Dispute): „Wo steht geschrieben, dass es schrecklich ist?"

E (effektive, vernünftige Philosophien): „Nirgends, außer in meinen unsinnigen Denkmechanismen! Es ist sehr lästig, aber ich kann es immer durchhalten – und daran arbeiten, meine Panik wegen meiner Panik loszuwerden."

iB: „Ich *darf nicht* in Panik geraten!"

D: „Wo steht dieses universale Gesetz geschrieben?"

E: „Nirgends. Nur in den Köpfen von selbstzerstörerisch denkenden Menschen wie mir! Wenn das Universum bestimmen würde, dass ich nicht in Panik geraten darf, dann könnte ich unmöglich in Panik geraten. Es liegt also auf der Hand, dass dieses Gesetz nur besagt, dass ich ängstlich sein werde – wenn ich es zulasse!"

iB: „Wenn ich in Panik gerate, lande ich in der Klapsmühle, und das wäre eine *Katastrophe*!"

D: „Stimmt das?"

E: „Unsinn! Ich und Abermillionen anderer Menschen sind schon vorher in Panik geraten und haben es trotzdem fertig gebracht, nicht eingeliefert zu werden. Panikgefühle sind zwar schmerzlich, führen aber selten zu einem Nervenzusammenbruch. Ansonsten befänden sich alle Menschen im Irrenhaus! Wenn das Allerschlimmste doch passieren würde, dann wäre es bestimmt sehr unbequem. Aber ich kann es überstehen, mich beruhigen und ein glückliches Leben führen. Wenn ich nur daran glaube!"

Wenn Sie sich mit Ihren unvernünftigen Glaubenssätzen (iB), die zu Ihrer emotionalen Konsequenz (C), der Angst wegen der Angst, führen, auseinander setzen (D), dann können Sie nachdenken und planen, wie Sie sie (C) loswerden und dafür Sorge tragen, dass sie sich nur noch selten wiederholen. Ihre endgültigen Schlussfolgerungen werden etwa so aussehen:

1. „Ich bin kein *inkompetenter* oder *gemeiner* Mensch, weil ich Angst habe. Ich bin lediglich ein Mensch, der einige bösartige Philosophien besitzt, und ich kann daran arbeiten, sie abzulegen."

2. Es spielt keine Rolle, wie sehr ich mir selbst mit Stress und Panikgefühlen zur Last falle und mich behindere, weil diese eben *nur* das eine sind: *unbequem* und bestenfalls lästig.

Wenn Sie so weit sind, diese Schlussfolgerungen immer wieder zu ziehen, können Sie zu Ihren ursprünglichen Panikgefühlen (wie z.B. Ihrer Angst, von jemandem abgelehnt zu werden) zurückkehren, Ihre irrationalen

Ideen, die die Panik verursachen (z.B. „Ich kann nicht allein und gleichzeitig glücklich sein!") entdecken, sich mit diesen iBs auseinander setzen und Ihre ursprüngliche Angst überwinden.

Einsicht Nr. 6 der RET weist, wie Sie sehen, darauf hin, dass Sie sich wegen Ihrer ursprünglichen Probleme nur allzu leicht emotionale, sekundäre Folgeprobleme schaffen. Sie ermuntert Sie, zunächst sekundäre und dann primäre Neurosen aufzugeben.

Einsicht Nr. 6 zeigt Ihnen auch, wie drittrangige Probleme selbst geschaffen sind und wie man gegen sie vorgehen kann.

Gerald zum Beispiel war ängstlich darauf bedacht, seine Arbeit gut zu verrichten (das primäre Problem). Dann wurde er alkoholsüchtig, um diese Angst vorübergehend zu beruhigen (sekundäres Problem). Schließlich verurteilte er sich wegen seiner Trunksucht (tertiäres Problem). Aufgrund dieser Selbstanklage sorgte er sich dermaßen, dass er seine Arbeit schlechter verrichtete und (um seine Angst zu beruhigen) noch mehr trank.

Wenn Sie *Einsicht Nr. 6* befolgen, machen Sie Ihre zweit- und drittrangigen Probleme rückgängig, können an Ihren primären Problemen arbeiten und sich daher umfassend selbst helfen.

Hier sind einige weitere Aufzeichnungen über die zuvor in diesem Kapitel erwähnten Klienten:

George untersuchte seine irrationale Vorstellung „Ich darf mich wegen meiner Mutter nicht aufregen, obwohl sie mich als Kind vernachlässigte und nun verlangt, dass ich mich ihr im Alter widme. Was für ein gemeiner Kerl ich doch bin!" Zunächst akzeptierte er sich selbst mit seiner Wut, dann, befreit von seinem Selbsthass, hörte er auf zu verlangen, dass seine Mutter genügsamer wäre und gab ihr gegenüber seinen Hass auf (jedoch nicht seine Abneigung gegen ihr Verhalten).

Nach einem gründlichen Umdenkprozess konnte Cynthia sich sagen: „Die Fortsetzung meiner Raucherei ist tatsächlich schlimm. Aber mich deswegen verrückt zu machen, schwächt mich um so mehr! Wenn ich mich nicht einmal zum Rauchen eigne, wie kann etwas Verkommenes wie ich es überhaupt schaffen, damit aufzuhören? Überhaupt nicht! Wenn ich also weiterhin so wahnsinnig rauche, muss ich wenigstens mit der Verrücktmacherei aufhören!" Sobald sie mit der Selbstanklage aufhörte, fand es Cynthia wesentlich einfacher, anstelle ihrer üblichen zwei Schachteln nur fünf Zigaretten am Tag zu rauchen.

Josef stellte fest, dass seine Freundin es ihm wirklich schwer machte – aber nicht ganz unmöglich –, sich durchzusetzen. Aber indem er sich klarmachte, dass sie als menschliches Wesen das Recht hatte, einen Fehler zu machen, verlor er seine Wut auf sie und konnte sich selbst – trotz Furcht und Unbehagen – zwingen, sich mehr und mehr durchzusetzen, bis diese Handlungsweise schließlich natürlich und selbstverständlich wurde.

Mit Hilfe einer meiner regelmäßigen Therapiegruppen bewältigte Gerald zunächst sein drittrangiges Problem, nämlich sich wegen seines Alkoholkonsums zu erniedrigen. Er machte sich klar, dass seine Trinkerei zwar dumm, er jedoch kein dummer, hoffnungsloser Mensch sei. Dann beschäftigte er sich mit seinem sekundären Symptom (niedrige Frustrationsschwelle), das seine irrationale Überzeugung begleitete: „Ich kann es nicht ertragen, Angst zu haben, also muss ich mich sofort durch Alkohol beruhigen!" Schließlich kehrte er zu seinem ursprünglichen Symptom zurück, nämlich seiner Angst, die aus dem Verlangen resultierte, möglichst gut bei seiner Arbeit zu sein. Er war daraufhin in der Lage, sich zwar über seine Arbeitsleistung Sorgen zu machen, sie aber nicht überzubewerten. Er konnte dadurch seine Angst stark abbauen. Auf allen drei Gebieten verbesserte er sich, und seine Trinkerei nahm ab, während sich seine Arbeitsleistung verbesserte. Sobald seine Angst, seine niedrige Frustrationsschwelle und seine selbstzerstörerische Denkweise zurückgingen, war er in der Lage, das Trinken vollkommen einzustellen und ein wesentlich produktiveres Leben zu führen.

RET-Übung Nr. 10

Dies ist eine Übung, sich selbst gegenüber ehrlich zu sein. Selbstbetrug ist normalerweise das Ergebnis von Selbsterniedrigung. Sie schämen sich, die Wahrheit zuzugeben – wenn Sie zum Beispiel bei etwas elendiglich versagt haben, oder Sie sehen, dass andere Sie auslachen – also lügen Sie sich selbst an, verleugnen Ihre Fehler und Ihre Dummheit.

Was Sie jetzt tun können, ist, ehrlich zuzugeben, wenn Sie kürzlich aufgeregt waren, Angst hatten, sich deprimiert oder wütend fühlten. Beispiele:

Hatten Sie Angst, weil Ihre Kinder oder nahe Verwandte später als erwartet nach Hause kamen?

Sind Sie über Schmerzen in der Brust in Panik geraten, weil Sie dachten, es handle sich um eine Herzattacke?

Waren Sie wegen des Todes eines Verwandten oder eines guten Freundes deprimiert?

Haben Sie sich über Terrorismus, der gegen unschuldige Zivilisten gerichtet war, aufgeregt?

Dies sind Ängste über wirklich große oder wichtige Ereignisse, und Sie waren wahrscheinlich in der Lage, Ihre Reaktionen anzunehmen und mit ihnen zu leben. Aber wie sieht es mit einigen kleineren und unwichtigen Ereignissen der jüngsten Vergangenheit aus? Zum Beispiel:

Stellen Sie sich vor, Sie bemerken einen Fleck auf Ihrem Hemd und haben Angst, dass Fremde im Bus oder in der U-Bahn ihn bemerken könnten.

Stellen Sie sich vor, Sie sind auf einer Party oder Konferenz und haben den Namen eines Gastes vergessen. Sie geraten in Panik, weil diese Person Sie eventuell sehen und entdecken könnte, dass Sie ihren Namen vergessen haben.

Oder stellen Sie sich vor, Sie müssen mitten in einem Konzert auf die Toilette. Sie schämen sich, weil die Leute denken werden, dass Sie dumm sind und stören, weil Sie gehen.

Halten Sie nach kleinen Vorfällen wie diesen Ausschau. Erkennen Sie, dass Sie in der Tat ängstlich, panisch oder beschämt waren – und dass sie ängstlich wegen Ihrer Angst, beschämt über Ihr Schamgefühl und deprimiert wegen Ihrer Panik waren. Können Sie ganz ehrlich zu sich sein? Können Sie Ihre ursprüngliche Panik über dieses Missgeschick oder Pech zugeben, oder Ihre Folgeangst davor, Leute von Ihrer ursprünglichen Furcht wissen zu lassen. Zwingen Sie sich, ehrlich zu sein, selbst wenn es Sie umbringt!

Noch etwas:

1. Lachen Sie über Ihre Panik und Ihre Folgepanik. Erkennen Sie, dass es lächerlich ist, für alles, was Sie tun, unbedingt die Bestätigung der Leute zu *brauchen* – und die Bestätigung dafür, deren Bestätigung haben zu wollen. Sehen Sie ein, wie komisch das alles ist!

2. Erzählen Sie jemandem – noch besser *mehreren* – davon, sozusagen als Übung in der Bewältigung Ihrer sekundären Schamgefühle. Lassen Sie sie wissen, über was für einen Blödsinn Sie sich aufregen. Zeigen Sie ihnen, wie Ihr“Selbstverrücktmachungs-Mechanismus“ funktioniert. Seien Sie rückhaltlos offen und ehrlich gegenüber anderen. Zeigen Sie ihnen, wie ängstlich Sie wirklich sind.

3. Finden Sie Ihre *Haupt-Muss-Vorstellungen* über Ihre ursprünglichen Panikgefühle heraus. Zum Beispiel: „Ich muss mich an den Namen dieser Person erinnern! Ich *darf* ihn nicht noch einmal fragen, wie er heißt. Ich *darf* ihn nicht beleidigen, indem ich vergesse, wie er heißt und wer er ist. Ich *darf* ihn nicht wissen lassen, dass ich es dummerweise vergessen habe!"

4. Finden Sie Ihre *Haupt-Muss-Vorstellungen* über Ihre sekundären Angstgefühle heraus. Zum Beispiel: „Ich *darf* meine Angst anderen nicht zeigen! Ich *darf* nicht wegen solcher Lächerlichkeiten Angst empfinden! Ich *muss* sofort meine Angst überwinden!"

5. Verzichten Sie auf diese *Muss-Vorstellungen* und verwandeln Sie sie in positive Verhaltensweisen.

6. Beobachten Sie sich. Geben Sie zu, dass Sie wegen Kleinigkeiten Angst, ja sogar Panik empfinden. Nehmen Sie sich Ihrer Ängste an, geben Sie sie anderen gegenüber oft zu, finden Sie Ihre *Muss-Vorstellungen* heraus, und setzen Sie sich mit ihnen auseinander.

KAPITEL 12

Einsicht Nr. 7: Wie man subjektive und objektive Probleme löst

Obwohl RET oft als oberflächliche Therapieform bezeichnet wird – weil ihre Botschaft einfach und praktisch für jedermann leicht verständlich ist –, ist sie in der Tat umfassender als die meisten anderen Therapien.

Sie leben in einem sozialen Verband mit Ihrer Familie, Ihren Freunden, Geschäftspartnern, Bekannten und fremden Menschen. Sie beeinflussen in gewissem Maß die Menschen in Ihrer Umwelt, und diese beeinflussen Sie.

Sie leben in einer äußeren Umgebung – mit Luft, Vegetation, Straßen, Gebäuden, Wetterbedingungen, Maschinen, Autos. Dies alles beeinflusst Sie ebenfalls, und Sie wiederum reagieren darauf.

Schließlich und endlich haben Sie auch einen Körper – mit Knochen, Blut, inneren Organen, Haut, Nerven und anderen Geweben, die Sie stark beeinflussen. Ihre Handlungen wiederum – Essen, Trinken, Turnen, Denken und Fühlen – haben eine große Wirkung auf Ihren Körper. Da Sie in dieser komplizierten Umgebung leben, haben Sie (wie zuvor in diesem Buch bemerkt) Grund-Ziele (G), die mit aktivierenden Ereignissen konfrontiert werden. Diese Ziele schaffen für Sie viele praktische Probleme, die es zu lösen gilt. So zum Beispiel:

Wie kann ich eine gute Ausbildung erhalten?

Was kann ich tun, um einen passenden Partner zu finden?

Welchen Beruf soll ich wählen, und wie kann ich erfolgreich sein?

Welche Freizeitbeschäftigung ist angenehm und ist es wert, dass ich Zeit und Mühe daran hänge?

Sobald Sie diese Realitätsprobleme erkennen, können Sie versuchen, Sie zu lösen – oder sie können sich dummerweise entschließen, sich Sorgen zu machen. Wenn Sie sich Sorgen machen, haben Sie ein Problem wegen eines Problems – ein emotionales Problem (oder Neurose) wegen Ihres Realitätsproblems (wie (über)lebt man und genießt sein Leben?).

RET ist systematischer als andere Therapien, weil sie Sie ermutigt, sowohl Ihre primären praktischen Schwierigkeiten als auch Ihre sekundären emotionalen Probleme anzugehen, wenn auch nicht unbedingt in dieser Reihenfolge. In der Tat ermutigt sie Sie oft dazu, zunächst Ihr neurotisches Dilemma zu lösen, und dann erst Ihr praktisches Problem in Angriff zu nehmen. Warum das? Dafür gibt es mehrere Gründe:

1. In der aktuellen belastenden Situation, in der Sie ängstlich, angespannt oder deprimiert sind, weil Sie eine Entscheidung treffen müssen – z.B. „Soll ich bei meinem Partner bleiben oder unsere Beziehung beenden?“ – sind Sie möglicherweise nicht in der Lage, festzustellen, welcher Ihrer Wünsche (zu bleiben oder zu gehen) größer ist. Ihr Schuldgefühl, weil Sie gehen möchten, kann Sie davon abhalten zu erkennen, dass Sie wirklich gehen wollen. Oder Ihr Zorn auf Ihren Partner kann Ihren Wunsch verdrängen, zu bleiben.

2. Sie stecken vielleicht so viel Zeit und Energie in Ihr neurotisches Verhalten, dass Sie wenig Energie übrig haben, die Sie der Lösung Ihres praktischen Problems widmen könnten. Auf diese Art und Weise verbringen Sie vielleicht so viel Zeit damit, über die anstehende Entscheidung zu jammern, ob Sie Ihren Partner verlassen sollen oder nicht, dass Sie niemals zu einer klaren Entscheidung kommen werden.

3. Sie machen sich vielleicht so große Sorgen über die Tatsache, dass Sie ein praktisches Problem haben, für das Sie keine gute und schnelle Lösung wissen, dass Sie Ihre Gedanken nicht ordnen können, um dazu beizutragen, es zu lösen.

RET ermutigt Sie deshalb, zunächst Ihre emotionale Erregung (Ihr Problem wegen eines Problems) abzulegen und dann mit Bedacht Ihre praktischen Entscheidungen anzugehen.

Dies bringt uns zur *RET-Einsicht Nr. 7:*

Wenn Sie versuchen, die praktischen Probleme Ihres Lebens zu lösen, achten Sie sorgfältig darauf, ob Sie emotionale Probleme – wie Ängste oder Depressionen – wegen dieser praktischen Fragen haben. Wenn ja, suchen und disputieren Sie aktiv Ihr dogmatisches, musturbatives Denken, das zu Ihren emotionalen Schwierigkeiten führt. Während Sie sich bemühen, Ihre neurotischen Gefühle zu reduzieren, kehren Sie zu Ihren praktischen Schwierigkeiten zurück und wenden Sie wirksame Selbst-Management- und Problemlösungs-Strategien an, um sie zu lösen.

Joani wollte gern das College abschließen, hatte aber wenig Geld und musste 50 Meilen täglich zurücklegen, um das College zu besuchen. Aber sie machte es sich noch schwieriger, indem sie sich selbst sagte: „Ich *muss* das College abschließen und zwar bald! Das bedeutet, dass ich in meinem Beruf und in der Schule hart arbeiten und auch Zeit mit der Fahrerei verbringen muss, und das ist unfair. Die Dinge sollten nicht so unfair sein! Außerdem sagt mir mein Vater, dass ich nicht fähig bin, den College- Abschluss zu schaffen, und vielleicht hat er Recht. Wenn ja, wäre das schrecklich und ich würde nie das erreichen, was ich wirklich will. Ich hasse meinen Vater, der mir das antut!"

Mit diesen stark irrationalen Ideen benutzte Joani ihre ursprünglich praktischen Probleme als Vorwand für Ihre selbst geschaffenen Ängste, Depressionen, Aggressionen und ihren Selbsthass. Natürlich waren ihr ihre gestörten Gefühle bei der Lösung ihrer praktischen Probleme (Geld, Schule, Arbeit und Fahrtweg) sehr im Wege – ganz zu schweigen von den Kommunikationsschwierigkeiten, die sie mit ihrem Vater hatte.

Joani und ich arbeiteten zuerst daran, ihre dogmatischen *Muss-Vorstellungen* (sich selbst, ihren Vater und die Schulsituation betreffend) aufzudecken. Dann half ich ihr dabei, ihre Fähigkeit, mit praktischen Problemen umzugehen, zu verbessern und Alternativlösungen zu finden, die sie – gefangen in ihrem gedanklichen Teufelskreis, wie sie war – nicht sehen konnte. Dazu gehörte auch eine Geldanleihe, eine neue Stelle und der Umzug in die Nähe des College. Ich half ihr auch dabei, mehr Gesprächsbereitschaft zu zeigen (besser mit ihrem Vater auszukommen) und sich Organisations- und Lernfähigkeiten anzueignen (und so im Stande zu sein, mehr Schularbeiten in weniger Zeit zu erledigen).

Auch Sie können zunächst Ihre irrationalen Ideen aufgeben und die falschen emotionalen Konsequenzen ablegen, die Sie aus ihnen gezogen haben. Sie können dann auf A zurückkommen (das ursprünglich aktivierende Ereignis) und ihre Problemlösungs-Fähigkeit sowie andere Fähigkeiten benutzen, um Ihre Entscheidungen praktischer und angenehmer zu gestalten.

Um Ihr Leben zu verbessern, können Sie RET anwenden, um Selbstbehauptung, Zeit-Management-Methoden, Beziehungsfähigkeit, ein befriedigendes Sexualleben, Erfolgsstrategien und andere Fähigkeiten zu erlernen, die Ihnen wiederum helfen können, ein erfüllteres Leben zu leben. Weil RET sich mit Gedanken *und* Verhalten befasst und Sie außerdem lehrt, Ihr

Verhalten oder Ihre Gedanken zu korrigieren, ist sie ein revolutionärer, problemlösender und die eigenen Fähigkeiten fördernder therapeutischer Ansatz.[1]

Das zeigt noch einmal, dass sie umfassend ist. Sie ist eine Theorie menschlichen Verhaltens, die wirklich systematisch ist! Indem Sie Ihnen hilft, Ihre gespaltenen Gefühle (C) über die Ereignisse (A) in Ihrem Leben und Ihre Ideen (B) zu verstehen, die diese Gefühle hervorrufen, versetzt sie Sie in die Lage, Ihre As, Bs, und Cs neu zu organisieren, und die nicht ganz einfache Art und Weise zu erkennen und neu zu gestalten, in der A, B und C zusammenspielen.

RET-Übung Nr. 11

Denken Sie an ein praktisches Problem, das Sie lösen möchten oder an eine Entscheidung, die Sie treffen wollen. Überlegen Sie zum Beispiel:

- Wie Sie einen besseren Job bekommen können.
- Wie Sie eine gute Rede halten können.
- Wie Sie ein Golfspiel gewinnen können.
- Wie Sie eine Semesterarbeit schreiben können.
- Wie Sie in eine fremde Stadt fahren können.
- Wie Sie gute Beziehungen zu anderen Menschen aufbauen können.
- Wie Sie Sex mehr genießen können.

Denken Sie über folgende Entscheidungen nach:

- Welchen Fernsehapparat Sie kaufen sollen.
- Welches Haus Sie kaufen sollen.
- Wen Sie als Spielpartner wählen sollen.
- Welche Kurse Sie in der Volkshochschule oder der Universität belegen sollen.

- Welchen Anzug oder welches Kleid Sie zu einer Party anziehen sollen.
- Welche Karriere Sie wählen sollen.
- Welches Übungsprogramm Sie wählen sollen.

Suchen Sie nach emotionalen oder Verhaltensproblemen, die sich aus diesen praktischen Problemen ergeben wie:

- Haben Sie Angst, einen guten Job zu finden und sich in ihm zu behaupten?
- Würden Sie sich schämen, eine schlechte Rede zu halten?
- Wären Sie deprimiert, schlecht Golf zu spielen?
- Schieben Sie das Schreiben einer Semesterarbeit immer wieder hinaus?
- Sind Sie ärgerlich, wenn Sie in einer fremden Stadt Auto fahren?
- Haben Sie Angst, Beziehungen anzuknüpfen?
- Geben Sie sich die Schuld, dass Sie sexuelle Probleme haben?
- Sammeln Sie zwanghaft Informationen über Fernseher, bevor Sie einen kaufen?
- Haben Sie übertrieben Angst, das Haus, das Sie kaufen wollen, könnte einstürzen oder abbrennen?
- Geben Sie sich gnadenlos die Schuld, wenn Sie einen falschen Spielpartner gewählt haben?
- Wechseln Sie ständig Ihre Kurse, auch wenn das Semester bereits angefangen hat?
- Quälen Sie sich bei der Auswahl eines Anzugs oder Kleides, das sie auf eine Party anziehen wollen?
- Tun Sie nichts, um Ihre Karriere voranzutreiben?
- Probieren Sie ein Übungsprogramm nach dem anderen aus und kapitulieren, bevor die Sache richtig in Gang kommt?

Wenn Sie wegen Ihrer praktischen Probleme ängstlich, beschämt, deprimiert oder zornig sind oder chronisch unentschlossen, panisch oder zwanghaft wegen Ihrer Entscheidungen reagieren, suchen Sie nach Ihren dogmatischen Ansprüchen, nach Ihren *Soll- und Mussvorstellungen* und nach Überdramatisierungen, Selbsterniedrigungen und Anzeichen von „Ich-kann-es-nicht-ertragen“, die damit einhergehen. Zum Beispiel:

„Ich *muss* einen guten Job bekommen und ich *muss* ihn dann auch behalten!“

„Meine Rede *muss* gut ankommen! Es wäre beschämend, wenn man über mich lachte, während ich sie halte!“

„Ich *hätte* besser Golf spielen *sollen*! Was für ein hoffnungslos schlechter Sportler ich bin!“

„Diese verflixte Semesterarbeit zu schreiben *sollte* einfacher sein! Ich *kann* die Schwierigkeiten dabei *nicht ertragen*! Ich schreibe sie später!“

„Diese grässlichen Stadtstraßen *sollten* besser angelegt und viel besser beschildert sein! Wie *furchtbar*, dass sie mir unnötige Schwierigkeiten machen!“

„Für mein Geld *muss* ich den allerbesten Fernsehapparat bekommen! Ich *kann* es *nicht* ertragen, wenn ich übers Ohr gehauen werde!“

„Nehmen wir mal an, etwas Schreckliches geschieht mit dem Haus, nachdem ich es gekauft habe! Ich *muss* eine Garantie haben, dass alles daran stimmt!“

„Ich würde es mir nie verzeihen, wenn ich den falschen Partner für dieses Spiel aussuche.“

„Ich *muss* den besten Kurs besuchen und den besten Dozenten haben! Es wäre *schrecklich*, wenn ich meine Zeit in diesem Kurs vergeuden würde! Wenn ich ihn nicht sofort wechsle, obwohl es gegen die Regeln ist, bin ich ein totaler Trottel!“

„Wenn ich die falsche Kleidung für diese Party

aussuche und die Leute mich deswegen auslachen, kann ich mich gleich umbringen!“

„Jede berufliche Laufbahn, die ich wählen könnte, ist von zu vielen Schwierigkeiten begleitet. Ich *kann* das *nicht* ertragen!“

„Ich *sollte nicht* ständig Sport treiben müssen, sondern sollte auch ohne Übungen bei guter Gesundheit sein!“

Stellen Sie aktiv Ihre *Soll- und Muss-Vorstellungen*, Ihre Dramatisierung, Ihr „Ich-kann-es-nicht-ertragen“ und Ihre Selbsterniedrigung in Frage. Zum Beispiel:

Disput: „Warum *muss* ich einen guten Job haben und wo steht geschrieben, dass ich ihn dann auch behalten *muss?“ Antwort:* „Ich *muss nicht* unbedingt einen guten Arbeitsplatz finden oder behalten, aber ich *will* es gerne. Also bemühe ich mich weiter darum!“

Disput: „Wo steht geschrieben, dass meine Rede gut sein *muss*? Inwiefern wäre es beschämend, wenn man über mich lacht, während ich sie halte?“ *Antwort:* „Es steht nirgends geschrieben – außer in den dummen Schriften, die ich selbst schreibe. Es wäre unschön, wenn man während der Rede über mich lachen sollte, aber es wäre nur meine Rede, die schlecht ist; ich selbst wäre nicht *schlecht, inkompetent oder ein öffentliches Ärgernis.“*

Disput: „Warum *hätte* ich besser Golf spielen *sollen*? Inwiefern bin ich ein hoffnungslos schlechter Sportler, wenn ich schlecht spiele?“ *Antwort:* „Es gibt keinen Grund, warum ich besser spielen *sollte* oder *müsste*, aber es wäre großartig. Dieses Mal war ich schlecht beim Golfspielen, es stimmt aber nicht, dass ich *niemals* in diesem oder einem anderen Sport gut sein *könnte!*“

Disput: „Beweisen Sie, dass die Semesterarbeit leichter sein *sollte*! Warum kann ich die Schwierigkeit, sie zu schreiben, *nicht ertragen?*“ *Antwort:* „Die Arbeit *sollte* genauso schwer sein, wie sie ist. Ich mag die

Schwierigkeiten beim Schreiben nicht, aber noch weniger mag ich die Probleme, die mich erwarten, wenn ich sie nicht schreibe! Zurück also an die Arbeit!"

Disput: „Warum *sollten* die Stadtstraßen besser angelegt oder besser ausgeschildert sein? Ist es wirklich so *schrecklich*, dass ich solche Schwierigkeiten damit habe?" *Antwort:* „Ich kann nur sagen, dass es schön wäre, wenn die Straßen besser angelegt wären. Aber ich kann nicht beweisen, dass dies *notwendig* ist, denn wenn dem so wäre, *wären* die Straßen so angelegt, wie es mir passt. Offensichtlich haben die Städteplaner nicht an mich gedacht. Pech! Aber ich finde mich schon zurecht!"

Disput: „*Muss* ich wirklich den allerbesten Fernseher für mein Geld bekommen? *Kann* ich es nicht *ertragen*, übers Ohr gehauen zu werden?" *Antwort:* „Nein, ich *muss* eindeutig *nicht* den besten Fernsehapparat für mein Geld bekommen. Ich *kann* schließlich einen schlechteren bekommen. Wenn ich wirklich übers Ohr gehauen werden sollte und ich einen schlechteren nehme, kann er mir *doch* eine Menge Freude machen. Es wäre zwar schade, aber immer noch erträglich. Wenn ich das Risiko nicht eingehe und einen von den verfügbaren Fernsehern kaufe, kann ich das Fernsehen gar nicht genießen! Also suche ich mir besser einen aus!"

Disput: „*Brauche* ich wirklich eine Garantie, dass alles in Ordnung mit dem Haus ist, das ich kaufen möchte? Geht die Welt unter, wenn etwas Furchtbares damit geschieht?" *Antwort:* „Nein. Es wäre toll, wenn ich eine absolute Garantie hätte, aber eine solche Garantie gibt es nicht. Immerhin ist es relativ wahrscheinlich, dass das Haus, das ich kaufe, lange hält. Selbst wenn das Haus irgendwie zerstört wird, geht mein Leben weiter."

Disput: „Gibt es kein Pardon, wenn ich den falschen Partner für dieses Match aussuche und wir folglich das Spiel verlieren? Würde mich das zum Idioten abstempeln?“ *Antwort:* „Natürlich ist eine schlechte Partnerwahl verzeihlich. Es wäre dumm, aber dieses kleine Ereignis würde mich kaum zu einer völlig dummen Person abstempeln. Da ich fehlbar bin, werde ich noch oft die falsche Wahl treffen, aber es wird nicht *immer* so sein, und man kann mich nicht deswegen *verurteilen.* Ich kann mich entschließen, mich mit meinen Fehlern zu akzeptieren und mich so darauf vorbereiten zu lernen und in Zukunft bessere Entscheidungen zu treffen.“

Disput: „*Muss* ich wirklich den besten Kurs belegen und den besten Dozenten haben? Macht es mich wirklich zum Trottel, wenn ich mich nicht gegen die Regeln auflehne und sie dazu bringe, dass ich einen anderen Kurs besuchen darf?“ *Antwort:* „Nein, es ist offensichtlich unnötig für mich, den besten Kurs und den besten Dozenten zu haben, obwohl das höchst wünschenswert wäre. Wenn ich meinen Kurs nicht ummelden lasse, handle ich nicht vertrottelt, sondern beuge mich nur normalen Einschränkungen. Selbst wenn ich mich schwach zeige, macht mich das nicht zu einem *völligen Trottel* oder einem *schwachen Menschen*.“

Disput: „Warum hat jede Laufbahn, die ich aussuche, zu viele Schwierigkeiten? Warum sollte ich eine Laufbahn mit solchen Schwierigkeiten nicht ertragen können?“ *Antwort:* „Fast jeder Beruf, den ich wähle, hat seine Schwierigkeiten, aber nicht *zu viele*. Es liegt in der Natur der Sache, schwierig zu sein – darum komme ich nicht herum. Pech, aber wenn ich nicht lerne, solche Schwierigkeiten zu akzeptieren, werde ich überhaupt nicht Karriere machen – und so noch *schlimmere* Probleme haben. Vielleicht werde ich *nie* die Schwierigkeiten mögen, die mein Beruf mit sich bringt, aber ich *kann* sie bestimmt *ertragen*! Und das muss ich auch – wenn ich überhaupt Karriere machen will!“

Wenn Sie einmal Ihre irrationalen Ideen (iBs) entdeckt haben, die der Lösung Ihres praktischen Problems und guten Entscheidungen im Wege stehen, gehen Sie zurück zu diesen ursprünglichen Problemen und tun Sie Ihr Bestes, sie zu lösen. Einige der Problemlösungsstrategien, die Ihnen zur Verfügung stehen könnten, sind folgende:

Drücken Sie ein Problem so klar wie möglich aus:

- Was soll ich tun, um einen guten Arbeitsplatz zu bekommen?
- Welchen Schritt soll ich als Erstes unternehmen?
- Welcher Schritt kommt als nächster?
- Wen sollte ich wegen eines guten Arbeitsplatzes befragen?
- Kann einer meiner Freunde mir möglicherweise helfen?
- Wie sollte meine Bewerbung aussehen – oder welche Bewerbungen sollte ich schreiben?
- Wie kann ich dabei Hilfe bekommen?
- Sollte ich meinen früheren Arbeitgeber informieren, dass ich auf der Suche bin, um sicher zu gehen, dass er mir gute Referenzen schreibt?
- Was soll ich tun, um ein besseres Vorstellungsgespräch zu führen?

Schreiben Sie viele problemlösende Fragen wie die oben stehenden nieder, und zwar über alle Probleme, die Sie lösen möchten. Dann umreißen Sie – am besten schriftlich – Ihre Antworten, und stellen dann einen Plan auf, nach dem Sie vorgehen, um Ihre Ideen auszuführen. Befolgen Sie diesen Plan, ja *zwingen* Sie sich dazu, ihm zu folgen.

Wenn alles gut geht, prima. Machen Sie weiter damit, Ihre praktischen Probleme und Fragen zu lösen. Wenn Sie Ihren Plan nicht oder nur schlecht erfüllen, wenn Sie sich über die erzielten Ergebnisse aufregen, nehmen Sie an, dass Sie sekundäre emotionale Schwierigkeiten wegen Ihrer primären praktischen Schwierigkeiten haben. Wiederholen Sie das RET-Alphabet, um Ihre Probleme besser zu erkennen und festzustellen, wie Sie mit ihnen zurechtkommen können. Während Sie weiter Ihre emotionalen Probleme lösen, kehren Sie noch einmal zu Ihren praktischen Fragen zurück, um, wie oben, Lösungen auszuarbeiten. Wechseln Sie ab im Hinterfragen Ihrer praktischen und emotionalen Probleme, und erwarten Sie keine fantastischen oder unrealistischen Lösungen. Denn diese albernen Erwartungen werden Ihr emotionales Dilemma nur verstärken und alles noch viel schlimmer machen!

RET-Übung Nr. 12

Sie können kaum praktische Probleme lösen oder gute Entscheidungen treffen, ohne ein gewisses Risiko einzugehen. Typische Risiken sind:

Zu lange für die Lösung eines Problems oder für eine Entscheidung zu brauchen.

Zu viel Zeit und Energie auf die Lösung eines Problems oder einer Entscheidung zu vergeuden.

Sich zu wenig Zeit zu nehmen und Mühe zu geben, um zu planen, was zu tun ist.

Die falsche Entscheidung zu treffen und damit leben zu müssen. Zunächst gut mit den praktischen Problemen zurechtzukommen und später dabei zu versagen.

Eine einigermaßen gute Lösung finden, aber nicht die großartige Lösung gefunden zu haben, die sie in Wirklichkeit finden wollten.

Wenn Sie dazu neigen, wegen der Lösung eines Problems überbesorgt zu sein oder beim Fällen einer Entscheidung zu viel Zeit und Energie zu vergeuden, befreien Sie sich davon, um das Risiko des Planens und der Entscheidung schneller auf sich nehmen zu können. Setzen Sie sich also ein Zeitlimit, um eine Bewerbung zu schreiben, eine Liste von Adressaten zu bekommen, an die sie sie schicken könnten, diesen Leuten dann tatsächlich Briefe zu schicken und damit zu beginnen, zu Vorstellungsgesprächen zu gehen. Bereiten Sie sich nicht zu sehr vor. Riskieren Sie es, schlecht abzuschneiden. Beweisen Sie sich, dass Sie aus Ihren Irrtümern lernen und es das nächste Mal wahrscheinlich besser machen können.

Wenn Sie sich zwingen zu planen und sich schnell für ein Ziel zu entscheiden, sich dann jedoch weigern, es zu verwirklichen.... Wenn Sie Ihr Ziel erreichen und sich aufregen, weil Ihre Pläne und Entscheidungen nicht *gut genug* sind, füllen Sie ein RET-Selbsthilfe-Formular zu Ihren emotionalen Problemen aus. Ein Muster finden Sie auf den nachfolgenden Seiten.

RET-SELBSTHILFE-FORMULAR

Institut für Rational-Emotive Therapie
45 East 65th Street, New York. N.Y. 10021
(212) 535-0822

(A) AKTIVIERENDES EREIGNIS, Gedanken oder Gefühle, bevor ich mich emotional gestört fühlte oder selbstzerstörerisch handelte: *Schneller Entschluss, eine neue Stelle anzunehmen.*

(C) KONSEQUENZ oder Zustand/Gefühl des Gestörtseins oder selbstzerstörerisches Verhalten, das ich hervorgerufen habe und gerne ändern möchte: *Große Angst.*

(B) Ideen – Irrationale Ideen (iBs) die zu C, der KONSEQUENZ geführt haben (emotionale Störung oder selbstzerstörerisches Verhalten). Machen Sie einen Kreis um alles, was auf diese AKTIVIERENDEN EREIGNISSE zutrifft.	(D) DISPUTE für jede eingekreiste IRRATIONALE IDEE. Beispiele: „Warum MUSS ich erfolgreich sein?" „Wo steht geschrieben, dass ich ein SCHLECHTER MENSCH bin?" „Warum MUSS man mich schätzen oder akzeptieren?	(E) EFFEKTIVE RATIONALE Ideen (rBs), um meine IRRATIONALEN Ideen (iBs) zu ersetzen. Beispiele: „Es wäre mir LIEBER, wenn ich Erfolg hätte, aber es MUSS nicht sein." „Ich bin ein MENSCH, DER sich schlecht verhalten hat und kein SCHLECHTER MENSCH." „Es gibt keinen Grund dafür, dass man mich schätzen MUSS, selbst wenn mir das RECHT wäre."
1. Ich MUSS gut oder sehr gut abschneiden!	*Warum muss ich das?*	*Es gibt keinen Grund, warum ich das sollte.*
2. Ich bin SCHLECHT ODER WERTLOS wenn ich mich schwach oder dumm verhalte.		

3. Ich MUSS von den Leuten, die für mich wichtig sind, geschätzt oder akzeptiert werden.		
4. Ich bin ein schlechter Mensch, den niemand lieben kann, wenn ich abgewiesen werde.		
5. Die Menschen MÜSSEN mich fair behandeln und mir geben, was ich BRAUCHE!		
6. Menschen, die unmoralisch handeln, sind VERDORBENE MENSCHEN!		
7. Die Menschen MÜSSEN meine Erwartungen erfüllen, sonst ist das SCHRECKLICH!		
8. Mein Leben DARF nur wenige Aufregungen oder Schwierigkeiten mit sich bringen.	*Stimmt das wirklich?*	*Es wäre zwar wunderbar, aber es muss nicht so sein.*
9. ICH KANN wirklich negative Dinge oder sehr schwierige Mensche NICHT ERTRAGEN!		

10. Es ist SCHRECKLICH oder ENTSETZLICH, wenn wichtige Dinge nicht nach meinem Kopf gehen!	*Inwiefern ist das schrecklich?*	*Es ist nicht schrecklich – nur unangenehm!*
11. Ich KANN ES NICHT ERTRAGEN, wenn das Leben mir unfair mitspielt!		
12. Ich MUSS von dem Menschen, an dem mir sehr viel liegt, geliebt werden!		
13. Ich BRAUCHE sofortige Gratifikationen und MUSS mich schlecht fühlen, wenn ich sie nicht bekomme!	*Brauche ich sie wirklich?*	*Nein, aber ich wünsche sie mir.*
Zusätzliche irrationale Ideen		
14. *Ich muss schnelle und gute Entscheidungen treffen!*	*Wer schreibt mir das vor?*	*Nur ich mir selbst. Ich sollte vielleicht ein gewisses Risiko in Kauf nehmen lernen.*
15.		

15. *Mein neuer Job <u>muss</u> phantastisch sein.*	*<u>Muss</u> er das?*	*Natürlich nicht! Wenn er mir nicht gefällt, finde ich einen anderen!*
17		
18		

(F) GEFÜHLE UND VERHALTENSWEISEN, nachdem ich meine EFFEKTIVEN RATIONALEN IDEEN gefunden habe: *<u>Besorgnis,</u> aber keine Angst wegen meiner schnellen Entscheidung.*

ICH WERDE HART DARAN ARBEITEN, MICH SELBST DAZU ZU ZWINGEN, MIR MEINE EFFEKTIVEN RATIONALEN IDEEN BEI VIELEN GELEGENHEITEN LAUT ZU VERGEGENWÄRTIGEN, DAMIT ICH IN DER GEGENWART WENIGER PROBLEME HABE UND IN ZUKUNFT WENIGER SELBSTZERSTÖRERISCH HANDELN KANN.

Joyce Sichel, Ph. D. und Albert Ellis, Ph. D.
Copyright © 1984 Institut für Rational-Emotive Therapie.

KAPITEL 13

Einsicht Nr. 8:
Wie Sie Ihre Gedanken ändern können, indem Sie ihnen zuwider handeln

Wie ich bereits im vorausgegangenen Kapitel bemerkt habe, werden Sie von Ihrer Umwelt und Ihrer eigenen Persönlichkeit beeinflusst. Wenn Sie sich und ihre emotionalen Probleme richtig verstehen würden, sähen Sie wohl auch ein, dass Ihre Gedanken, Gefühle und Verhaltensweisen alle miteinander in Zusammenhang stehen.

In meiner ersten größeren Abhandlung über RET, die ich 1956 vorgelegt und im *Journal of General Psychology* veröffentlicht habe, konstatierte ich, dass Gedanken, Emotionen oder Verhaltensweisen selten, wenn überhaupt, eindeutig und unverfälscht sind. Gefühle schließen Gedanken und Aktionen ein, und neue Gedanken über unsere Emotionen knüpfen an diese automatisch an.

Vor allem, wenn Sie beständige Gefühle haben – etwa jahrelang andauernde Hassgefühle –, verlängern und beleben Sie diese Gefühle wieder neu, indem Sie denken, sich vorstellen und einstufen, was Sie und andere tun.[1]

Roberto wurde von seinem Vater geschlagen, als er 15 war und sagte aus, dass der Schmerz der Schläge und die Tatsache, dass einer seiner Freunde dabei anwesend war, in ihm Hass gegen seinen Vater auslösten, und er sich gleichzeitig vor seinem Freund erniedrigt fühlte. Aber Roberto täuschte sich – denn andere Jungen hätten sich unter denselben Umständen ängstlich statt wütend und trotzig statt beschämt gefühlt. Roberto selbst war also der Verursacher seiner Wut und seiner Scham. Seine Gedanken, während sein Vater ihn schlug, sahen wahrscheinlich folgendermaßen aus:

1. „Dieser Kerl *sollte* mich nicht so schlagen, besonders wenn ich nichts angestellt habe."

2. „Mein Freund muss glauben, ich bin ein Schwächling, weil ich mich von meinem Vater schlagen lasse. Ich *sollte* nicht so schwach sein! Wie beschämend es für mich ist, nichts gegen meinen Vater und seine ungerechten Schläge unternehmen zu *können*!"

14 Jahre später erinnerte sich Roberto nicht daran, so gedacht zu haben – und behauptet manchmal, dass er *automatisch*, ohne irgendwelche Gedanken seinerseits, ärgerlich und beschämt reagierte, weil sein Vater ihn unfairerweise vor seinem Freund schlug. Ich machte ihm deutlich, dass wir Gefühle selten bewusst erleben, ohne dabei zu denken, und er akzeptierte dies teilweise.

Er war wesentlich überzeugter, als ich ihm erklärte, dass er seine Gefühle durch Gedanken am Leben gehalten hatte, die seinen Hass schürten: „Wie *konnte* mein Vater derart grausam und ungerecht zu mir sein, wenn ich nicht in der Lage war, mich zu wehren? Er *hätte* so etwas Gemeines nicht tun *sollen*."

Jedes Mal wenn er seinen Vater sah, *fuhr* er *fort* damit, sich in diese Gedanken hineinzusteigern: „Obwohl ich damals viel kleiner und schwächer war als er, hätte ich mein Bestes tun sollen, um ihn zu beißen, in die Eier zu treten oder etwas zu tun, um ihn zu stoppen! Wie beschämend, dass ich das nicht getan habe!"

Moral: Absolut eindeutige Gefühle existieren selten, wenn überhaupt. In den seltenen Fällen, in denen sie ganz und gar unzweideutig sind – wenn Sie etwa ein Objekt auf sich zufliegen sehen und Panik verspüren – dauern Ihre Gefühle ein paar Sekunden an und entwickeln sich nicht zu wirklichen Störungen. Es sei denn, Sie entwickeln *daraufhin* irrationale Ideen von ihnen:

„Zum Teufel! Dieses Ding hat mich fast umgebracht, was es nicht *darf*!“ Oder: „Ich *sollte nicht* in Panik geraten! Wie dumm von mir!“

Immer wenn Sie in einem emotionalen Aufruhr leben, suchen Sie nach Ihren *muss*turbatorischen Feststellungen, die Ihrer Aufregung zugrunde liegen – kommen Sie Ihren dummen Ansprüchen auf die Spur und bemühen Sie sich, sie abzulegen.

Ebenso wie Ihre Gedanken Ihre Gefühle und Verhaltensweisen beeinflussen, wirken letztere auch auf Ihr Denken ein. Roberto, der seinen Vater hasste, konnte kaum geradlinig denken, und „ohne zu überlegen“ tat er dumme Dinge – sich stur zu weigern, seinem Vater Geld für die Miete zu leihen und damit auch seiner Mutter zu schaden, die er liebte.

Gedanken, Gefühle und Verhaltensweisen interagieren miteinander und beeinflussen sich gegenseitig. Verrückte Ideen verursachen rasende Gefühle und seltsame Handlungen. Hysterische Gefühle ziehen dumme Ansichten und Verhaltensweisen nach sich. Überstürzte Aktionen produzieren verrückte Überzeugungen und wahnsinnige Taten. Gedanken führen darüber hinaus zu weiteren Grübeleien, Gefühle zu neuen Emotionen, Aktionen zu den verschiedensten Handlungen und Reaktionen. Dieser Vorgang scheint nie abzureißen.

Nehmen wir mal an, Sie wollen Ihre Besessenheiten, Zwänge, Phobien und Süchte ablegen. Was dann? Es gibt keine Methode, die für alle gleich wirksam ist. Manchmal kann es hilfreich sein, sich einer bestimmten Philosophie anzuvertrauen, um Angstzustände loszuwerden. Manchmal ist es das jedoch nicht. Oft kann es eine große Hilfe sein, Gefühle auszudrücken – ebenso oft erweist es sich als nützlicher, absichtlich seinen Gefühlen aus dem Weg zu gehen und stattdessen intellektuell fordernde Tätigkeiten auszuüben. Zusätzlich stehen einem die verschiedensten therapeutischen Maßnahmen zur Verfügung, von denen jede einzelne die geeignetste sein kann, um psychische Störungen zu lindern.

Geben Sie Ihre Vorurteile darüber auf, welche Technik wirken *soll* oder *muss*. Experimentieren Sie frei! Probieren Sie praktisch jeden vernünftigen Behandlungsplan aus, der Ihnen innerhalb einer angemessenen Zeitspanne hilfreich erscheint. Aber bleiben Sie nicht ewig dabei. Sie sind nicht *irgendein* Hilfe suchender oder eine gestörte *Durchschnittsperson*. Sie sind *Sie,* und was gut für *Sie* ist, eignet sich nur bedingt für andere Personen. Denken Sie *daran*, während Sie Ihre eigenen therapeutischen Experimente machen.

Es gibt also praktisch *nie* einen *einzigen* hilfreichen Weg. Sie können mit einiger Sicherheit einen eleganten Hauptweg finden, Ihre neurotischen Schwierigkeiten zu beseitigen. Vollziehen Sie eine tief greifende Änderung in Ihrem Denken, das wird Ihre Probleme einschränken, sie davon abhalten, wieder aufzutreten, und Sie daran hindern, in Zukunft an neuen emotionalen Problemen zu basteln.

Lassen Sie uns das im Moment einmal annehmen. Doch selbst dann gibt es nicht den einzig richtigen, selig machenden Weg für Sie, diese neue drastisch positive Perspektive zu schaffen. Viele Wege führen nach Rom!

Wie ich bereits 1962 ausführte, und wie Joseph Wolpe, Hans Eysenck, Isaac Marks, Albert Bandura, Stanley Rachmann und andere Verhaltenstherapeuten später bestätigten, ist manchmal der beste – und in der Tat der einzige – Weg, eine fixe Idee aufzugeben, dass man sich zwingt, entgegengesetzt zu handeln: sie als „Hausaufgaben“ zu betrachten. Diese Art erzwungener Aktivität zeigt Ihnen vielleicht, dass Sie eine obsessive zwanghafte oder Furcht erregende Idee aufgeben können.[1] Wenn Sie direkt an Ihren Gefühlen arbeiten und sie aktiv ausleben und ausdrücken, verändern Sie Ihre verworrenen Gedanken vielleicht gründlicher, als wenn Sie direkte Dispute über ihre irrationalen Ideen führen.[2] Daraus folgt *Einsicht Nr. 8:*

Sie können Ihre irrationalen Ideen (iBs) ändern, indem Sie entgegengesetzt handeln und indem Sie Verhaltensweisen annehmen, die Ihren früheren widersprechen.

In der Tat ist es zweifelhaft, ob Sie jemals wirklich eine irrationale Idee aufgeben können, bis Sie nicht buchstäblich (und das *viele Male*) ihr zuwiderhandeln. In ähnlicher Weise wird sich auf Dauer Ihr zwanghaftes Verhalten nicht verändern, bis Sie es nicht überdacht haben und sich unwiderruflich dazu *entschlossen* haben, dies zu tun.

Einige Psychologen haben das Märchen verbreitet, dass RET anfangs rein intellektuell ausgerichtet war und erst später verhaltenstherapeutische Techniken hinzugefügt hat. Ich arbeitete bereits 1943 als kognitiver Sex-Therapeut – als ich anfing, psychotherapeutisch zu arbeiten. In den 40er und 50er Jahren schrieb ich einige bahnbrechende Arbeiten über aktiv-direkte Sexualtherapie, und einiges von diesem Material fasste ich im Jahr 1954 in meinem Buch „The American Sexual Tragedy" (‚Die amerikanische sexuelle Tragödie') zusammen. Es wurde von vielen passiven Anhängern von Freud und Rogers angeprangert.[3] Obwohl ich zum größten Teil verhaltenstherapeutische Methoden aufgab, als ich zwischen 1949 und 1953 psychoanalytisch vorging, fand ich doch die Psychoanalyse unglaublich wirkungslos und kam deshalb 1953 auf die kognitive verhaltenstherapeutische Methode zurück. Etwa zu diesem Zeitpunkt entstand die Rational-Emotive Therapie.

Meine große Schwäche für die Verhaltenstherapie hatte ihren Ursprung in meinen erfolgreichen Eigenversuchen, die ich als 19-jähriger durchführte, der noch keine Ahnung davon hatte, dass er einmal Therapeut werden würde. Ich erzähle oft davon, wie ich mich 3 Monate lang zwang, viele politische Reden zu halten, weil ich eine ungewöhnliche Scheu davor hatte, vor Menschen zu sprechen.

Ich sagte mir selbst – in Anlehnung an philosophisches Gedankengut –, dass mir nichts Schreckliches geschehen würde, wenn meine Reden schlecht wären. Ich befolgte die Lehren des Vorreiters der Verhaltenstherapie, John B. Watson, der die *aktive* Rekonditionierung vertrat: sich zu zwingen, das zu tun, wovor man Angst hat, sollte einen von seinen irrationalen Ängsten befreien.[4] Also erwartete ich intellektuell, dass ich meine Angst vor dem Reden in der Öffentlichkeit überwinden würde. Und das geschah!

Ich begann sogar völlig überraschend, das Reden vor Publikum zu *genießen*, und es macht mir jetzt seit 50 Jahren Freude. Zu meinem Erstaunen hatte ich eine 180-Grad-Kehrtwendung seit meiner extremen Redeangst-Zeit vollzogen.

Als ich sah, dass es funktionierte, wenn ich mich zu unangenehmen Dingen zwang, beschloss ich, diese Technik auf meine enorme Furcht, Frauen kennen zu lernen, anzuwenden. Aufgrund meiner schrecklichen Angst vor Ablehnung näherte ich mich nie – wirklich *niemals* – unbekannten Frauen, obwohl ich im Botanischen Garten der Bronx etwa 250 Tage im Jahr spazieren ging oder las und dort eine Reihe von begehrenswerten Frauen sah, die auch mit mir zu flirten schienen und mit denen ich gern gesprochen und eine Verabredung getroffen hätte.

Also beauftragte ich mich, mit jeder jungen Frau zu sprechen, die allein auf einer Parkbank säße. Ohne Ausnahme!

Obwohl ich sehr ängstlich war und mich dabei sehr unwohl fühlte, zwang ich mich, diesen Auftrag auszuführen, und begann in einem Monat mit über 100 Frauen eine Unterhaltung. Es waren 100 Begegnungen mit „Fremden“, und zwar von der Art, wie ich sie schon immer gern gemacht hätte, aber bis dahin vermieden hatte.

Ich zog keinen direkten Gewinn aus diesen Zufallsbekanntschaften, da sich nur eine von diesen 100 Frauen mit mir verabredete und selbst diese mich versetzte, aber ich überwand meine Furcht, fremden Frauen zu begegnen, völlig, und war ab diesem Zeitpunkt leicht im Stande, Gespräche anzuknüpfen. Denn indem ich so oft abgewiesen wurde, erkannte ich, dass nichts Schreckliches passierte, kein Beschimpfen, kein Davonlaufen und Schreien, kein Zuhilfe rufen eines Polizisten! Ich erkannte, dass ich mit fremden Frauen sprechen konnte, ohne eine Verabredung erreichen zu müssen, und doch konnte ich ein höchst vergnügliches Leben führen.

Ich sah auch, dass Verhaltens-Methoden – besonders das Handeln gegen seine Ängste – oft hilfreicher sind, irrationale Ideen abzuändern, als rein intellektuelle Methoden. Als ich später herausfand, dass die Psychoanalyse meinen Patienten sehr wenig half und es viel wirksamer war, Ihnen ihre irrationalen Ideen vor Augen zu führen, wurde mir auch klar, dass es *viele* Wege gibt, menschliches Verhalten zu ändern. Eine der besten Methoden ist scheinbar, das zu tun, wovor man furchtbare Angst hat.

Von Anfang an hat RET also immer eine Vielzahl von Denkweisen, affektiven und handlungsbezogenen Strategien eingeschlossen. Im Laufe der Jahre hat sie viele Therapietechniken hinzugewonnen, aber sie war von Anfang an eindeutig multimodal (um Arnold Lazarus' Terminologie zu folgen).[5]

Ironischerweise beruhen einige Therapieformen des hervorragenden Verhaltenstherapeuten Joseph Wolpe, der immer „kognitive“ Therapien abgelehnt hat, ebenfalls auf Vorstellungskraft, Lernprozessen und anderen Denkarten. RET zieht jedoch risikobejahende rationale Selbsthilfetechniken vor und ist deshalb verhaltenstherapeutischer ausgerichtet als viele populäre Verhaltenstherapien.

Im Falle Robertos, der am Beginn dieses Kapitels vorgestellt wurde, war dieser damit einverstanden, Dispute über seine irrationalen Ideen zu führen. Ich half ihm dabei, zwei Aktivations-Hausaufgaben zu entwerfen und auszuführen: (1) Regelmäßig mit seinem Vater zu sprechen, anstatt (was er getan hatte) ihn völlig zu meiden. (2) Ihm auf bestimmte, aber nicht feindselige Art entgegenzutreten, anstatt zu kuschen oder ihn anzuschreien (was er sonst gewöhnlich getan hatte).

Als Ergebnis dieses zusammengefassten RET-Gedanken- und Verhaltenstherapie-Versuchs gab Robert seine Aggressionen gegen seinen Vater und sich selbst innerhalb von sieben Wochen auf. Er arbeitet weiter daran, tolerant zu sein und sich selbst zu akzeptieren, obwohl seine Therapie schon mehrere Jahre zurückliegt.

RET-Übung Nr. 13

Denken Sie an etwas, wovor Sie irrationale Ängste haben, wie:

– In der Öffentlichkeit zu reden und dabei zu versagen.
– Einen inadäquaten Aufsatz oder Bericht zu schreiben.
– Schlecht zu zeichnen.
– Von einem Menschen, an dem Ihnen liegt, abgewiesen zu werden.
– In einem schnellen Aufzug zu fahren.
– Sich in eine laufende Unterhaltung einzumischen.
– In der Öffentlichkeit zu tanzen.

- Mit Fremden zu sprechen.
- Einen schwierigen Kurs zu besuchen.
- Von anderen ausgelacht zu werden.
- Schlecht bei einem Spiel oder im Sport abzuschneiden.

Zwingen Sie sich selbst, etwas zu tun, das Sie am meisten fürchten und tun Sie es mehrmals in kurzen zeitlichen Abständen hintereinander. Wenn Sie sich einmal dazu entschlossen haben, zögern Sie nicht, drücken Sie sich nicht. Tun Sie es immer wieder!

Während Sie dieses „Furchtbare" tun, beweisen Sie sich selbst, dass es nicht wirklich gefährlich oder Furcht erregend ist. Beweisen Sie sich selbst, dass:

- Sie kaum sterben werden, wenn sie es tun.
- Sie in keine wirkliche körperliche Gefahr geraten.
- Sie vielleicht an den Punkt kommen, wo es Ihnen Spaß macht.
- Sie vielleicht daraus lernen können.
- Sie Ihr Leben bereichern, wenn Sie Ihre irrationale Furcht überwinden.
- Es Sie reizt, Ihre Ängste zu überwinden.
- Sie die endlosen Einschränkungen und Frustrationen eliminieren werden, die auf Ihre Ängste zurückzuführen sind.
- Sie an Ihrer Selbst-Disziplin arbeiten und Ihre niedrige Frust-/Toleranzgrenze überwinden wollen.
- Sic Zeit und Energie sparen, indem Sie Ihre Besessenheit aufgeben.
- Sie wirkungsvoller handeln können, wenn Sie diese Ängste überwinden.
- Sie mehr Anerkennung bei Ihren Mitmenschen gewinnen werden.
- Sie dazu beitragen, körperliche und psychosomatische Krankheiten wie Magengeschwüre und hohen Blutdruck abzuwehren.

– Sie in hohem Maß Ihre negativen Ängste, Depressionen, Selbsterniedrigungen sowie Ihr Selbstmitleid reduzieren.
– Sie das Leben insgesamt erfreulicher finden werden.

RET-Übung Nr. 14

Sie bemerken vielleicht nicht, dass Sie bestimmte Handlungen irrational fürchten, sondern glauben stattdessen, dass Sie einige Dinge beschämen, erniedrigen oder verlegen machen. Sie erkennen vielleicht nicht, dass Sie „Angst" haben, ein unmodernes Kleid oder eine altmodische Jacke anzuziehen, oder jemandem von Ihren Schwächen zu erzählen, sondern Sie tun diese Dinge vielleicht nie, weil Sie das Gefühl haben, dass sie „beschämend", „peinlich" oder „erniedrigend" sind.

RET betrachtet Scham oder Erniedrigung als illegitim, weil sie fast immer ein rationales Element beinhalten: „Ich habe etwas getan, was die Leute als falsch oder dumm betrachten, und ich will nicht, dass sie deswegen eine Abneigung gegen mich haben." Andererseits enthalten sie auch ein irrationales oder selbsterniedrigendes Element: „Ich bin schlecht oder dumm."

Um dieses zweite irrationale Element der Scham zu bekämpfen, entwarf ich in den späten 60er Jahren meine berühmte Übung zur Schambewältigung. Ihr Ziel ist, Menschen dabei zu helfen, ihre irrationalen Schamgefühle abzulegen. Sie soll auch darüber hinweghelfen, wenn sie eine alberne, dumme, inkompetente, schwache oder verrückte Handlung begehen und deshalb abgelehnt werden sollten.

Damit Sie gegen Ihre irrationalen Ideen und gestörten Gefühle vorgehen können, können Sie sich einige der Schamüberwindungs-Übungen zunutze machen. Dazu wählen Sie etwas aus, von dem Sie persönlich denken, es sei beschämend oder peinlich, es in der Öffentlichkeit zu tun, zum Beispiel:

Ziehen Sie sich unpassend an.

Sagen Sie vor einer Gruppe von Leuten etwas Dummes.

Geben Sie eine Schwäche zu, die die meisten Menschen normalerweise verachten z.B.: „Ich bin schwach in Rechtschreibung."

Verhalten Sie sich komisch, indem Sie auf der Straße singen oder an einem sonnigen Tag einen schwarzen Regenschirm aufspannen.

Rufen Sie die Haltestellen im Bus oder Zug aus.

Sagen Sie öffentlich, dass mit Ihnen etwas nicht stimmt, wie „Ich komme gerade aus der Nervenklinik. Welchen Monat haben wir?"

Sagen Sie etwas, was außergewöhnlich lüstern klingt. Beispielsweise sagen Sie zu einem männlichen oder weiblichen Begleiter mit lauter Stimme, damit es andere hören können: „War es nicht toll, dass wir letzte Nacht fünfmal miteinander geschlafen haben?"

Weigern Sie sich, einem Kellner oder Taxifahrer, der Sie schlecht bedient hat, Trinkgeld zu geben.

Bringen Sie schlecht zubereitetes Essen in die Küche des Restaurants zurück.

Führen Sie eine Banane an der Leine, als ob sie ein Hund wäre.

Versuchen Sie, eine Uhr bei einem Schuster reparieren zu lassen.

Fragen Sie in einem Geschäft nach einem Schraubenschlüssel für Linkshänder.

Vergewissern Sie sich zuerst, dass Sie nicht in echte Schwierigkeiten geraten, wenn Sie diese Vorschläge in die Tat umsetzen und sich damit mutwillig lächerlich machen. Betreiben Sie beispielsweise keinen Exhibitionismus, sonst riskieren Sie, verhaftet zu werden; riskieren Sie keinen Rausschmiss, indem Sie Ihrem Chef sagen, dass er eine Null ist.

Zweitens, tun Sie nichts, was anderen schaden könnte, etwa jemandem ins Gesicht schlagen oder ihn ständig belästigen.

Was Sie als Wichtigstes im Kopf behalten sollten, wenn Sie diese Schamüberwindungs-Übung machen, ist, dabei an sich selbst zu arbeiten, so dass Sie sich *nicht* beschämt oder erniedrigt fühlen, selbst wenn andere Sie ganz klar missbilligen. Sie können sich stur *weigern*, sich zu schämen, indem Sie sich Aussagen wie diese vorhalten:

„Die Leute denken also, ich bin dumm oder verrückt. Pech! Lass sie das denken!"

„Indem ich diese ‚beschämende' Handlung ausführe, helfe ich mir in Wirklichkeit, meine Selbst-Erniedrigung zu überwinden. Und das ist toll!"

„Was ich tue, ist vielleicht verrückt, macht *mich* aber nicht zum Idioten!"

„Es tut mir Leid, dass die Leute falsch finden, was ich tue, aber das ist nur unangenehm, keinesfalls aber das Ende der Welt!"

„Ich weiß genau, warum ich das, was ich beschämend finde, tue; deshalb kann ich dazu eine andere Einstellung haben, obwohl ich weiß, dass das, was ich tue, scheinbar eigenartig ist; das bedeutet aber nicht, dass *ich eigenartig* oder *inkompetent* bin. Ich bin nur *jemand*, der sich entschlossen hat, sich im Moment seltsam zu verhalten."

Machen Sie diese Übung, und zwar vorzugsweise mehrmals, bis Sie sich frei von jeder Scham fühlen oder sie sogar genießen können. Beobachten Sie, wie sich Ihre Gefühle und Einstellungen zu „beschämenden" Handlungen verändern, während Sie diese Übungen machen.

KAPITEL 14

Einsicht Nr. 9: Probieren geht über Studieren

In meinem Buch „Die rational-emotive Therapie“ habe ich darauf hingewiesen, dass RET drei Haupt-Einsichten beinhaltet, die sich grundlegend von herkömmlichen psychoanalytischen Theorien unterscheiden.[1] Die ersten beiden RET-Einsichten sind:

1. Ihre Probleme entstehen am Punkt C (Konsequenzen). Es stimmt nicht, dass Dritte oder aktivierende Ereignisse (A) dafür verantwortlich sind, sondern Ihre Probleme entstehen, indem Sie irrationale Ideen (iBs) akzeptieren oder erfinden.
2. Egal, wann, wie oder warum Sie ursprünglich ängstlich oder depressiv wurden, Sie sind bis zum heutigen Tage so geblieben, weil Sie *noch immer* bewusst oder unbewusst an ihren iBs festhalten.

Bisher haben wir über diese RET-Einsichten gesprochen und haben die Einsicht hinzugefügt, dass Sie zwar als Kind in Ihrer Fähigkeit, Ihre irrationalen Ideen zu erkennen und zu ändern, eingeschränkt waren, jetzt aber die Fähigkeit dazu besitzen, wenn Sie die acht erweiterten Einsichten der vorangegangenen Seiten verstanden haben und *anwenden*.

Kehren wir nun zur ursprünglichen *RET-Einsicht Nr. 3* zurück, die wir in der erweiterten Version *Einsicht Nr. 9* nennen werden:

Egal, ob Sie einsehen, dass Sie sich selbst aufregen und unnötigerweise Ihren eigenen schlechten Zustand verursachen; Sie werden sich nur durch Arbeit und Übung bessern können. Sie können Ihre irrationalen Ideen, die für Ihre Probleme verantwortlich sind, abändern und nachdrücklich gegen sie agieren, was allerdings nicht immer angenehm sein wird.

Einsicht Nr. 9 stellt Ihnen die Achilles-Ferse aller Therapien einschließlich der RET vor. Denn es ist nur allzu leicht, selbstzerstörerische Philosophien anzunehmen oder zu schaffen und sie in ausgeführte oder unterlassene Handlungen einzubetten, und man neigt dazu, sich unbewusst im Handumdrehen unglücklich zu machen. Zusätzlich zu den bisher erläuterten Selbst-Aktivierungs-Mechanismen existieren auch Selbstvernichtungsstrategien. Leider!

Einsicht Nr. 9 besagt, dass Sie – ganz bestimmt – daran arbeiten *können*, Ihre unglücklichen Gedanken, Gefühle und Verhaltensweisen zu ändern. Aber das macht die Sache nicht unbedingt *leicht*!

Einsicht Nr. 9 räumt Ihnen zumindest eine gute Chance für Veränderungen ein. Wenn Sie den Willen zur Arbeit an sich selbst und für Übungen – und das über einen längeren Zeitraum – aufbringen, Ihre irrationalen Ideen und Handlungen aufzugeben, werden Sie sich höchstwahrscheinlich (mit ungefähr 98-prozentiger Wahrscheinlichkeit) viel weniger unglücklich machen.

Einsicht Nr. 9 zeigt, wie sich RET von den meisten anderen bewusstseinsorientierten Psychotherapien unterscheidet. Verschiedene kognitive Therapien waren entstanden, bevor es die RET gab: von Pierre Janet, Emile Coué, Paul Dubois und Alfred Adler.[2]

Aber diese intellektuellen Therapien versäumen es, den Schwerpunkt auf Verhaltensstrategien zur Persönlichkeits-Veränderung zu setzen. Sie vergessen oft, dass Sie, um Ihre Ideen zu ändern, sich besser beständig darum bemühen sollten – nachdem Sie dazu erzogen wurden, verschroben zu denken und unbewusst in absolutistische *Soll- und Muss-Vorstellungen* abzugleiten. Selbst wenn Sie Ihre *Muss*turbation klar erkennen und sie deshalb aufgeben können, verfallen Sie leicht immer wieder dem dogmatischen Denken.

Darüber hinaus beseitigen Sie selten eine panische Überzeugung, solange Sie ihr nicht wiederholt entgegentreten. Wenn Sie Angst haben, sich Fremden ungezwungen zu nähern, und dies vermeiden, verstärken Sie unbewusst Ihre Phobie jedes Mal, wenn Sie dieser „fürchterlichen" Situation „entkommen". Ob Sie sich darüber im Klaren sind oder nicht, ihr Verhalten sagt aus: „Es *wäre* furchtbar, wenn ich abgelehnt würde. Ich muss *sicher* sein, dass ich akzeptiert werde, bevor ich es noch einmal probiere." Auf diese Weise verstärken Sie Ihre Angst!

Andererseits werden Sie normalerweise feststellen, dass nichts „Schreckliches" passiert, wenn Sie trotz Ihrer Furcht den Versuch machen, mit Fremden ins Gespräch zu kommen. Damit helfen Sie sich selbst, Ihre Phobie zu überwinden.

Wenn wir die meisten neurotischen Probleme unter zwei Hauptaspekten zusammenfassen, können wir sie folgendermaßen nennen:

(1) Störung des Ego (Selbstverurteilung) und (2) Geringe Frustrationstoleranz (Aus dem Englischen: „Low Frustration Tolerance" = LFT; gering ausgeprägte Fähigkeit, Enttäuschungen zu verarbeiten). Ego-Störungen entstehen, wenn Sie annehmen „*Ich* muss gut abschneiden und die Anerkennung anderer gewinnen, und ich bin inadäquat und unwürdig, wenn ich nicht so gut abschneide wie ich *muss*." Dies ist wirklich größenwahnsinnig, da

Sie verlangen, *hervorragend, perfekt und übermenschlich* zu sein – was Sie kaum je sein werden.

Bei der geringen Frustrationstoleranz verhält es sich ähnlich, weil die Hauptphilosophie, die dahinter steht, lautet: „Da ich ein so besonderer Mensch bin, der es *nötig* hat, dass seine Hauptwünsche und Interessen erfüllt werden, *müssen* mir andere genau das geben, was ich mir wünsche, und die Umstände *müssen* so gut arrangiert werden, dass sie meinen Wünschen entsprechen. Wenn nicht, ist das *schrecklich*, ich *kann* es *nicht* ertragen, und das Leben ist nicht mehr lebenswert!“[3]

Also ist eine Hauptvorstellung, die zur „mangelnden“ Frustrationstoleranz führt: „Mein Leben *muss* einfach sein, und man *muss* mir alles geben, was ich haben will. Das kann zu der verwandten irrationalen Idee führen: „Um mein Leben völlig zufrieden stellend zu gestalten, *muss* ich immer gut abschneiden und *muss* immer die Zuneigung aller bedeutenden Menschen gewinnen.“ Diese Ideen schaffen eine niedrige Frustrationstoleranz (LFT). Aber sie beziehen auch Ihr Ego ein, weil sie behaupten, dass „*ich* ein einfaches Leben haben muss, perfekt sein muss und Menschen und Umstände immer nach *mir* ausgerichtet sein und *mir* entsprechen müssen.“

Warum ist LFT so ein wichtiger Faktor in der Therapie? Sie sind fast immer ein Opfer Ihrer eigenen LFT, wenn Sie sich weigern, an Ihren Problemen zu arbeiten, obwohl Sie inzwischen Einsicht in ihre Entstehung, ihre Auswirkung und in die Methoden gewonnen haben, wie Sie sie überwinden könnten.

Wenn Sie z.B. wissen, dass es Ihnen unangenehm ist, zu Vorstellungsgesprächen zu gehen, und Sie wissen, dass es für Sie besonders unangenehm ist, abgelehnt zu werden; wenn Sie sich außerdem klar darüber geworden sind, dass Sie irrationale Überzeugungen haben, die Ihr Unwohlsein steigern, können Sie RET anwenden, um Ihre Angst zu überwinden, indem Sie sich mit aller Kraft selbst einreden, dass Sie eine Zurückweisung ertragen *können* und Ihr Unwohlsein *unangenehm*, nicht aber schrecklich ist. Aber Sie werden sich sehr bemühen müssen, sich von diesen gesunden Ideen zu überzeugen, wenn Sie mit aller Kraft an die ver-rückten glauben.

Sie sollten also lieber Ihr Wissen darauf verwenden, wie Sie Ihre Ideen, die Ihre Angst hervorrufen, entkräften, und Sie sollten lieber so lange daran arbeiten, bis Sie Ihre Angst überwunden haben und sie Sie nur noch selten belastet. Sie sollten sich auch lieber zwingen, so viele Vorstellungsgespräche wie möglich zu führen, egal, wie unangenehm es Ihnen ist, bis Sie Ihre Panik überwunden haben.

Wenn Sie Ihrer Angst nachgeben, anstatt wirkliche Anstrengungen zu unternehmen, sie zu überwinden, geben Sie Ihrer geringen Frustrationstoleranz (LFT) nach. Ebenso schwelgen Sie in ihr, wenn Sie sich zeitweilig von Ihrer Angst befreit haben, sich dann aber weigern, damit fortzufahren.

Niedrige Frustrationstoleranz führt also oft zu Angst und Depressionen. Aber sie ermutigt Sie zusätzlich, Ihre gestörten Gefühle aufrechtzuerhalten, obwohl Sie sie doch ablegen könnten. Um LFT zu reduzieren, sollten Sie sich lieber dazu bringen, viele schwierige Aufgaben *jetzt*, in diesem Augenblick, zu verrichten, egal, wie Sie sich dabei *fühlen*.

Tun Sie es, anstatt darüber nachzudenken! Und warten Sie nicht, bis Sie in der Laune dazu sind. Schlagen Sie zu und überrumpeln Sie sich.

Ist das nicht ein Ding der Unmöglichkeit sich im Bewusstsein der eigenen gering ausgeprägten Fähigkeit, Enttäuschungen zu verarbeiten, dennoch dazu zu zwingen, gegen diese Schwäche anzukämpfen, obwohl man sich vorgaukelt, dass das alles gar nicht so schwierig sein sollte? – Natürlich, aber vergessen Sie nicht, dass diese „Unmöglichkeit" nur in Ihrem Kopf existiert.

Und weil es nur ein Denk-"fehler" ist, können Sie ihn überwinden, indem Sie rationale Dispute führen.

Der scheinbare Widerspruch ist folgender:

1. „Ich sollte nicht hart arbeiten müssen, um das zu erreichen, was ich will, obwohl ich davon auf lange Sicht profitiere. Es ist *zu* schwer, wirklich für mein eigenes Glück zu arbeiten. Ich brauche ein sofortiges Erfolgserlebnis."

2. „Der einzige Weg, um über meine Toleranzschwäche hinwegzukommen und ein dauerhaft gesunder Hedonist zu werden, besteht darin, hart daran zu arbeiten, mein Vorurteil gegenüber Schwierigkeiten zu überwinden."

Die rationale Antwort, die Sie benutzen können, um dieses Paradoxon zu überwinden, ist: „Ja, es ist ziemlich schwierig zu erreichen, was ich will und sofortige Erfolgserlebnisse zugunsten zukünftiger Vergnügungen aufzuschieben. Aber es nicht zu tun, ist sehr viel schwerer! Kurzfristiger Gewinn kann mir in Zukunft oft lang andauernde Leiden bereiten! Schade, aber so ist es oft! Natürlich muss ich mich anstrengen, um meine Toleranzschwäche zu überwinden – aber wenn ich sie nicht überwinde, werde ich mich in Zukunft noch mehr anstrengen müssen und trotzdem noch mehr leiden!"

Zurück zu *Einsicht Nr. 9*: Arbeit an sich selbst und Übung sind unumgänglich, um Ihr emotionales Unglück zu beheben. Einsicht allein reicht nicht aus.

Sie kommen auch nicht viel weiter, indem Sie lediglich Ihre Gefühle zugeben und ausleben.

Sie sollten lieber *auch* Ihre irrationalen Ideen in Frage stellen und rationale Dispute führen. Kommen Sie zu rationalen Überlegungen und hämmern Sie sich diese tausendmal in Ihren Kopf. Nehmen Sie Kontakt zu Ihren

Gefühlen auf, fühlen und drücken Sie sie ebenso oft aus. Agieren Sie gegen Ihre gestörten Gedanken und Emotionen, selbst wenn es Sie monate-, manchmal jahrelange Mühe kostet. Leben Sie für den Rest Ihres Lebens nach dieser Devise.

Wir können *Einsicht Nr. 9* anders ausdrücken: Es gibt keinen magischen, leichten Weg, um sich zu ändern. Optimismus und Hoffnung allein reichen nicht aus. Gebete und Flehen, die Unterstützung und Liebe anderer Menschen ebenso wenig. Es genügt nicht, dieses Buch zu lesen. Alle diese Dinge helfen Ihnen vielleicht, sich *besser* zu fühlen. Einige davon zeigen Ihnen, was zu tun ist, damit es Ihnen besser geht. Aber letzten Endes können nur *Sie selbst* sich verändern.

Sie können aufhören, voller Angst, deprimiert und unglücklich zu sein, wenn Sie die RET-Prinzipien und -Übungen folgendermaßen anwenden:

1. Wenden Sie die *verschiedenen* RET-Denk-, Fühl- und Handlungsstrategien an, so wie sie in diesem Buch und anderen RET-Schriften dargelegt werden. Geben Sie jeder Strategie eine Chance. Wenn es nicht klappt, benutzen Sie eine andere, bis Sie die richtige gefunden haben! Wenn eine davon funktioniert, versuchen Sie es auch weiterhin mit anderen RET-Techniken.

2. Wenden Sie jede RET-Methode immer mehrmals an. Selbst wenn eine davon, etwa das Singen rationaler Lieder, eine Zeit lang gut funktioniert, benutzen Sie sie wieder und wieder, bis die Botschaft bis in Ihre verborgensten Winkel eingedrungen ist. Wiederholen Sie sie immer und immer wieder, damit Sie nichts vergessen!

Pablo, ein 40-jähriger Reisebüroleiter, verstand die RET-Prinzipien sehr gut und wandte sie an seinen eigenen Freunden und an den Freiwilligen meines Freitagabend-Workshops zu den Problemen des Alltagslebens an. Er machte ihnen oft ausgezeichnete rationale Vorschläge, nachdem ich sie über ihre emotionalen Probleme befragt hatte. Aber immer wenn Pablo sehr ärgerlich auf andere war – was mehrmals pro Woche vorkam –, kochte er manchmal einen ganzen Tag lang vor Wut, bevor er RET anwendete, um darüber hinwegzukommen.

Aufgrund seiner Kenntnisse der RET wusste Pablo, wie er seine Wut durch irrationale Ideen verursacht hatte: „Die Leute *sollten* sich *nicht* so dumm benehmen! Was für hoffnungslose Idioten sie sind!" Und: „ Meine Frau, die ständig sagt, dass sie mich liebt, *darf* nicht so selbstsüchtig und lieblos sein. Was für ein Pharisäer sie ist!"

Pablo erkannte auch oft seine sekundäre Störung und die irrationalen Ideen, die sich hinter ihr verbargen. Er wusste, dass er *sich* selbst hasste, wenn er gegen *andere* aggressiv war. Schließlich kam er seinen selbstverdammenden Ideen auf die Spur: „Ich *hätte* es besser wissen müssen, als so kindisch wütend zu werden. Wie dumm ich bin, dass ich nicht RET angewandt habe, um meine Wut zu überwinden!"

Trotz seiner Einsicht in diese ständige unnötige Wut und Erniedrigung gab Pablo oft beiden Gefühlen nach und ruinierte damit sein Leben und seine Beziehungen. Mehrmals war er in Schlägereien mit „schrecklich dummen" Leuten verwickelt. Seine Frau verließ ihn immer wieder, weil er sich ihr und anderen gegenüber nicht beherrschen konnte. Dennoch weigerte er sich, RET anzuwenden, um seine Wut und seinen Hass zu überwinden.

Nachdem er es oft versäumt hatte, seine RET-Hausaufgaben zu machen, arbeitete Pablo mit seiner Therapiegruppe folgenden Plan aus:

1. Einen Monat lang würde er mindestens zwei Stunden pro Tag der *Anwendung*, nicht nur dem Verständnis der RET widmen. Er würde besonders daran arbeiten, sich voll zu akzeptieren, egal, wie oft er idiotischerweise über andere zornig war.

2. Er würde mindestens zehn Minuten pro Tag damit verbringen, Dispute über seine irrationalen Überzeugungen zu führen. „Ich *sollte* es besser wissen, als so aggressiv zu werden! Was für ein Idiot ich bin, dass ich nicht RET benutze, um meine Wut zu eliminieren!“

Er würde beharrlich fortfahren, Dispute zu führen, bis er sich, *inklusive* seines dummen Benehmens, akzeptieren konnte.

3. Er würde sehr eindringlich mindestens 15-mal täglich die rationale Überzeugung wiederholen: „Weil ich ein schwacher Mensch bin, werde ich mich oft dumm benehmen und manchmal *weiterhin* grundlos aggressiv sein. Na und!“

4. Er würde eine Liste der Nachteile seiner Selbstverurteilung aufstellen und diese mindestens fünfmal täglich lesen und darüber nachdenken.

5. Er würde wenigstens eine RET-Schamüberwindungsübung pro Tag machen – sich zwingen, etwas in der Öffentlichkeit zu tun, was er als „beschämende“ oder „dumme“ Handlung ansah (z.B. lauthals in der U- Bahn zu singen) – und daran arbeiten, sich nicht erniedrigt oder entwürdigt zu fühlen.

6. Er würde sich selbst mehrmals pro Tag eines der folgenden rationalen humoristischen Lieder vorsingen, die dem Perfektionismus und der Selbst-Erniedrigung ein Schnippchen schlagen.

Perfekte Vernunft

(Melodie: Luigi Denza, Funiculi, Funicula)

Manche glauben, auf der Welt darf es nur eine Richtung geben. Und ich auch! Und ich auch!
Manche denken, dass es bei der leisesten Unvollkommenheit nicht mehr weitergeht, und ich auch!
Denn ich muss beweisen, dass ich ein Supermann bin, viel besser, als andere es sind.

Ich muss zeigen, dass ich wunderbar scharfsinnig und
immer unter den Großen zu finden bin!
Perfekte, perfekte Vernunft
ist natürlich das einzig Wahre für mich!
Wie kann ich jemals denken, dass ich existiere,
wenn ich nicht unfehlbar leben kann?
Vernunft ist Perfektion für mich!

Wunderbarer Komplex
(Melodie: Stephen Foster, Beautiful Dreamer)

Wunderbarer Komplex, warum sollten wir voneinander scheiden,
wenn wir unser Leben miteinander geteilt haben von Anfang an?
Wir sind so daran gewöhnt, in den selben Bahnen zu gehen,
es wäre ein Verbrechen, sich zu trennen! Wunderbarer Komplex, Verlass mich nicht!
Wer wird mein Freund sein, wenn Du nicht bleibst?
Obwohl du mich zum Trottel machst,
wäre das Leben ohne Dich so mühsam,
wäre das Leben ohne Dich so mühsam!

Ich bin schlecht, oh so schlecht
(Melodie: Anton Dvořák, Heimkehrer aus: Aus der neuen Welt)

Ich bin schlecht, so schlecht, nur ein wertloser Kerl!
Oh, mein Gott! Lass mich sagen: Ich bin so schlecht, dass es traurig ist!
Ich bin so schlecht, ich habe jeden hässlichen Namen verdient.
Ich bin so schlecht, dass es eine Frechheit ist, überhaupt zu existieren!

Ich bin so schlecht, weil mein Leben aus reiner Schurkerei besteht!
Oh, ich bin so schlecht, meiner Treu, Ihr müsst Euch um mich kümmern!
Ja, kümmert Euch um mich!
Ja, kümmert Euch um mich!

(Texte von Albert Ellis, Copyright 1977 bis 1980, Institut für Rational-Emotive-Therapie, New York)

Während er immerzu mit seinem Sekundärsymptom der Selbstverurteilung seiner Aggressionen beschäftigt war und damit, dass er sich nicht genug bemühte, sie aufzugeben, arbeitete Pablo auch an seinen Primärsymptomen des Zorns. Er knöpfte sich seine irrationalen Überzeugungen vor, dass die Menschen nicht so dumm *sein sollten* und seine Frau selbstloser und liebevoller sein *müsste* und arbeitete (mit Hilfe seiner Therapie-Gruppe) folgende RET-Hausaufgabenstellungen aus:

1. Er verbrachte wenigstens zehn Minuten pro Tag damit, aktiv und intensiv seine irrationalen Ideen zu disputieren.

2. Er zwang sich dazu, mindestens 15-mal pro Tag rationale widersprüchliche Aussagen zu machen wie „Die Leute *sollten* sich oft dumm benehmen, denn das liegt in ihrer Natur!" „Meine Frau *wird* manchmal egoistisch und lieblos sein – und hat Recht, wenn sie sich mehr für sich als für mich interessiert!"

3. Er bestrafte sich selbst, indem er jedes Mal, wenn er eine Schlägerei gehabt oder er seine Frau angeschrien hatte, einen Hundertmarkschein verbrannte.

4. Er praktizierte rational-emotive Vorstellungen mindestens einmal täglich, indem er sich vorstellte, dass Leute sich wirklich dumm verhielten. Entsprechend ärgerlich darüber, arbeitete er dann daran, *nur* enttäuscht und frustriert, nicht aber wegen deren dummen Verhaltens aggressiv zu sein.

5. Er sang sich selbst jeden Tag verschiedene rationale humoristische Lieder vor, die Ärger lächerlich machten. So wie die beiden folgenden populären Lieder, denen ich meine rationalen Worte gegeben habe:

Liebe mich, mich, mich allein
(Melodie: Yankee Doodle)

Liebe mich, mich, mich allein, ohne Dich muss ich sterben!
Gib mir eine Garantie, damit ich nie an Dir zweifle!
Lieb mich, lieb mich voll und ganz, versuch' es nur, mein Liebes.
Aber wenn Du auch von mir Liebe erwartest, hasse ich Dich bis an mein Lebensende, Liebes!
Lieb mich, lieb mich für alle Zeit, voll und ganz,
das Leben wird zur Hölle, wenn Du nicht einzig und allein mich liebst!
Lieb mich mit viel Zärtlichkeit, ohne Wenn und Aber, Liebes!

Glory, Glory Hallelujah

Meine Augen haben den Glanz glühender Beziehungen geschaut,
die am Wegesrand straucheln, wenn die Leidenschaften kommen – und gehen!
Ich habe von großen Romanzen gehört, wo es nicht die kleinste Ruhepause gibt – aber ich bin skeptisch!
Glory, glory Hallelujah! Die Leute lieben Dich, bis sie Dich reinlegen. Wenn Du verhindern willst, dass sie Dich linken, dann erwarte nicht, dass sie es Dir nicht antun!
Glory, Glory Halleluja! Die Leute jubeln Dir zu und sie buhen Dich aus,

wenn Du verhindern willst, dass sie Dich linken, dann erwarte nicht, dass sie es Dir nicht antun!

(Texte von Albert Ellis, Copyright 1977, Institut für Rational-Emotive Therapie, New York)

Pablo führte die Aktivitätsaufgaben für sein Denken und Fühlen sehr gut durch. Wenn er zeitweise seine RET-Hausaufgaben nicht machte, arbeitete er hart daran, sich zu weigern, sich für sein Versagen zu beschuldigen. Er kritisierte nur sein *Verhalten*, nicht aber sein *Selbst*, seinen gesamten Charakter.

Als Ergebnis des RET-Hausaufgaben-Programms beschränkte Pablo seine Wutanfälle auf einige wenige im Monat. Wenn er sie hatte, gab er zu, dass er sich selbst aufgeregt hatte und gab seinem Zorn nur für kurze Zeit nach. Dann fand er seine irrationalen Ideen heraus, die ihn ärgerlich machten; es gelang ihm, aktive Dispute zu führen und sie in wenigen Minuten aufzugeben. Gelegentlich strauchelte er und ließ es zu, dass er länger tobte. Aber normalerweise dauerten seine Ausbrüche nicht länger als zehn Minuten, oft sogar nur zwei oder drei Minuten.

Pablo war sehr glücklich über die Zeit- und Energieersparnis durch sein *Anti-Ärger-Programm.* Er vergeudete nicht mehr Stunden, in denen er sich seinem Zorn oder seinem Schmollen hingab, und er konnte dem Schreiben eines Stückes, an dem er schon sehr lange erfolglos gearbeitet hatte, wesentlich mehr Zeit widmen.

Sie werden kein Wundermittel entdeckt haben, wenn Sie daran arbeiten und üben, Ihre selbstsabotierenden Ideen und Verhaltensweisen zu ändern. Sich selbst zu sagen, dass Sie hart an der Therapie arbeiten und RET weiter üben *müssen*, kann sogar schädlich sein. *Einzusehen*, wie Sie sich aufregen und wie Sie damit aufhören können, ist nicht genug. RET *anzuwenden* und mit aller

Macht danach zu *streben*, Ihr Unglück zu vermindern, ist der Schlüssel – kein magischer, sondern ein praktischer Schlüssel: wie Sie sich stur weigern können, sich – aus welchen Gründen auch immer – unglücklich zu machen.

RET-Übung Nr. 15

Zu dieser Übung können Sie eine RET-Liste für den Disput Irrationaler Ideen (DIBS) aufstellen. Dazu nehmen Sie eine Ihrer irrationalen Überzeugungen (iBs) und stellen sich selbst einige herausfordernde Fragen, damit Sie sie auch wirklich aufgeben und ganz fest daran glauben und *fühlen*, dass sie falsch ist. Die Fragen, die Sie bei DIBS benutzen, sind folgende:

1. Über welche irrationale Idee (iB) will ich Dispute führen und welche will ich aufgeben?
2. Kann ich diese Idee rational beweisen?
3 Welchen Beweis kann ich führen, um diese Idee zu widerlegen?
4. Gibt es Beweise, für die Wahrheit dieser Idee?
5. Was ist das Schlimmste, das mir *tatsächlich* passieren kann, wenn ich diese Idee aufgebe und ihr zuwiderhandle?
6. Welche positiven Dinge könnten geschehen oder könnte ich damit verursachen, wenn ich diese Idee aufgebe?

Wenn Sie eine niedrige Frustrationstoleranz gegenüber RET und der harten und dauerhaften RET-Arbeit an sich selbst haben, könnten Sie folgende DIBS benutzen, um Ihre geringe Frustrationstoleranz (LFT) zu ändern:

1. Welche irrationale Idee (iB) will ich disputieren und aufgeben?

Illustrative Antwort: „Ich will nicht so hart daran arbeiten *müssen,* mich durch RET zu ändern. Es sollte leicht sein! Es ist viel *zu* schwer, sich diese Mühe zu geben. *Zu dumm*, dass es nicht jemand für mich machen kann!"

2. Kann ich diese Idee rational beweisen oder stützen?

Illustrative Antwort: Nein.

3. Welche Beweise kann ich finden, um diese Idee zu entkräften?

Illustrative Antwort: Es gibt eine Reihe von Beweisen, zum Beispiel:

a) Es gibt keinen Grund, warum ich nicht hart daran arbeiten *sollte*, mich durch RET zu verändern. Wenn harte Arbeit nicht erforderlich wäre, wäre es einfach, mich zu ändern. Aber das ist es offensichtlich nicht! Es scheint so, als ob es besser wäre zuzugeben, dass ich beständig und hart arbeiten muss, *wenn* ich mich ändern will!

b) Wo steht geschrieben, dass es leicht sein *soll*, mich selbst durch RET zu ändern? Egal, wie wünschenswert es für mich wäre; wenn es leicht sein soll, sich zu ändern, bringt mein Wunsch nach Mühelosigkeit doch nicht automatisch diese mit sich.

c) Inwiefern ist es *zu* schwer für mich, die Mühe auf mich zu nehmen, mich durch RET zu ändern? Es ist *sehr* schwer. Es „zu schwer" zu nennen, bedeutet den Rückzug zu magischem Denken, denn in Wirklichkeit glaube ich bloß, dass es schwerer ist als ich dachte, und demzufolge *zu* schwer ist. Das wiederum bedeutet, dass ich davon ausgehe, dass alles, was ich gerne ohne Anstrengung erreichen möchte, einfach sein muss –, dass ich das Universum steuere. Tue ich das? Kaum!

d) Ja, es ist wirklich sehr schwer für mich, mich durch RET zu ändern, aber es *sollte* jetzt auch so schwer sein, denn das entspricht der Realität. Es ist wirklich schwer. So ist es! Pech! Egal, wie schade ich das finde, es ist *trotzdem* schwer.

e) Ja, es ist schwer für mich, mich zu ändern, aber ich muss der Tatsache ins Auge sehen, dass es viel schwerer ist, wenn ich es nicht tue. Denn dann bleibe ich bei meiner gewöhnlichen Angst und Depression und das wahrscheinlich für immer. Das wäre noch schwerer zu ertragen!

f) Wo steht geschrieben, dass es *schrecklich* ist, wenn jemand es mir nicht leicht macht, mich zu ändern oder meine RET nicht für mich übernimmt und mich dadurch ändert? Es ist nicht *schrecklich*, weil *schrecklich* in dem Sinn, wie ich es gebrauche, *mehr* als schlecht bedeutet; und es ist vielleicht schlimm oder unangenehm, dass ich mit RET arbeiten muss, um mich zu ändern, aber diese Unannehmlichkeit ist kaum unerträglich schlecht. Je schlimmer ich es ansehe, je mehr übertriebene Schlechtigkeit ich der Sache beimesse, desto *frustrierter* werde ich mich fühlen und desto mehr werde ich mich in meiner Entwicklung blockieren. Ich sollte es also lieber als *nur* schlecht oder unangenehm betrachten.

4. Gibt es einen Beweis für die Richtigkeit meiner irrationalen Idee: „Ich sollte nicht hart daran arbeiten müssen, mich mit Hilfe der RET zu ändern?“

Illustrative Antwort: Es gibt eine Menge Beweise dafür, dass es schwer *ist*, mich durch RET zu verändern und momentan auch so schwer sein *soll* (weil es das, realistisch gesehen, auch ist!). Aber obwohl es sehr günstig wäre, wenn ich mich leicht und schnell ändern könnte, indem ich RET kenne und daran denke, wie gut es ist, so gibt es doch selten Glücksfälle dieser Art. Wenn es mich *im Augenblick* viel Mühe kostet, mit RET zu arbeiten, so kann es mir *später* eventuell leichter fallen. Nachdem ich kein besseres Hilfsmittel habe, sollte ich die damit einhergehende Arbeit elegant – effektiv – erledigen, ohne mir ihretwegen noch *größere* Schwierigkeiten zu machen.

5. Was ist das Schlimmste, was mir tatsächlich passieren könnte, wenn ich die Überzeugung aufgebe, dass es zu schwer für mich ist, mich durch hartnäckiges RET-Training zu verändern?

Illustrative Antwort:

a) Ich würde weiterhin mit RET arbeiten, und das wäre wirklich eine Qual. Na und? Wenn ich allerdings nicht an mir arbeite, würde ich weiter all diese Schwierigkeiten und Probleme haben – und das wahrscheinlich für den Rest meines Lebens!

b) *Wenn* ich RET nicht anwende und nicht daran arbeite, meine Probleme zu überwinden, bleiben sie mir nicht nur erhalten, sondern vermehren sich wahrscheinlich noch. Das wäre noch schlimmer. Aber auch wenn ich nichts unternehme und meine Probleme sich vermehren, ist das *nur* unangenehm und unbequem. Es wäre immer noch nicht *schrecklich* schlechter als es sein *sollte*, oder *mehr* als schlecht. Es wäre nur unangenehm!

c) Wenn ich mit RET arbeite, könnte es schlimmstenfalls passieren, dass ich mich trotz all meiner Anstrengungen überhaupt nicht ändere; meine ganze Arbeit wäre demnach umsonst. Aber ich würde dann wenigstens wissen, dass ich alles versucht hätte, um mich zu bessern.

Ohne Arbeit und Mühe zu investieren, werde ich nicht einmal erfahren, um wie viel ich mich bessern könnte oder ob es mir überhaupt möglich wäre, mich zu bessern. Also sollte ich lieber die Anstrengung auf mich nehmen und sehen, um wie viel ich mich bessern kann.

d) Selbst wenn ich hart arbeite und mich niemals bessere, könnte ich doch mit meiner Frustration und meinem Schmerz leben. Das ist jedoch unwahrscheinlich, denn wenn ich an mir arbeite, werde ich mich wahrscheinlich in gewissem Maße bessern. Was immer mir im Leben geschieht – oder nicht geschieht, ist nur eine Störung, eine Unannehmlichkeit. Wenn ich aufhöre, deswegen zu jammern, wird das allein mir bereits grundlose Extraprobleme ersparen. Ich sollte also lieber diese Arbeit auf mich nehmen.

6. Was für positive Dinge könnten mir passieren oder könnte ich verursachen, wenn ich RET in Bezug auf meine Probleme anwende?

Illustrative Antwort:

a) Ich überwinde vielleicht wirklich mein Problem durch RET. Jetzt bin ich ängstlich und deprimiert. Durch RET könnte ich merklich weniger ängstlich und deprimiert sein oder sogar alle meine Ängste und Depressionen ablegen.

b) Wenn ich auf diesem Gebiet meine niedrige Frustrationstoleranz überwinde, werde ich grundsätzlich disziplinierter werden und meine Schwächen auch auf anderen Gebieten überwinden, wie etwa meine Fresssucht und meine Tendenz, Entscheidungen hinauszuzögern.

c) Es ist ein großer Anreiz für mich, das Leben zu genießen, während ich hart an mir arbeite und momentane Vergnügen zugunsten späterer Freude aufgebe. Die Aufgabe, mich nicht aufzuregen, während ich ganz bewusst bestimmte Einschränkungen in Kauf nehme, ist eine der herausforderndsten Aufgaben meines Lebens.

d) Indem ich gegen meine niedrige Frustrationstoleranz ankämpfe, verbessere ich mich, selbst wenn es eine Weile dauert, bis ich Erfolg habe; ich kann bisweilen meine Aktivitäten genießen und sehen, dass ich meine *eigene* Unabhängigkeit und emotionale Beherrschung immer mehr vorantreibe. Was könnte lohnender sein, als mein *eigenes* Leben zu bestimmen?

KAPITEL 15

Einsicht Nr. 10: Ändern Sie Ihre Überzeugungen und Verhaltensweisen

Sie wissen aus eigener Erfahrung, dass Sie Gedanken, Gefühle und Verhaltensweisen schwach oder stark, sanft oder kraftvoll ausdrücken können. Ein Verlust kann Sie nur leicht enttäuschen oder aber schwer belasten. Sie können sehr oder mäßig süchtig nach Rauchen oder Essen sein.

Können auch Gedanken schwach oder stark sein?

Robert Abelson, Robert Zajonc und andere Psychologen bejahen dies. Wie Abelson vor ein paar Jahren ausgeführt hat, kann man „kühle" oder „heiße" Kognitionen haben.[1] Nach RET beeinflussen Ihre „heißen" Gedanken Sie mehr und verursachen intensivere Gefühle als Ihre „kühlen" Gedanken.

Wenn Sie also eine Prüfung ablegen müssen, um eine Stelle zu bekommen, können Sie folgenden „kühlen" Gedanken haben: „Solche Jobs erfordern häufig eine Prüfung." – Ihr kühler, deskriptiver Gedanke verursacht nur wenige oder gar keine Emotionen.

Sie können auch einen Vorzugsgedanken haben – den wir in der RET als eine rationale Idee bezeichnen –, was den Job oder die Prüfung angeht: „Ich will diese Prüfung auf jeden Fall bestehen und diesen Job bekommen, und nachdem die Prüfung nicht allzu schwer scheint, mache ich sie gerne." Dieser Gedanke wird Sie wahrscheinlich optimistisch stimmen und dazu beitragen, dass Sie bei der Prüfung gut abschneiden.

Schließlich können Sie auch einen „heißen" oder höchst berechnenden Gedanken haben: „Ich *muss* diese

Prüfung bestehen und den Job bekommen, damit ich das Leben überhaupt genießen und mich als Mensch akzeptieren kann. Wenn die Prüfung schwieriger ist als sie scheint und ich durchfalle, ist das *schrecklich* und beweist, dass ich ein Trottel bin, der niemals eine anständige Stelle bekommen wird!" – Dies ist eine „heiße" Kognition – eine irrationale Idee –, die Ihnen wahrscheinlich ein Höchstmaß an Anspannung bringen und Ihrem erfolgreichen Abschneiden bei der Prüfung im Wege stehen wird.

Es gibt einige „heiße" Kognitionen, an denen Sie sehr stark und gewaltsam festhalten, während Sie andere leichter revidieren können.[2] Sie können glauben, dass Sie eine Prüfung bestehen müssen und ein wahrer Tölpel sind, wenn Ihnen das nicht gelingt. Sie können dies (1) gelegentlich oder immer, (2) oberflächlich oder absolut, (3) mäßig oder intensiv, (4) zurückhaltend oder lebhaft, (5) laut oder leise, (6) begrenzt (auf eine Situation) oder allgemein (auf viele Situationen zutreffend) vertreten.

Demnach sehen Ihre „heißen" Kognitionen ganz unterschiedlich aus. RET behauptet auch, dass Sie mit Ihren „heißen" Gedanken intensivere – und insbesondere gestörte – Gefühle hervorrufen als mit Ihren warmen Gedanken. Sich in einen Gedanken hineinzusteigern verleitet Sie oft zu selbstzerstörerischen Gefühlen und Verhaltensweisen, die länger bestehen bleiben und schwerer zu ändern sind.

Wenn es Ihre Überzeugung ist, dass Sie wichtige Prüfungen *immer* bestehen und *jeden einzelnen* Job, um den Sie sich bewerben, bekommen müssen, dann glauben Sie auch, dass Sie ein hoffnungsloser Einfaltspinsel sind, wenn Sie versagen. Sie machen sich selbst verrückt, wenn Sie zu einer Prüfung oder einem Vorstellungsgespräch gehen. Diese Ängstlichkeit kann Ihr ganzes Leben in Unordnung bringen, und Sie werden es schwer haben, sie zu lindern. Darüber hinaus werden Sie oft solch intensive Panik und Unwohlsein verspüren, dass Sie das erschreckt. Dadurch verursachen Sie starke sekundäre Symptome, nämlich Angst wegen Ihrer Ängstlichkeit.

Weil Ihre „heißen“ Kognitionen intensive und lang andauernde Ängste und Depressionen hervorrufen, sollten Sie sich *Einsicht Nr. 10* aneignen:

Wenn Sie gegen Ihre irrationalen Ideen (iBs) nur halbherzige Dispute führen, werden Sie sie kaum auf Dauer verändern. Deshalb sollten Sie mit Nachdruck und ausdauernd gegen sie argumentieren und sich selbst davon überzeugen, dass sie falsch sind.

Wenn Sie sich beispielsweise bei Punkt D – Disput Ihrer iBs – fragen: „Warum *muss* ich wichtige Prüfungen *immer* bestehen?“ sollten Sie nachdrücklich und *oft* antworten: „Ich *muss* nicht! Ich würde sie gern bestehen und werde mich darum bemühen. Aber wenn ich es nicht schaffe, schaffe ich es eben nicht! Ich *will* diesen Job, aber ich *brauche* ihn keineswegs. Ich *kann* ohne ihn glücklich sein, obwohl ich natürlich glücklicher wäre, wenn ich ihn bekommen würde. Ich *kann* andere Prüfungen und andere Jobs bekommen, egal ob ich bei diesem versage. Ich bin nur ein *Mensch*, der einmal versagt hat, und ganz klar kein *hoffnungsloser* Versager!“

RET geht davon aus, dass Sie Ihre „rot glühenden“ negativen Gedanken um so schneller und vollständiger loswerden können, je emphatischer und häufiger Sie sie in Frage stellen und je mehr Sie die gestörten Gefühle, die sie hervorrufen, reduzieren (und von sich *fern halten*).

Zurück also zu *Einsicht Nr. 10:* Wenn Sie Ihre irrationalen Ideen, die Sie ängstlich machen (und in Panik versetzen), aufspüren, können Sie ein *leidenschaftlicher* „Wissenschaftler“ werden, der starke, rationale Antworten auf seine irrationalen Ideen findet.

Nehmen Sie beispielsweise Tom. Obwohl er groß und gut aussehend, 35 Jahre alt und ein erfolgreicher Arzt war, verliebte er sich andauernd nur in Frauen, die sich schnell wieder von ihm abwandten. Sie fanden ihn zu unsicher und anlehnungsbedürftig. Ich frage meine Patienten oft: „Wer *braucht* eine bedürftige Person?“ Toms Freundinnen jedenfalls nicht!

Tom verstand RET und wusste genau, was er sich selbst sagte, um sich unsicher zu machen, wenn er eine reizende Frau traf: „Ich liebe sie so sehr, dass ich mich beraubt fühlen würde, wenn sie meine Gefühle nicht erwidern würde. Ich *muss* sie *unbedingt* gewinnen. Ich *muss*!“

Als Tom diese Art von *Muss*turbation erkannte und auch einsah, dass sie nicht funktionierte, benutzte er RET, um sie aufzugeben, und fragte sich selbst: „Warum *muss* ich diese Frau, an der mir liegt, gewinnen? *Muss* ich ihr wirklich gefallen? Würde ich ohne ihre Liebe *sterben*?“

Er gab die richtigen rationalen Antworten auf diese Dispute und half sich selbst ein wenig – zumindest eine Zeit lang. Dann aber erlitt er einen Rückfall in seine Bedürftigkeit und Unsicherheit.

Ich gab Tom die Hausaufgabe, einen *kraftvollen* rationalen Dialog mit sich selbst zu führen und ihn aufzunehmen. Er versuchte es und brachte mir eine Kassette mit, auf der er sehr schöne Dispute darüber führte, die Liebe einer besonderen Frau zu gewinnen. Als ich und Mitglieder seiner Therapiegruppe sie anhörten, fanden wir seine Argumente zwar gut, seinen Ton aber nicht überzeugend. Er *kannte* die rationalen Worte, um seine Bedürftigkeit zu bekämpfen; offensichtlich glaubte er aber nicht daran.

Ich ließ Tom die Kassette nochmals aufnehmen und bat ihn, härter mit seinen irrationalen Ideen umzugehen.

Es nutzte nichts. Sein zweiter Disput war nur etwas schärfer als der erste formuliert.

Seine 3. Kassette war viel besser. Hier Auszüge:

Toms irrationale Stimme: Wenn Cora, die so ungefähr die beste Frau ist, die ich seit Jahren getroffen habe, mich nicht liebt, welche Frau wird es dann tun? Keine!

Toms rationale Stimme: Keine? Was für ein Unsinn! Wo es so viele gute Frauen gibt, die ich kennen lernen könnte? Ganz offensichtlich würden einige davon etwas für mich empfinden. Auch wenn sie deshalb ganz schön dumm wären!

Toms irrationale Stimme: Aber angenommen, ihnen liegt nur etwas an mir, weil sie wirklich dumm sind. Das würde beweisen, wie wenig ich es wert bin, geliebt zu werden.

Toms rationale Stimme: Gar nichts würde es beweisen! Schlimmstenfalls würde es zeigen, dass mir leider ein paar positive Charakterzüge fehlen. Aber ich bin nicht völlig unliebenswert. Wenn mich keine Frau anziehend finden würde, hieße das auch nicht, dass mich niemand *lieben kann.* Ich wäre nur auf diesem einen Gebiet ein Versager und nicht auf jedem Gebiet.

Toms irrationale Stimme: Du rationalisierst schon wieder! Zu was taugt das Leben, wenn Du niemanden liebst? Hah! Dann wirst Du halt ein großer Arzt.

Toms rationale Stimme: Ja, das hoffe ich, ein großer Arzt, ein ausgezeichneter Sportler, gebildet und viel belesen! Es gibt eine Menge Dinge, die ich wirklich genießen kann – selbst wenn ich nie eine Partnerin finde.

Toms irrationale Stimme: Nie? – Niemals!

Toms rationale Stimme: Ja, nie. Immanuel Kant hat nie eine Lebensgefährtin gehabt und sich wahrscheinlich auch nie mit Frauen verabredet. Trotzdem führte er ein gutes Leben! Viele hervorragende Leute waren ohne Partner glücklich. Aber egal, ob sie es waren oder nicht, *ich* werde es sein! Sobald ich damit aufhöre, darüber zu jammern, dass ich nicht „liebenswert" bin.

Sobald Tom den Trick erlernt hatte, nachdrücklich gegen seine irrationalen Ideen vorzugehen – die er nur „meinen Quatsch" nannte –, verstärkte er seine Dispute. Die Mitglieder seiner Therapiegruppe und ich mussten ihm nicht sagen, wenn er einen Dialog wie den oben stehenden aufgenommen hatte, dass er hart genug war. Sein *Gefühl* der immensen Befreiung von seiner Angst und Depression war der Beweis dafür. Er spürte *sofort*, dass er keine Liebe *brauchte* (obwohl er sie sich immer noch stark wünschte). Dieses Gefühl hielt während der nächsten Wochen an.

Während Tom sich verbissen aus dem Zustand eines Versagers in Herzensangelegenheiten herausargumentierte, fühlte er sich wesentlich weniger bedürftig. Vier Monate später war er fast völlig geheilt – und infolgedessen wollten die Frauen, mit denen er verabredet war, ihn oft weiterhin treffen – ein paar versuchten sogar, ihn vor den Traualtar zu schleppen! Ein Jahr später zog er mit der Frau zusammen, die ihm am besten gefiel, und drei Jahre später heiratete er sie. Er bringt jetzt auch ihr bei, wie sie sich ganz nachdrücklich ihren eigenen emotionalen „Quatsch" ausreden kann.

RET-Übung Nr. 16

Nehmen Sie eine Ihrer irrationalen Ideen, die Sie wirklich aufgeben wollen, weil Sie wissen, dass Sie sich ernstlich blockieren, wenn Sie weiter an ihr festhalten. Führen Sie sowohl gemäßigte, als auch nachdrückliche und entschiedene Dispute. Sie können das tun, indem Sie die irrationalen Ideen aufschreiben und dann sowohl eine Liste von gemäßigten Disputen und ihren Wirkungen, als auch eine Liste von nachdrücklichen Disputen sowie deren Auswirkungen auf Ihr iB aufstellen.

Noch besser, Sie können einen Kassettenrecorder nehmen, Ihre irrationale Ideen aufnehmen und dann mit sich selbst einen Dialog führen, im Verlauf dessen Sie einerseits gemäßigte und andererseits kraftvolle Dispute führen, bis Sie den Eindruck haben, Sie wären Ihrem Ziel, Ihre iBs aufzugeben, ein Stück näher gekommen und hätten sie gegen eine Reihe von starken rationalen Überzeugungen eingetauscht.

Ein Beispiel Ihres niedergeschriebenen Disputs:

Irrationale Idee: Ich muss diese bcvorstehende Prüfung wirklich bestehen, sonst geht es mit meiner Karriere völlig bergab, und ich ende in einer Position, in der ich mein Lebtag nur wenig verdienen werde, und das wäre schrecklich! Was für eine Null ich dann wäre!

Anstelle der oder zusätzlich zu den schriftlich festgehaltenen kraftvollen und nachdrücklichen Dispute Ihrer irrationalen Idee können Sie auch mit sich selbst einen sanften oder auch harten Dialog auf Kassette führen und sich vergewissern, dass Sie schließlich auch von den starken Argumenten überzeugt sind und nachfühlen können, was Sie auf dem Band präsentieren. Nehmen Sie zum Beispiel dieses Selbstgespräch:

Sanfter Disput und rationale Antwort

Wenn ich diese Prüfung nicht bestehe, kann ich später andere Prüfungen ablegen und bestehen. Warum soll ich mir also Sorgen machen?

Nachdrücklicher Disput und rationale Antwort

Selbst wenn ich die Prüfung nicht bestehe, kann ich immer noch irgendeinen guten Job bekommen. Und wenn nicht, dann eben nicht! Ich kann trotzdem glücklich sein.

Mit meiner Karriere wird es nicht bergab gehen. Ich werde nur langsamer erreichen, was ich will.	Wenn es mit meiner verdammten Karriere bergab geht, kann ich immer noch eine andere schöne und gut bezahlte Laufbahn einschlagen!
Früher oder später werde ich diese Prüfung bestehen und eine anständige Laufbahn einschlagen.	Ich werde diese Prüfung sehr wohl eines Tages bestehen, wahrscheinlich sogar heute! Egal, ob es so ist oder nicht, ich bin absolut entschlossen, eine gute Laufbahn einzuschlagen!
Wenn ich in einer untergeordneten Position arbeiten muss, bringt mich das nicht um.	Egal, in welcher Position ich arbeite, ich bin entschlossen, aus der Arbeit das Beste herauszuholen. Selbst wenn sie mir nie Spaß machen sollte, kann ich doch andere Aspekte in meinem Leben finden, die ungewöhnlich erfreulich sind!
Ich komme zurecht, selbst wenn ich mein Leben lang sehr wenig verdiene.	Wenn ich mein ganzes Leben lang sehr wenig verdiene, komme ich nicht nur zurecht, sondern werde es auch fertig bringen, schön zu leben. Geld ist zwar wichtig, aber es bedeutet nicht alles!

Es wäre sehr unangenehm, mein ganzes Leben lang wenig zu verdienen, aber es wäre nicht das Ende der Welt.

Es wäre verdammt unangenehm, mein ganzes Leben lang wenig zu verdienen, aber ich werde hart arbeiten, damit ich mehr verdiene. Wenn mir das nicht gelingt, werde ich lediglich meine Ausgaben einschränken und einer der glücklichen Menschen sein, die mit schr wenig Geld zurechtkommen!

Wenn ich diese Prüfung nicht bestehe und für den Rest meines Lebens weniger verdiene, bin ich zwar ein Mensch, der versagt hat, aber keine absolute Null.

Egal, wie viele Prüfungen ich nicht bestehe oder wie wenig Geld ich in meinem Leben verdiene, eine Null oder ein inkompetenter Mensch bin ich deswegen noch lange nicht. Ich bleibe wohl immer ein fehlbarer Mensch, aber ich kann mich immer voll akzeptieren und mein Leben aktiv genießen, egal wie schlecht ich mich in mancher Hinsicht benehme. Allein weil ich lebe und ich selbst bin, habe ich es verdient, alles Gute zu erleben, das mir mein Leben bieten kann. Wie ich es schaffen soll, gut zu leben? Indem ich mich darum bemühe!

Irrationale Idee: „Mein Freund Norbert hat sich Geld von mir geliehen und gesagt, er würde es bald zurückzahlen. Jetzt sind mehrere Monate vergangen, und er hat immer noch nicht gezahlt. Und darüber hinaus benimmt er sich so, als ob ich ihm das Geld geschenkt hätte und er es nicht zurückzahlen müsste. Er sagt, er wird mir zurückgeben, was ich ihm geliehen habe, wenn er eine Menge Geld auftreibt, aber nicht, weil er es mir tatsächlich schuldet, sondern aus purer Herzensgüte. Wie kann er mir so etwas antun? Was für eine Denkweise! Das bedeutet, er hat ausschließlich schlechte Eigenschaften. Er verdient es, streng bestraft zu werden, und ich werde mich schon an ihm rächen. Ich werde ihm schon zeigen, dass er so mit mir nicht umspringen kann!"

Illustrativer Dialog:

Irrationales Du: Wie konnte er so etwas tun?

Sanfte Antwort: Er konnte es eben. So benimmt er sich oft. Aber das ist sein Problem.

Nachdrückliche Antwort: Es ist ihm verdammt leicht gefallen, so etwas zu tun! Es ist nicht das erste Mal, dass er so etwas macht, und bestimmt auch nicht das letzte Mal! Ich wünschte, er wäre nicht so, aber so ist er oft. Pech! Aber das habe ich von ihm zu erwarten – und werde es ertragen können.

Irrationales Du: Aber nach allem, was ich für ihn getan habe! Ich habe mich bemüht und ihm Geld geliehen, und er besteht *dennoch* darauf, dass ich es ihm geschenkt habe!

Milde Antwort: Ja, ich habe wirklich keine Mühen gescheut und ihm Geld geliehen, aber das bedeutet nicht, dass er sich Mühe geben und mir das Geld zurückzahlen muss. Er ist kein hoffnungsloser Fall, obwohl er sich manchmal wie ein Bastard verhält!

Nachdrückliche Antwort: Ja, ich habe mich angestrengt, um ihm das Geld zu leihen, aber das bedeutet überhaupt nicht, dass er sich bemühen oder so ehrlich sein muss, um es zurückzuzahlen. Was auch immer ich mich zu tun entschließe, ist *meine* Entscheidung, und was er sich zu tun entschließt, ist *seine* Entscheidung. Das Ganze ist sicher schlecht, und ich werde ihm bestimmt in Zukunft nicht mehr trauen oder ihm noch *mehr* Geld leihen. Aber er ist kein berechnender Betrüger. Er ist nur ein fehlbarer Mensch wie wir alle, und Geld nicht zurückzuzahlen ist eine seiner großen Schwächen. Nun, es wird mir nie gefallen, dass er diese Art von Schwäche hat, aber ich kann damit leben und trotzdem versuchen, mein Geld zurückzubekommen. Glücklich kann ich trotzdem sein. Ist es nicht eine Schande, dass einige meiner besten Freunde sich als so „unfreundlich" entpuppen?

Irrationales Du: Ich finde trotzdem, dass er durch und durch schlecht ist! Wenn er im Stande ist, so etwas zu tun, hat er wirklich keine guten Qualitäten.

Sanfte Antwort: Was für ein Unsinn! Natürlich hat er auch gute Qualitäten. Die hat jeder. Aber trotz all seiner Vorzüge – ich gebe gern zu, dass er andere Male nett zu mir war – ist die Tatsache, dass er nicht akzeptiert, das Geld geliehen zu haben, und dass er fälschlicherweise behauptet, dass ich es ihm geschenkt habe, eine wirklich schlechte Handlung. Und das versuche ich ihm zu zeigen – nicht, dass *er* schlecht ist, sondern dass seine *Handlung* unehrlich ist. Ich werde mich weiterhin bemühen, ihm das klarzumachen. Wenn das nicht funktioniert, kann ich auch nichts ändern. Schlimmstenfalls verliere ich das Geld und einen Freund.

Irrationales Du: Auf jeden Fall schreibe ich ihn ab! Ich und so einen Freund haben! Niemals! Er hat es verdient, schwer bestraft zu werden, ich werde mich wirklich an ihm rächen!

Sanfte Antwort: Was hat es für einen Sinn, sich an ihm zu rächen? Damit verschwende ich nur noch mehr Zeit.

Ich lasse das Ganze am besten sein. Aber er ist wirklich ein ziemlich miserabler Mensch.

Nachdrückliche Antwort: Wie dumm von mir, dass ich versuche, mich zu rächen! Ich habe schon genug Zeit und Geld verloren, indem ich mich mit ihm beschäftigt habe und jetzt mache ich mit diesem Unsinn weiter, indem ich Zeit und Energie bei dem Versuch verschwende, mich an ihm zu rächen. Theoretisch hätte er es in einer absolut gerechten Welt vielleicht verdient, für sein schlechtes Benehmen bestraft zu werden; aber in der leben wir nicht. Absolute Verdammung hat er auch nicht verdient. Außerdem ist niemand absolut perfekt. Wenn ich so dumm wäre, ihn zu bestehlen, gäbe es auch keine Kraft, die mich bespitzelt und anordnet, dass ich verurteilt und bestraft werden muss. Warum sollte es bei ihm dann so sein? Ich werde immer noch versuchen, ihn unter Druck zu setzen, um mein Geld zurückzubekommen. Aber Schluss mit der Zeitverschwendung, ihn zu verurteilen!

Irrationales Du: Egal, wie viel Zeit und Energie ich darauf aufwenden muss; ich werde ihm zeigen, dass er sich mir gegenüber nicht so benehmen darf.

Ich werde es ihm schon zeigen! Und wenn ich schon dabei bin, vielleicht kann ich es auch seiner Frau und Familie heimzahlen!

Sanfte Antwort: Es gibt keinen Weg, ihn davon zu überzeugen, dass er sich mir gegenüber nicht so verhalten *kann.* Er hat als Mensch das Recht zu tun, was er will, selbst wenn er eindeutig im Unrecht ist. Ich lasse die ganze Sache am besten sein und vergesse sie.

Nachdrückliche Antwort: Natürlich *kann* er sich mir gegenüber so verhalten. Sehr wohl! In der Tat hat er großes Talent dazu, sich so unfreundlich zu verhalten, und jetzt, wo ich das herausgefunden habe, muss ich diese grässliche Realität wohl akzeptieren. Es gibt für mich keinen Weg, ihm zu zeigen, dass er sich mir gegenüber nicht so verhalten darf. Egal, wie rachsüchtig ich bin und sogar seiner Frau und Familie schade, es wird sich nichts ändern. Er wird höchstens denken, dass ich ein Mistkerl bin – dann gibt er mir das Geld mit Absicht nicht zurück und versucht vielleicht aus Rachsucht, mir und meiner Familie zu schaden. Wenn ich aus lauter Dummheit versuche, es ihm heimzuzahlen, schade ich mir wahrscheinlich selbst dabei. Dann werde ich noch *mehr* leiden als jetzt. Wie dumm von mir! Nur weil er Unrecht hat, muss ich nicht für den Rest meines Lebens aus Rachsucht ebenfalls Unrecht tun. Ich will versuchen, noch einmal frei von Ärger und Rachsucht mit ihm zu reden und zu sehen, was sich machen lässt. Wenn nichts zu machen ist, dann eben nicht! Ich lasse es doch am besten sein. Ja, ich lasse es sein und kümmere mich um meine eigenen Angelegenheiten.

Wenn Sie das Ganze aufgeschrieben oder eine Kassette mit Ihren Disputen aufgenommen haben, überarbeiten Sie die Kassette nochmals, um Ihre Dispute zu verstärken. Lassen Sie sich dabei von Freunden oder Kollegen helfen. Versuchen Sie nicht, den Irrsinn zu verewigen, in dem Sie gefangen sind oder der zerstörerisch gegen Sie verwendet wird. Üben Sie nachdrücklich – ich betone, *nachdrücklich* –, Dispute gegen Ihre irrationalen Ideen zu führen.

KAPITEL 16

Einsicht Nr. 11:
Eine emotionale Veränderung zu erreichen ist nicht genug – sie aufrechtzuerhalten ist schwieriger!

Mark Twain sagte bereits: „Es ist leicht, das Rauchen aufzugeben. Ich habe es schon tausendmal gemacht."

Dies fasst auch die bisher ungeschriebene Geschichte der Fastenkuren in einem Satz zusammen. Von 100 Personen, die durch verschiedene Diäten 30 Pfund abnehmen, nehmen gut 90 Prozent alles oder einen Großteil davon wieder zu.

Ähnlich ist es mit der Psychotherapie. Millionen Menschen ändern sich durch Psychotherapie. Aber fast alle erleiden gelegentliche Rückschläge. Für kurze Zeit verschwinden ihre Gefühle von Angst, Depression und Zorn.

Und dann kehren sie zurück!

Manchmal, wenn Sie daran arbeiten, Ihr emotionales Unglück zu überwinden, gelingt es Ihnen, zwei Schritte vorwärts und nur einen rückwärts zu machen. Manchmal ist es umgekehrt. Manchmal befreien Sie sich völlig von der Depression. Dann fallen Sie wieder zurück in Ihren alten Sumpf. Es kann vorkommen, dass Sie alte Probleme wie die Furcht vor dem Reden in der Öffentlichkeit ganz überwinden. Aber dann verursachen Sie ein ganz neues, etwa die Angst vor der Stellensuche. Dies führt zu *Einsicht Nr. 11:*

Eine Weile finden Sie es vielleicht einfach, Ihre Gefühle zu ändern. Aber Sie sollten ständig daran arbeiten, Ihren Erfolg aufrecht zu erhalten.

Fast niemand wird jemals völlig und für immer von seinem Unglück geheilt. Das schließt auch Sie ein.

Was können Sie also tun, um Ihre Besserung zu stabilisieren und mit Ihren Rückfällen fertig zu werden?

Sehr viel.

Am Institut für Rational-Emotive Therapie in New York City haben wir viel über diese Frage nachgedacht, und haben als Ergebnis eine Schrift herausgebracht, die wir allen unseren Klienten geben.[1] Lassen Sie mich *Einsicht Nr. 11* demonstrieren, indem ich Ihnen die Hauptpunkte dieser Schrift mit dem Titel „Wie man die Erfolge der Rational-Emotiven Therapie stabilisiert und verbessert" vorstelle:

Welche wichtigen Punkte können Ihnen als Checkliste dienen, um Ihre Fortschritte aufrechtzuerhalten?

Versuchen Sie es mit diesen:

1. Wenn Sie in Ihre alte Angst, Depression oder Selbsterniedrigung zurückfallen, denken Sie an die Gedanken, Gefühle und Verhaltensweisen, die Sie einmal verändert haben, um sich besser zu fühlen. Wenn Sie sich wieder deprimiert fühlen, denken Sie an bereits erfolgreich angewandte RET-Strategien, um sich von den Depressionen zu befreien. Zum Beispiel können Sie sich daran erinnern, dass

a) Sie aufgehört haben, sich selbst einzureden, Sie seien wertlos und könnten niemals das erreichen, was Sie wollen.

b) Sie in einem Job Erfolg hatten und sich somit bewiesen haben, dass Sie die Fähigkeit zum Erfolg haben.

c) Sie sich gezwungen haben, zu Vorstellungsgesprächen zu gehen, anstatt ihnen auszuweichen, und dass Sie dadurch Ihre Angst davor verloren haben.

Erinnern Sie sich an Gedanken, Gefühle und Verhaltensweisen, die Sie geändert haben, und daran, dass Sie sich dadurch selbst geholfen haben.

2. Wiederholen Sie immer und immer wieder rationale Ideen (rBs) oder Aussagen, durch die Sie mit gewissen Tatsachen fertig werden können: „Es ist toll, Erfolg zu haben, aber ich kann mich als Mensch völlig akzeptieren und das Leben genießen, auch wenn ich manchmal versage!“ Plappern Sie diese Aussagen nicht nur nach wie ein Papagei, *überdenken* Sie sie oft und *nachdrücklich,* bis Sie wirklich überzeugt sind und zu fühlen beginnen, dass sie wahr sind.

3. Finden und analysieren Sie immer wieder Ihre irrationalen Ideen (iBs), durch die Sie sich erneut aus der Fassung bringen. Nehmen Sie sich jede einzelne irrationale Idee wie etwa die folgende vor: „Ich muss Erfolg haben, um ein wertvoller Mensch zu sein!“ – Fragen Sie sich: „Warum sollte diese Idee richtig sein?“ – „Warum hängt der Wert meiner Person von meinem Erfolg ab?“ – „Wieso wäre ich schlecht, wenn ich bei einer wichtigen Aufgabe versagen würde?“

Führen Sie immer wieder Dispute mit aller Macht gegen Ihre irrationalen Überzeugungen, wenn Sie sehen, dass sie sich wieder in Ihr Denken einschleichen. Selbst wenn Sie sich im Augenblick frei von Ihren Problemen fühlen, sollten Sie sich klar darüber sein, dass Sie ihnen wieder verfallen könnten. Überprüfen Sie Ihre Einstellung zu ihnen, und erkennen Sie sie, vergessen Sie nicht, nachdrückliche Dispute zu führen.

4. Gehen Sie immer wieder Risiken ein und tun Sie Dinge, vor denen Sie irrationalerweise Angst haben – etwa in Aufzügen fahren, Kontakte knüpfen, eine Stelle suchen oder schreiben. Während Sie eine Ihrer irrationalen Ängste ablegen, denken Sie und handeln Sie wider ihre Angst, und zwar regelmäßig. Tun Sie das, wovor Sie sich fürchten, und das sehr oft!

Falls Sie sich unwohl dabei fühlen, zum Teufel mit dem Unwohlsein! Erlauben Sie sich nicht, sich zu drücken – und so Ihre Ängste für immer und ewig zu bewahren! Lassen Sie es zu, dass Sie sich so unwohl wie möglich fühlen, um Ihre Ängste auszulöschen und später angstfrei zu werden und sich wohl zu fühlen.

5. Lernen Sie, den Unterschied klar zu erkennen, der zwischen angemessenen schlechten Gefühlen wie Sorge, Bedauern und Frustration und unangemessenen Gefühlen wie Depression, Angst, Selbsthass und Selbstmitleid besteht. Wenn Sie sich *überbesorgt* (in Panik) oder unnö tig *elend* (deprimiert) fühlen, geben Sie zu, dass Sie einem zwar weit verbreiteten, aber ungesunden Gefühl nachgeben, und dass Sie es selbst durch dogmatische *Soll- und Muss-Vorstellungen* hervorrufen.

Seien Sie sich darüber im Klaren, dass Sie sehr wohl im Stande sind, Ihre unangemessenen (oder *muss*turbatorischen) Gefühle in angemessene Gefühle oder Wünsche zurückzuverwandeln. Treten Sie in Verbindung mit Ihren depressiven Gefühlen und arbeiten Sie an ihnen, bis Sie sich *nur* traurig und voll Bedauern fühlen. Nehmen Sie zu Ihren Ängsten Kontakt auf und arbeiten Sie an Ihnen, bis Sie *nur* noch besorgt und vorsichtig sind.

Benutzen Sie die rational-emotive Vorstellungstechnik, um sich unerfreuliche, aktivierende Ereignisse lebhaft vorzustellen, bevor sie überhaupt stattgefunden haben. Lassen Sie es während dieser Übung zu, dass Sie sich unangemessen aufgeregt (ängstlich, depressiv, wütend oder erniedrigt) fühlen. Dann arbeiten Sie an Ihren Gefühlen, um Sie in angemessene Emotionen zu verwandeln (Besorgnis, Sorge, Ärger oder Bedauern), während Sie sich gleichzeitig vorstellen, dass etwas sehr Schlimmes geschieht. Geben Sie nicht auf, bevor Sie Ihre Gefühle tatsächlich verändert haben.

6. Vermeiden Sie Verzögerungen. Erledigen Sie unangenehme Aufgaben schnell – noch heute! Wenn Sie immer noch aufschieben, belohnen Sie sich nur dann mit

angenehmen Dingen, etwa einem Restaurantbesuch, Urlaub, Lesen, Kontakte knüpfen, *nachdem* Sie die Aufgabe erfüllt haben, die Sie sonst gern umgehen. Wenn das nicht funktioniert, bestrafen Sie sich, indem Sie beispielsweise zwei Stunden lang mit einer langweiligen Person, der Sie verpflichtet sind, sprechen oder einen Hundertmarkschein verbrennen.

7. Machen Sie ein reizvolles Abenteuer daraus, Ihre emotionale Gesundheit zu bewahren und einigermaßen glücklich zu bleiben, egal, welches Unglück Ihnen widerfährt. Machen Sie die Beseitigung Ihres Elends zu einer der wichtigsten Angelegenheiten Ihres Lebens – wobei Sie aufs Äußerste entschlossen sind, es zu erreichen.

Gestehen Sie sich ein, dass Sie immer die *Wahl* haben, wie Sie denken, fühlen *und* sich verhalten wollen. Stürzen Sie sich aktiv in diese Wahlmöglichkeiten.

8. Erinnern Sie sich an die drei Haupt-Einsichten der RET *und wenden Sie sie konsequent an.*

Einsicht Nr. 1: Ihre Probleme beruhen auf Ihrem eigenen Entschluss, sich unglücklich zu machen. Sie *fühlen* hauptsächlich so, wie Sie *denken*. Wenn Ihnen ekelhafte oder frustrierende Dinge bei Punkt A (Aktivierendes Ereignis) widerfahren, *wählen* Sie bewusst oder unbewusst rationale Ideen (rBs), die Sie dazu veranlassen, traurig gestimmt zu sein; ebenso *wählen* Sie auch irrationale Ideen (iBs) aus, die Sie ängstlich, depressiv und selbstverachtend stimmen.

Einsicht Nr. 2: Egal, wie oder wann Sie Ihre irrationalen Ideen oder Gewohnheiten erworben haben – *gegenwärtig* haben Sie sich dafür entschieden, sie aufrecht zu erhalten und deswegen haben Sie *jetzt* Probleme.

Ungünstige Umstände (in der Vergangenheit oder Gegenwart) *beeinflussen* Sie, aber sie sind nicht die Ursache für Ihre Probleme. Ihre augenblickliche *Philosophie* schafft Ihre *gegenwärtige* Störung.

Einsicht Nr. 3: Es gibt keinen magischen Weg für Sie, um Ihre Persönlichkeit und Ihre Vorliebe, sich unglücklich zu machen, aufzugeben. Sie ändern sich durch die Bereitschaft, hart an sich zu arbeiten und durch ständige Übung.

9. Suchen Sie immer wieder ohne Hektik nach persönlichen Vergnügen und Freuden, etwa Lesen, Unterhaltung, Sport, Hobbys, Kunst, Wissenschaft und anderen lebensnotwendigen, bleibenden Interessen. Machen Sie das Erreichen emotionaler Gesundheit und wirklichen Genusses zu Ihrem wichtigsten Lebensziel. Versuchen Sie, sich mit einem langfristigen Zweck, Ziel oder Interesse zu beschäftigen, in das Sie sich wirklich vertiefen können. *Schaffen* Sie sich ein gutes, glückliches Leben, indem Sie sich ein Ziel setzen, *wofür* Sie leben können. So werden Sie sich von ernstlichen Leiden ablenken und dazu beitragen, sich Ihre geistige Gesundheit zu erhalten.

10. Halten Sie Kontakt mit anderen Menschen, die etwas von RET verstehen und die Ihre Techniken noch einmal mit Ihnen durchgehen können. Erzählen Sie ihnen von Ihren Problemen und lassen Sie sie wissen, welche RET-Strategien Sie anwenden. Fragen Sie sie, ob sie Ihren Lösungen zustimmen oder zusätzliche RET- Methoden empfehlen können, um gegen Ihre irrationalen Ideen anzukämpfen.

11. Üben Sie die Anwendung der RET mit Freunden und Kollegen, die bereit sind, Ihnen dadurch zu helfen. Je öfter Sie sie gemeinsam anwenden und versuchen, anderen ihre selbstzerstörerischen Ideen auszureden, um so mehr werden Sie die wichtigsten Prinzipien der RET verstehen und sie bei sich selbst anwenden können.

Wenn Sie Dritte in einem irrationalen Zustand sehen, versuchen Sie, indem Sie mit Ihnen sprechen, deren wichtigste irrationale Ideen herauszufinden. Suchen Sie gleichzeitig nach einer Möglichkeit, sie aktiv und nachdrücklich durch Dispute zu widerlegen.

Dies wiederum verleiht Ihnen Übung für die Arbeit an Ihren eigenen iBs.

12. Lesen Sie zusätzlich auch andere RET-Schriften. Kommen Sie immer wieder auf dieses RET-Material zurück, um immer wieder an einige der wichtigsten rational-emotiven Ideen erinnert zu werden.

Georgiana, eine 34jährige Buchhalterin, kam zur RET, weil sie sehr eifersüchtig und ärgerlich auf ihren Mann David war, der ständig attraktive junge Frauen anstarrte, wenn sie zusammen ausgingen. Er stritt ab, dass er das tat, aber sie bestand darauf, dass es so war und war (zu ihrem Entsetzen) davon überzeugt, dass er sich, wenn er mit ihr schlief, in Wirklichkeit eine Frau mit enormen Brüsten vorstellte, die er irgendwann einmal gesehen hatte (Georgiana selbst hatte kleine Brüste).

Sie geriet deswegen so aus der Fassung, dass sie den Geschlechtsverkehr oft gerade in dem Augenblick abbrach, bevor beide den Orgasmus erreichten. Das „macht mich wahnsinnig“, sagte er, und obwohl er sie liebte und mochte, war er drauf und dran, sie zu verlassen.

Georgiana besuchte eine Anzahl individueller RET-Sitzungen und schloss sich dann für fünf Monate einer meiner regulären Therapie-Gruppen an. Sie erkannte, dass sie von David verlangte, er solle nur sie begehren und niemals an eine andere Frau denken. Sie sah auch ein, dass, obwohl er manchmal anderen Frauen nachstarrte und an sie dachte, das nichts mit ihrem Aussehen oder ihrem Sexappeal zu tun hatte. Also reduzierte sich ihre Eifersucht allmählich auf ein vernünftiges Maß.

Ein paar Monate später jedoch wurde Georgiana wieder sehr eifersüchtig und unsicher. Als Hausaufgabenstellung, die sie mit der Therapie-Gruppe ausgearbeitet hatte, verbrachte sie mehrere Wochen damit, ein paar der Punkte, die im vorigen Kapitel dieses Buches aufgelistet sind, noch einmal zu überarbeiten:

1. Sie erinnerte sich daran, dass eines der besten Mittel, ihre Eifersucht zu überwinden, die Weigerung war, ihren Wert als Person mit ihrer Fähigkeit gleichzusetzen, David sexuell zu befriedigen. Sie führte sich oft vor Augen, dass sie sich auch dann akzeptieren konnte, wenn sie ihn nicht mehr erregen sollte.

2. Sie wiederholte nachdrücklich die rationale Interpretation (rB): „David *kann* mich lieben und ich kann eine gute Ehe führen, selbst wenn er *tatsächlich* andere Frauen mit großen Brüsten begehrt."

3. Sie stellte ihre irrationale Interpretation (iB) „Ich *muss* die einzig wirklich aufregende Frau für David sein!" immer wieder in Frage.

4. Sie ging absichtlich mit David an Orte, wo er wahrscheinlich attraktive Frauen zu Gesicht bekommen würde. Sie *nahm an,* dass er sie anstarrte und sagte sich: „Na und? So ist er nun mal: er begehrt andere Frauen. Damit kann ich leben!"

5. Sie verstand den Unterschied zwischen Ihrem *angemessenen* traurigen Gefühl und *unangebrachter* Panik und Depression, wenn David andere Frauen anstarrte. Sie benutzte rational-emotive Strategien, stellte sich ihn eifrig starrend vor und brachte sich dazu, *nur* traurig und enttäuscht, *nicht* aber ängstlich und erniedrigt zu sein.

6. Sie bemerkte, dass sie Entschuldigungen erfand, um den Miss-Amerika-Schönheitswettbewerb im Fernsehen nicht anzuschauen. Sie erteilte sich selbst eine Strafe, für jede Minute, die sie es vermied, ihn mit David anzusehen, mit dem Resultat: Sie schaute sich den ganzen Wettbewerb an, die vorgesehene Strafe konnte entfallen.

7. Sie stellte sich selbst die Aufgabe, sich nicht nur zu weigern, unglücklich zu sein, sondern Ihr Ausgehen mit David tatsächlich zu genießen, auch wenn sie sicher war, dass er vollbusigen Frauen nachsah.

8. Sie wiederholte die ursprünglichen RET-Einsichten 1, 2 und 3, darunter vor allem Nr. 3: „Weniger eifersüchtig zu werden erfordert *Arbeit* und *Übung:* Ich sollte also besser weiterhin gegen meine alberne Eifersucht ankämpfen."

9. Sie vertiefte sich in das für sie lebenswichtige Interesse, Ihre eigenen Kleider zu entwerfen und zu nähen. Sie konzentrierte sich darauf, wie gut *sie* aussahen, anstatt darauf, wie winzig und „hässlich" ihre Brüste waren.

10. Sie sprach mit einigen Gruppenmitgliedern und ihren Freundinnen, die mit der RET vertraut waren und ihr immer wieder halfen, auf sie zurückzugreifen, wenn sie rasend vor Eifersucht war.

11. Sie benutzte RET, um Freunden und Kollegen zu helfen (darunter auch ihrem Vorgesetzten), und lernte so, selbst besser mit RET umzugehen.

12. Sie zeichnete den Teil der Gruppensitzungen auf, der sie betraf und hörte sich mehrmals pro Woche den Disput und die Ratschläge an, die ich und andere Mitglieder ihr gaben. Sie las weiterhin RET-Bücher und -Schriften, obwohl sie sie schon ein paarmal gelesen hatte. So erinnerte sie sich immer wieder an die Punkte, die sie schon halb vergessen hatte.

Schließlich erreichte Georgiana den Punkt, an dem sie nur noch selten intensive Eifersucht oder Wut empfand. Mit voller Zustimmung der Gruppe war sie im Stande, die Therapie aufzugeben und erfolgreich allein an ihrem Problem weiterzuarbeiten. Sie und ihr Mann kommen noch immer von Zeit zu Zeit zu meinen regelmäßigen Freitagabend-Live-Demonstrationen der RET. Ihr Mann ist von ihren Fortschritten ganz begeistert und besucht einen unserer Therapeuten am Institut für Rational-Emotive Therapie, um besser mit seiner Angst zurechtzukommen, seinen Arbeitsplatz zu verlieren.

RET-Übung Nr. 19

Wählen Sie eine Aufgabe aus, die Sie gern erfüllen würden und von der Sie wissen, dass Sie sie erledigen sollten, ihr aber immer wieder aus dem Weg gehen oder sie hinauszögern. Zum Beispiel:

- Eine Arbeit oder einen Bericht zu Ende zu bringen.
- Ihre monatlichen Bankauszüge zu überprüfen.
- Ihre RET-Hausaufgaben zu machen.
- Geschäftsgespräche telefonisch oder persönlich zu führen.
- Regelmäßig pünktlich zur Arbeit zu erscheinen.
- Einen neuen Arbeitsbericht zu schreiben.
- Einen längst fälligen Brief an einen Freund zu schreiben.
- Ein Buch zu entwerfen, das Sie schreiben wollen.
- Eine Rede oder einen Workshop vorzubereiten.

Erkennen Sie Ihre Ausreden, um diese Aufgabe zu vermeiden oder zu verschieben. Vor allem:

Soll- und Muss-Vorstellungen: „Ich *sollte* diese schwierige Arbeit nicht schreiben müssen." – „Meine RET-Hausaufgabe *muss* leicht sein."

Überdramatisierung: „Es ist *entsetzlich*, diese verdammten Bankauszüge zu überprüfen!" – „Es ist *furchtbar,* diese verflixten Telefonate zu führen!"

„Ich-kann-es-nicht-ertragen"-Syndrom: „Ich *kann* es *nicht ertragen*, mich für diese Party anzukleiden! Ich *kann* so dumme Feste wie dieses nicht *ertragen*!"

„Zu-schwer"-Gedanken: „Es ist nicht nur schwer, dieses Buch zu entwerfen. Es ist *zu schwer*! Es ist schwerer, als es sein *sollte*!"

Selbstverurteilung: „Weil ich diese Rede nicht vorbereite, wie ich es *sollte*, und weil andere ihre Reden ohne Verzögerung vorbereiten, stimmt mit mir etwas Grundlegendes nicht, und das macht mich zu einer *inkompetenten* Person. Was ich doch für ein totaler Idiot bin!"

„Immer-" und „Niemals"-Denken: „Nachdem ich in meiner RET rückfällig geworden bin, was nicht sein *dürfte,* werde ich *immer* erfolglos sein und es *niemals* gut können."

Hoffnungslosigkeit: „Weil ich hundertmal zu spät zur Arbeit gekommen bin, was ich nicht *darf*, ist alles *hoffnungslos,* aber ich *kann* mich einfach nicht dazu bringen, pünktlich zu sein."

Wählen Sie ein Verhalten oder eine Gewohnheit aus, denen Sie dummerweise frönen, obwohl Sie sich selbst beträchtlich dadurch schaden. Zum Beispiel:

- Zigaretten rauchen,
- zu viel essen,
- sich selbst sagen, wie schlecht Sie sind,
- zu viel trinken,
- zu viel Geld ausgeben,
- angenehmere Tätigkeiten vorziehen, anstatt RET-Hausaufgaben zu machen,
- weiterhin wütend über die Dummheiten und Schlampereien anderer sein,
- albernen Phobien nachgeben (z.B. Aufzüge oder Rolltreppen zu vermeiden) …

Suchen Sie die Dinge heraus, die Sie sich selbst sagen, um sofortiger Gratifikation Vorschub zu leisten und sich selbst von schädlichen Gewohnheiten abhängig zu machen. Insbesondere:

Soll- und Muss-Vorstellungen: „Obwohl es mir sehr schadet, *muss* ich diese Zigarette jetzt haben. Ich *brauche* sie *unbedingt*, um meine Spannung zu erleichtern."

Überdramatisierungen: „Es ist *schrecklich*, dass ich mich nicht vergnügen kann, stattdessen muss ich ständig daran arbeiten, mich durch RET zu ändern! Es ist *schrecklich*, dass ich durch Schmerzen hindurch *muss*, um späteren Nutzen zu erzielen."

„Ich-ertrage-es-nicht"-Syndrom: Ich kann es *nicht ertragen*, dieses köstliche Essen wegzuschieben, wenn es doch so gut schmeckt! Ich brauche dieses zusätzliche Essen jetzt!"

„Zu-schwer"-Gedanken: „Es ist nicht nur schwer für mich, das entspannende Vergnügen durch Alkohol- und Tablettenkonsum aufzugeben, es ist viel *zu schwer*! Es *darf* nicht so schwer sein!"

Selbst-Verurteilung: „Weil ich nicht wie verrückt an RET arbeite, obwohl ich es *sollte*, und stattdessen sofort angenehmen Aktivitäten nachgehe, was ich nicht *sollte*, bin ich schlecht und *verdiene* es, weiter zu leiden."

„Immer-" und „Niemals"-Denken: „Weil ich weiterhin Geld für Dinge ausgebe, die ich nicht brauche, um kurzfristige Vergnügungen zu erlangen, von denen ich dummerweise annehme, dass ich sie brauche, werde ich mich *nie* ändern und *immer* ein dummer Geldverschwender sein!"

Hoffnungslosigkeit: „Weil ich einige Male bei der RET-Hausaufgabe versagt habe und statt dessen den leichteren und sofort befriedigenden Weg beschritten habe, mich nicht zu verändern, bin ich *ein hoffnungsloser Fall.* Da ich nicht aufhören kann, kann ich ebenso gut meinen natürlichen Tendenzen nachgeben und das Ganze vergessen."

Wenn Sie einmal nach Ihren iBs suchen und entdecken, wie Sie Ihre niedrige Frustrationstoleranz verursachen, führen Sie aktive und nachdrückliche Dispute mit all Ihren Soll- und *Muss-Vorstellungen,* Ihren Überdramatisierungen, Ihren *„Ich-ertrage-es-nicht"-Syndromen,* Ihren „Zu-schwer"-Gedanken, Ihren Selbst-Verurteilungen, Ihren „Immer"- und „Niemals"-Gedanken und Ihren

Schlussfolgerungen, dass alles sowieso hoffnungslos ist, zum Beispiel:

Disput: „Warum *muss* meine RET-Hausaufgabe leicht sein? Warum *sollte* sie mir *nicht* schwer fallen und das auch weiterhin?"

Antwort: „Es gibt keinen Grund, warum sie leicht sein sollte, und verschiedene Gründe, warum sie schwer sein sollte: 1. Weil sie schwer *ist*. 2. Weil ich noch nicht daran gewöhnt bin und es nur dann leichter für mich werden kann, wenn ich damit *weitermache*. 3. Weil es typisch für mich ist, mich zunächst ungeschickt anzustellen, und manchmal sehr *unnatürlich*, mich vernünftig zu verhalten. Also sollte ich mich weiterhin bemühen, bis es für mich selbstverständlich wird."

Disput: „Was macht es so *schrecklich*, meine verdammten Bankauszüge zu überprüfen?"

Antwort: „Nichts! Nur *ich* mache daraus ein Drama, wenn ich es albernerweise so *definiere*. Ich sollte also mit diesem Unsinn aufhören und es als notwendiges Übel betrachten. Mehr ist nicht dran!

Disput: „Warum sollte es *zu* schwer für mich sein, das Vergnügen und die Entspannung durch Beruhigungspillen und Alkohol aufzugeben? Beweise, dass es nicht so schwer sein *darf*!"

Antwort: „Wenn es wirklich *zu* schwierig wäre, könnte ich dieses Vergnügen überhaupt nicht aufgeben. Aber ich kann das natürlich, sofern ich *akzeptiere*, dass es schwierig sein wird und nicht kindisch jammere und immens übertreibe. Jedenfalls ist es mir offensichtlich nicht *zu* lästig, zu jammern und darüber zu klagen. Ich sollte also aufhören, es schwerer zu *machen* als es wirklich ist, indem ich deswegen einen Wutanfall bekomme. Es ist schwierig – Pech! Aber es ist nicht *schrecklich*!"

Disput: „Sollte ich diese Rede niemals vorbereiten und fälschlicherweise denken, dass andere ihre Reden leicht und schnell vorbereiten, inwiefern macht mich dann mein falsches Verhalten zu einer völlig *inkompetenten* Person?“

Antwort: „Es macht mich zu einer Person, die im Augenblick nicht besonders kompetent *handelt*, die aber dennoch die Fähigkeit hat, in Zukunft kompetenter zu handeln. Wenn ich wirklich durch und durch inkompetent wäre, könnte ich praktisch gar nichts gut machen. Und das stimmt natürlich nicht, da ich viele Dinge mühelos erledigen kann. Ich sollte mich also auf diese inkompetente *Handlung* konzentrieren und nicht auf meine ‚inadäquate' Persönlichkeit! Ja, ich bin fehlbar und werde es wahrscheinlich immer sein. Wie stoppe ich also dieses Fehlverhalten? Wieder einmal, indem ich mich zu besseren Taten anstachele!“

Disput: „Bedeutet es, dass ich mich *nie* ändern werde und *immer* ein Verschwender bleibe, wenn ich Geld für Dinge ausgebe, die ich eigentlich nicht brauche, um damit kurzfristige Vergnügungen zu erlangen, von denen ich dummerweise überzeugt bin, sie zu brauchen?“

Antwort: „Egal, wie oft ich idiotischerweise zu viel Geld ausgebe, so kann ich mich doch trotzdem ändern. Wenn meine vergangenen Fehler beweisen, dass ich sie *niemals* aufgeben kann, dann hätte ich auch das kleine Einmaleins nicht lernen können! Sie beweisen nur, dass ich relativ leicht und oft versage – wie fast alle Menschen. Aber nicht *immer*! Und ich bin nicht dazu verdammt, *nie* Erfolg zu haben!“

Disput: „Ich muss zugeben, dass ich einige Male meine RET-Hausaufgaben vernachlässigt habe und stattdessen den leichteren und sofort befriedigenden Weg gegangen bin – nicht an meiner Veränderung zu arbeiten. Wo steht geschrieben, dass dadurch alles *hoffnungslos* geworden ist und ich nicht damit *aufhören* kann, mir die Dinge allzu leicht zu machen? Warum beweist dies, dass ich genauso gut meinen natürlichen Neigungen nachgeben, die Dinge leicht nehmen und es sein lassen sollte, mich zu ändern?“

Antwort: „Gerade weil ich die Veranlagung habe, die Dinge leicht zu nehmen, und gerade weil ich deswegen rückfällig werde, sollte ich härter daran arbeiten, die Hausaufgaben immer wieder zu machen, bis sie mir zur ‚zweiten Natur' werden und sie mir automatisch und leicht von der Hand gehen. Egal, wie schwer es ist, etwas zu tun oder einem meiner Zwänge nicht nachzugeben, es beweist niemals, dass die Sache *hoffnungslos* ist und ich mich nicht ändern *kann*. Auch wenn etwas *fast* unmöglich ist, kann es normalerweise trotzdem erledigt werden.

Glücklicherweise habe ich es mir selbst zu verdanken, dass ich so bin, obwohl Vererbung und Umwelt eine gewichtige Rolle dabei gespielt haben. Das bedeutet, dass ich mich mit aller Wahrscheinlichkeit durch ständige Bemühungen dazu veranlassen kann, anders und besser zu handeln.“

Nehmen Sie Ihre Rückschläge ernst und geben Sie sie auf diesem oder anderen Gebieten weiterhin zu. Beobachten Sie, wie oft und wie sehr Sie noch nach sofortiger Gratifikation statt langfristigem Gewinn und Glück süchtig sind. Weigern Sie sich, sich wegen Ihrer niedrigen Frustrationstoleranz herabzusetzen, und arbeiten Sie daran, sie auszuschalten. Zwingen Sie sich oft, tatsächlich süchtiges, zwanghaftes und zügelloses Verhalten aufzugeben.

Sollten Sie später einen Rückfall erleiden (was oft passieren kann) und wieder diesem Verhalten nachgeben, zwingen Sie sich, es immer wieder aufzugeben.

Da praktisch alle schädlichen Gewohnheiten, die Ihnen lieb sind, Ihnen schnelles Vergnügen oder Lohn vorgaukeln, wenden Sie Prinzipien der Belohnung an (Verstärkung oder „operantes Konditionieren“, wie B. F. Skinner es nennt, oder „Kontingenz-Management“, ein anderer anerkannter psychologischer Begriff und Verhaltenstrick, der sich darauf beruft, dass etwas besser sein könnte, als erwartet), um sich in Ihren Bemühungen, sie aufzugeben, zu unterstützen.

Wählen Sie eine Belohnung aus, die sehr erfreulich ist, und zwar vorzugsweise *noch* erfreulicher als die Gewohnheit, die Sie aufgeben wollen. Gestatten Sie sich dieses Vergnügen aber erst, *nachdem* Sie sich geweigert haben, den Gewohnheiten nachzugeben, die Sie brechen wollen.

Nehmen Sie beispielsweise an, Sie wollen aufhören zu rauchen oder nicht mehr als 1500 Kalorien pro Tag essen. Sie suchen sich etwas aus, das Sie höchst angenehm finden und das Sie normalerweise jeden Tag tun – etwa Musik hören, Zeitunglesen, Sex, Gespräche, Sport treiben oder Fernsehen. Sie erlauben sich dieses große Vergnügen nur, *nachdem* Sie sich vom Rauchen zurückgehalten oder *nachdem* Sie mit dem Essen vor dem Erreichen der 1500-Kalorien-Grenze aufgehört haben. Seien Sie sehr streng, was diese Verstärkung oder Belohnung betrifft, sonst wird es nicht klappen! Wenn Sie eine einzige Zigarette rauchen oder nur 50 überflüssige Kalorien essen, gibt es keine Musik, kein Zeitunglesen, kein Fernsehen und keine andere Belohnung, die Sie für sich selbst festgesetzt haben. Keine!

Schwere Strafen sind noch besser, wenn Sie sie richtig anwenden. Denn Sie werden bestimmt echten Schmerz oder Unwohlsein empfinden, wenn Sie versuchen, von einer schlechten Gewohnheit loszukommen und beginnen, aktiv daran zu arbeiten. Suchen Sie sich also etwas *noch* Unangenehmeres aus und zwingen Sie sich dazu, es zu tun, wenn Sie sich weigern, Ihre schädliche Gewohnheit aufzugeben oder wenn Sie sie nur zeitweise aufgeben, um dann wieder rückfällig zu werden.

Lassen Sie uns noch davon ausgehen, dass Sie wissen, dass Zigarettenrauchen schädlich für Sie ist, Sie jedoch in selbstzerstörerischer Weise damit weitermachen. Oder nehmen wir an, Sie nehmen auf ungesunde Weise zu und sollten nicht mehr als 1500 Kalorien pro Tag zu sich nehmen; stattdessen kommen Sie auf 1800, 2000, oder sogar 2400 Kalorien pro Tag. Wie bestrafen Sie sich jedes Mal, wenn Sie Ihr selbstgestecktes Ziel, nicht zu rauchen oder nur 1500 Kalorien zu verzehren, überschreiten? Sehr einfach. Setzen Sie eine schwere und sehr schmerzliche Strafe fest, etwa, dass Sie jede Zigarette mit einem Zwanzigmarkschein anzünden. Vielleicht unterhalten Sie sich auch mit einem widerlichen und langweiligen Bekannten mindestens eine Stunde, wenn Sie einen einzigen Zug machen. Sie könnten zwei Kilometer laufen (wenn Sie das hassen), wenn Sie mehr als 1500 Kalorien zu sich nehmen. Oder jedes Mal etwas essen, das Sie nicht mögen, oder an etwas riechen, was Sie ekelhaft finden, wenn Sie auch nur fünf Kalorien mehr als 1500 zu sich nehmen.

Die Prinzipien der sofortigen Verstärkung und schnellen (und unvermeidlichen!) Strafen, die Sie erwarten, wenn Sie schlechten Gewohnheiten nachgeben oder sich weigern, gute Gewohnheiten (wie Trainieren oder mindestens eine Stunde an Ihrer Arbeit schreiben) anzunehmen, werden Sie nicht unbedingt dazu veranlassen, Ihre niedrige Frustrationstoleranz zu verbessern und Ihr schädliches Verhalten aufzugeben, aber sie werden auf jeden Fall dazu beitragen!

KAPITEL 17

Einsicht Nr. 12:
Nicht aufgeben, wenn Sie rückfällig werden!

Wie im vorigen Kapitel erwähnt, bessern sich viele Menschen und werden dann wieder rückfällig. Sie sind wahrscheinlich keine Ausnahme dieser Regel.

Wollen Sie wetten?

Wir bereiten unsere Klienten am Institut für Rational-Emotive Therapie auf die Gefahr vor, dass sie mit Rückschlägen rechnen müssen, auch wenn ihr „Laster" längst überwunden schien. „Wie verfahre ich bei Rückschlägen?" ist eine zentrale Fragestellung der RET genauso wie Strategien zur Aufrechterhaltung und Steigerung von RET-Fortschritten. Ausgangspunkt hierfür ist stets die *RET-Einsicht Nr. 12:*

Es wäre ein Wunder, wenn Sie niemals rückfällig würden. Zurück zum RET-Arbeitstisch lautet dann die Erfolgsdevise. Versuchen Sie es immer wieder!

Der Abschnitt unserer Broschüre, der sich mit Rückfällen beschäftigt, betont Folgendes:

1. Akzeptieren Sie Ihren Rückfall als normal – als etwas, das fast jedem passiert, der sich zunächst gebessert hat. Betrachten Sie es als Teil Ihres fehlbaren Menschseins. Verurteilen Sie sich nicht, wenn Ihre alten Probleme zurückkehren, glauben Sie nicht, dass Sie allein damit fertig werden müssen und es schlecht oder ein Zeichen von Schwäche ist, die Hilfe anderer zu beanspruchen.

2. Wenn Sie einen Rückfall erleiden, betrachten Sie Ihr selbstzerstörerisches *Verhalten* als schlecht und ungüns-

tig; aber bemühen Sie sich, sich zu weigern, sich selbst wegen dieses Benehmens zu erniedrigen. Weigern Sie sich, sich selbst oder Ihr Wesen zu bewerten, messen Sie nur Ihre Handlungen, Taten und Tendenzen. Sie sind immer nur ein *Mensch, der gut oder schlecht handelt* – niemals *nur* ein *guter Mensch* oder *nur* ein *schlechter Mensch*. Egal, welchen Rückschlag Sie erleiden oder ob Sie sich wieder aufregen, Sie können sich auf jeden Fall ganz und gar *mit* diesem schlechten Verhalten akzeptieren – und dann immer wieder versuchen, es zu ändern.

3. Kommen Sie zum RET-Alphabet zurück und schauen Sie, was Sie getan haben, um wieder in Ihre alte Angst oder Depression zu verfallen.

A (Aktivierendes Ereignis) bestand wahrscheinlich wieder einmal in einem Versagen oder einer Ablehnung. Bei B (rationale Idee) haben Sie sich wahrscheinlich eingeredet, dass es Ihnen nicht *gefällt* zu versagen und Sie nicht abgelehnt werden *wollen*. Wenn Sie bei diesen rationalen Interpretationen geblieben wären, würde A Ihnen nur leid tun, und Sie würden Bedauern, Enttäuschung oder Frustration empfinden.

Der Grund für Ihre erneute Depression liegt wahrscheinlich in Ihrer erneuten „Aufarbeitung" Ihrer irrationalen Ideen (iBs); also „Ich *muss* akzeptiert werden, sonst bin ich wertlos und niemand wird mich lieben!" Dann, nachdem Sie von diesen iBs überzeugt waren, fühlten Sie sich bei C (emotionale Konsequenz) wieder deprimiert und erniedrigt.

4. Wenn Sie irrationale Ideen finden, durch die Sie sich wieder stören, führen Sie wie anfangs Dispute (D), um diese Ideen aufzugeben – *sofort* und auf Dauer. Sie können sich so z.B. fragen: „Warum *darf* ich nicht versagen? Wäre das wirklich *schrecklich*?"

Ihre Antwort kann lauten: „Es gibt keinen Grund, warum ich nicht versagen *darf*, obwohl mir mehrere Gründe einfallen, warum dies sehr unangenehm wäre. Es ist nicht schrecklich, wenn ich versage, nur höchst *unangenehm*."

Sie können auch Ihre übrigen irrationalen Überzeugungen widerlegen, indem Sie sich fragen: „Wo steht geschrieben, dass ich akzeptiert werden *muss*? Inwiefern bin ich *nicht* mehr *liebenswert* oder *wertlos*, wenn ich abgelehnt werde?"

Sie können antworten: „Ich *muss* niemals akzeptiert werden, obwohl mir das *lieber* wäre. Wenn ich abgelehnt werde, macht mich das (leider) zu einem Menschen, der diesmal abgelehnt wurde. Aber ich werde dadurch kaum ein wertloser Mensch, der immer von allen Menschen abgelehnt wird, an denen ihm liegt."

5. Finden Sie und bestreiten Sie nachdrücklich Ihre irrationalen Ideen. Machen Sie dies immer wieder, bis Sie emotionale Muskeln ansetzen (so wie Sie körperliche Muskeln durch entsprechende Übungen und Training entwickeln würden).

6. Halten Sie sich nicht selbst zum Narren, indem Sie glauben, dass Sie auch Ihr Denken ändern, wenn Sie die Sprache wechseln. Ihre Neurose sagt: „Ich *muss* Erfolg haben und anerkannt werden." Sie ändern das positiv um in: „Es wäre mir *lieber*, Erfolg zu haben und anerkannt zu werden." Unter der Oberfläche glauben Sie aber vielleicht immer noch: „Aber ich *muss* es wirklich gut machen und wirklich geliebt werden."

Bevor Sie Ihren Disput beenden und bevor Sie mit Ihren rationalen Antworten zufrieden sind, arbeiten Sie weiter an ihnen, bis Sie *wirklich* von diesen rationalen Antworten überzeugt sind und bis Ihre Ängste, Depressionen und Aggressionen wirklich nachlassen. Dann wiederholen Sie das Ganze viele Male – bis Ihre neue Effektive Philosophie (E) gefestigt ist. Sie wird sich festigen, wenn Sie immer wieder an ihr arbeiten und sie wiederholen.

Wenn Sie Ihre neue Effektive Philosophie mit bequemem Gleichmut und/oder nur per Verstand annehmen, wird diese oberflächlich in Sie eindringen und auch nur von kurzer Dauer sein. Durchdenken Sie sie *nachdrücklich,* und das viele Male.

Sie können sich so lange *kraftvoll* überzeugen, bis Sie wirklich *fühlen*: „Ich *brauche* nicht, was ich *will*!" – „Ich *kann* es ertragen, von jemandem, den ich mag, abgelehnt zu werden. Es wird mich nicht umbringen, ich kann *trotzdem* glücklich leben."

„Es gibt niemanden, den man verdammen sollte oder der wertlos ist – das schließt auch und vor allem mich ein!"

Als Tony, ein Mitglied der Therapiegruppe, an der auch Georgiana (deren Fall ich im vorhergehenden Kapitel präsentiert habe) teilnahm, sah, dass es ihm möglich war, seine gewaltige Eifersucht zu überwinden, stellte er sich einen ähnlichen Hausaufgaben-Auftrag, um seine Rückschläge zu überwinden. Tony war ein 46-jähriger Besitzer eines Einzelhandelsgeschäftes und schlug sich wegen seines Geschäftes mit Ängsten und Depressionen herum. Er *musste* unbedingt, besonders um die Weihnachtszeit, bessere Verkaufszahlen erzielen als im Vorjahr.

Tony besuchte ein Jahr lang eine meiner Therapiegruppen, und alle paar Monate halfen wir ihm, seine Ungewissheit zu akzeptieren und aufzuhören, sich um seine Verkaufszahlen zu sorgen. Dann kehrten seine Panikgefühle erneut zurück. Als er sah, dass Georgiana ihre Fortschritte beibehielt, machte er es sich zur Aufgabe, die gleichen Techniken wie sie zu benutzen. Er konzentrierte sich auf folgende Punkte:

1. Zunächst fühlte er sich sehr schlecht, weil er wieder wegen seines Ladens in Panik geraten war. Aber er arbeitete daran einzusehen, dass sein Rückfall nur bewies,

dass er ein normaler – wenn auch *nicht* gesunder – fehlbarer Mensch war. Er sprach ohne falsche Scham in der Gruppe über seine erneute Angst und gab sie vor seiner Familie und seinen Freunden zu.

2. Er war im Stande, seinen *Rückfall* als schlecht, nicht aber *sich selbst* als *schwach* anzusehen, weil er den Rückfall zugelassen hatte. Dieses Akzeptieren seines Charakters versetzte ihn in die Lage, weiter an der Überwindung des Problems zu arbeiten.

3. Tony bemerkte, dass er, wenn seine Panik zurückkehrte, hauptsächlich der folgenden irrationalen Interpretation (iB) anhing: „Ich *muss* dieses Jahr gute Verkaufszahlen erzielen! Es wäre *schrecklich*, wenn sie absänken! Ich *könnte* die daraus entstehenden Belastungen *nicht tragen*!"

4. Er fragte sich mit Nachdruck: „Wo steht, dass ich dieses Jahr bessere Verkaufszahlen nachweisen *muss*?" Antwort: „Nur in meinem verrückten Kopf! Ich *muss* nicht, aber es wäre wundervoll."

Und: „Wieso wäre es *schrecklich*, wenn die Verkaufszahlen absinken würden?" Antwort: „Überhaupt nicht. Es wäre nur sehr frustrierend, aber nicht das Ende!"

Und: „Könnte ich *wirklich* die Belastungen eines schlechten Verkaufsjahres nicht ertragen?" Antwort: „Offensichtlich doch. Ich werde nicht Pleite gehen. Meine Familie wird nicht verhungern. Außerdem kann ich mich bemühen, es nächstes Jahr besser zu machen."

5. Tony führte weiterhin aktive und nachdrückliche Dispute über seine irrationalen Ideen, bis ihm dies leicht fiel und er regelmäßig Punkt E erreichte: seine neue Effektive Philosophie.

6. Wenn er sich bei E die Antwort gab: „Schade. Wenn ich schlecht verkaufe, verkaufe ich halt schlecht", hielt er inne, um nachzufragen: „Akzeptiere ich *wirklich* das ‚Schade' oder denke ich in Wirklichkeit immer noch ‚Es

ist furchtbar'?" Er antwortete: „Ja, verflucht, ob ich es akzeptiere oder nicht, es ist schade. *Nicht* schrecklich! *Nicht* unerträglich! Nur sehr, sehr schade!"

7. Er wiederholte sehr oft nachdrücklich: „Ich *brauche* niemals gute Verkaufszahlen. Ich *kann* leben und glücklich sein, wenn es diesmal nicht besser ist als letztes Jahr. Ein Einkommensverlust ist keine Katastrophe!"

Indem er oft an diesen Aufgaben arbeitete, erreichte Tony einen Punkt, an dem er gelegentlich in Panik verfiel. Glücklicherweise – wenn man so sagen kann – machte er in jenem Jahr eines der schlechtesten Weihnachtsgeschäfte seines Lebens. Obwohl er enttäuscht und traurig war, gelang es ihm, deswegen selten ängstlich und niemals deprimiert zu sein. Er berichtete der Therapiegruppe: „Dieses Jahr habe ich zwar eine Menge Umsatz und Geld verloren, aber ich habe *persönlich* sehr viel gewonnen – die Kontrolle über meine Ängste. Das wiegt viel Geld auf." Die Gruppe stimmte zu.

Zum ersten Mal seit Jahren nahm er seinen schlechten Umsatz leicht hin. Tony arbeitete weiter an anderen Problemen, besonders an seiner abnehmenden Libido.

Indem Sie dem oben stehenden RET-Plan folgen, können Sie Ihre eigenen Rückschläge stoppen und jeden Fortschritt wieder einholen, den Sie jemals gemacht, aber vorübergehend verloren haben – vorausgesetzt, Sie arbeiten weiterhin daran!

RET-Übung Nr. 18

Wenden Sie die rationale Vorstellungsübung (REI) an, um über emotionale Aufregungen hinwegzukommen, die wegen eines Rückfalls aufgetreten sind. Das Gleiche gilt für fast jedes andere Problem wie Angst, Depression oder Zorn.

Wenn Sie die rationale Vorstellungsübung anwenden, vergegenwärtigen Sie sich zunächst das Schlimmste, das Ihnen geschehen könnte. Sie haben möglicherweise sehr hart daran gearbeitet, Ihre Furcht vor dem Reden in der Öffentlichkeit oder Ihre Zigarettensucht zu überwinden, jetzt haben Sie einen Rückfall erlitten, sind ängstlicher als je zuvor oder rauchen täglich mehr Zigaretten als jemals in Ihrem Leben.

Sie lassen es zu, dass Sie sich wegen Ihres Rückfalls sehr ängstlich, deprimiert oder voller Selbsthass fühlen, obwohl Sie vorher hart und effektiv mit Hilfe der RET daran gearbeitet haben, Ihre Furcht oder Sucht zu überwinden. Lassen Sie uns annehmen, dass Sie sich, während Sie sich lebhaft dieses Ereignis vorstellen, außerordentlich beschämt, schuldig und erniedrigt fühlen. Geben Sie jetzt Ihrem gestörten Gefühl voll nach und kosten Sie es für einen Augenblick ganz und gar aus. Gehen Sie Ihrem Gefühl der Schuld oder Erniedrigung nicht aus dem Weg. Im Gegenteil: schauen Sie ihm ins Auge und *fühlen* Sie es auch.

Wenn Sie dieser gestörten Emotion einen Augenblick wirklich nachgegeben haben, drängen Sie sich dazu, sie abzuändern, so dass Sie stattdessen *nur* ein angemessenes (aber dennoch starkes) Gefühl erleben.

Seien Sie also schwer enttäuscht, voll Bedauern, verärgert oder irritiert von Ihrem Benehmen (denn Sie *haben bereits* etwas Selbstzerstörerisches getan, indem Sie sich in Ihre ursprüngliche Furcht oder Sucht zurückfallen ließen), aber legen Sie sie wieder ab und ändern Sie tatsächlich Ihre unangemessene Scham, Schuld, Depression oder Erniedrigung.

Glauben Sie nicht, Sie seien außerstande, ihre Gefühle zu ändern, denn Sie können sie verändern. Vergessen Sie nicht, dass *Sie* – nicht der Mann im Mond! – für Ihre Probleme verantwortlich sind, also können *Sie* sie auch wieder ändern. Sie können praktisch jederzeit, wenn Sie daran arbeiten, Ihre innersten Gefühle erkunden und sich dazu zwingen, sie zu verändern, um andersartige Emotionen zu erleben. Sie haben die Fähigkeit dazu. Also, versuchen Sie es, konzentrieren Sie sich, und tun Sie es!

Wenn Sie so weit sind, dass Sie *nur* Bedauern, Enttäuschung oder auch Wut (anstatt Beschämung, Schuldbewusstsein, Depression und Erniedrigung) verspüren, beachten Sie, was Sie unternommen haben, um sich diese neuen, angemessenen (aber immer noch negativen Gefühle) zu *schaffen.* Bei genauer Selbstbeobachtung werden Sie feststellen, dass Sie auf irgendeine Art Ihr Überzeugungssystem (irrationale Ideen) in Punkt B geändert haben und sich dadurch die emotionalen Konsequenzen bei C geändert haben, so dass Sie jetzt angemessene statt unangemessene Emotionen erleben. Werden Sie sich der rationalen Interpretationen (rBs) völlig bewusst, die Sie benutzt haben, um Ihre neuen, angemessenen Konsequenzen (Cs) bezüglich des unangenehmen Aktivierenden Ereignisses (A) zu schaffen, das Sie sich eingebildet oder zurechtfantasiert haben.

In diesem speziellen Fall war A die Beobachtung, dass Sie in Ihre alte Phobie oder Sucht zurückgefallen sind. Bei iB sagten Sie sich so etwas wie: „Ich hätte nicht rückfällig werden sollen! Was für eine Schande! Ich bin ziemlich inkompetent, dass ich so etwas Dummes zugelassen habe!“ Dann fühlten Sie sich deprimiert, schuldig, und voller Selbsthass. Wenn Sie jetzt die rational-emotive Vorstellung richtig betreiben, gehen Sie zu einer neuen Reihe von rBs (rationalen Ideen) über. Etwa: „Es war sehr ungünstig und unangenehm, dass ich rückfällig geworden bin, aber es liegt in der Natur des Menschen, also auch in meiner eigenen, zwei Schritte vorwärts und einen zurück zu machen. Ich bin keine inkompetente Person, wenn ich so etwas Dummes zulasse, sondern eine einigermaßen kompetente Person, die ab und zu inkompetent handelt. Und das ist auch meine Natur – ab und zu dumm zu handeln. Wie das nervt! Aber ich kann es in Zukunft besser machen, da bin ich ganz sicher, und meine früheren Fortschritte wieder wettmachen. Okay, zurück an den Arbeitstisch!"

Beobachten und verstehen Sie, dass genau diese neuen rationalen Interpretationen es sind, die Ihre Gefühle verändert haben. Üben Sie, Ihre gestörten Gefühle immer wieder zu ändern, indem Sie diese Art der rationalen Interpretation wiederholen. Wenn Ihre Gefühle sich nicht ändern, während Sie versuchen, sie angemessener zu gestalten, stellen Sie sich immer wieder die gleichen unangenehmen Ereignisse oder Erfahrungen vor und arbeiten Sie weiter an Ihrem Inneren, bis Sie Ihre Gefühle *tatsächlich* gegen angebrachtere eintauschen. Vergessen Sie niemals: Sie selbst schaffen und kontrollieren Ihre Gefühle! Deshalb steht es in Ihrer Macht, sie zu ändern.

Wenn es Ihnen einmal gelungen ist, voll Bedauern, enttäuscht, irritiert und frustriert anstatt – wegen Ihres Rückfalls (oder anderer störender Emotionen oder Verhaltensweisen) – ängstlich, deprimiert, schuldig und erniedrigt zu sein, wenn Sie einmal einsehen, welche Ideen Sie geändert haben, um sich schlecht, aber nicht emotional komplett aus der Fassung zu fühlen, wiederholen Sie diesen Prozess. Üben Sie immer wieder. Üben Sie, bis Sie sich problemlos bei Punkt A höchst unangenehme Erfahrungen vorstellen können (ein Rückfall bei der Selbsttherapie nach vorangegangenem Erfolg), in Punkt C alle negativen Konsequenzen durchlaufen, sie aber gegen Enttäuschung und Sorge, nicht aber Erregung eintauschen können. Beobachten Sie weiterhin Punkt B und was Sie tun, um Ihr Überzeugungssystem zu ändern, das Ihre Gefühle verursacht und aufrechterhält. Wenn Sie in den nächsten Wochen diese Art von rationaler Vorstellungsübung (REI) mindestens einmal (besser zwei- bis dreimal) pro Tag ausüben, erreichen Sie mit Sicherheit den Punkt, an dem Sie, wenn Sie an dieses unangenehme Ereignis denken oder es tatsächlich eintritt, angemessen reagieren.

Nehmen wir an, Sie geloben sich, REI wenigstens einmal täglich anzuwenden. Nehmen wir außerdem an, Sie schreiben sich diesen Vorsatz immer wieder auf und führen ihn doch nicht aus. Sie dürfen Verstärkung in Anspruch nehmen, indem Sie sich mit etwas belohnen, was Sie wirklich mögen (Lesen, Essen, Fernsehen oder Besuche von Freunden), *nachdem* Sie die rationale Vorstellung so oft durchgeführt haben, wie Sie versprochen haben. Sie können sich selbst mit etwas bestrafen, was Sie gar nicht mögen (etwas Widerliches essen, für einen Zweck spenden, den Sie hassen, einen Zwanzigmarkschein verbrennen oder morgens eine Stunde eher aufstehen), wenn Sie REI nicht in der versprochenen Weise betrieben haben. Sie können REI natürlich ohne diese Art Verstärkung oder Strafe betreiben, wenn Sie dabei aber Schwierigkeiten haben, unterstützen Sie sich durch Verstärkungstaktiken. Ähnlich können Sie sich selbst belohnen, nachdem Sie etwas getan haben, was Sie sonst immer hinausschieben, und sich selbst bestrafen, wenn Sie es nicht getan haben. Dieses System *bringt* Sie nicht unbedingt dazu, das zu tun, was Sie wollen. Aber es kann Ihnen dabei helfen!

KAPITEL 18

Einsicht Nr. 13: Erweitern Sie Ihr Trainingsprogramm

RET bietet Ihnen zwei Arten von Lösungen für Ihre emotionalen Probleme: (1) Sofortige, aber begrenzte und kurzlebige Antworten sowie (2) langlebige, erweiterte und elegante Antworten. Selbst die weniger eleganten und kurzfristigen Antworten sind von recht guter Qualität. Denn sie zeigen Ihnen, wie Sie Ängste, Depressionen, Selbstverachtung, Feindseligkeit und Selbstmitleid überwinden können. Außerdem bieten sie Ihnen einen Ausweg aus Lethargie, vermeintlicher Inkompetenz, Verzögerungstaktiken, Phobien, Zwängen und Abhängigkeiten.

Die erweiterten langfristig angelegten RET-Lösungen sind besser. Denn sie zeigen Ihnen:
- Wie sie Ihre Besserung aufrechterhalten können.
- Wie sie Wiederholungen Ihrer neurotischen Probleme vermeiden.
- Wie Sie sich schnell von einem Rückfall erholen.
- Wie Sie, ausgehend von Ihrem ursprünglichen Problem, andere Probleme, die Sie vielleicht erleben, abstrahieren können.
- Wie Sie jede Art von neurotischem Problem für den Rest Ihres Lebens überwinden.
- Wie Sie sich stur weigern können, sich unglücklich zu machen.

RET beruht darauf, dass Ihre neurotischen Probleme von drei Grundarten absolutistischen, *muss*turbatorischen Denkens herrühren und dass Sie, wenn Sie Ihre unrealistischen und unwissenschaftlichen Dogmen aufgeben, erkennen können, dass all Ihre emotionalen Probleme ihren Ursprung in ähnlichen irrationalen Ideen haben. Sie können aus diesem Grund RET-Antworten auf andere zerstörerische Verhaltensweisen ausdehnen. RET hält dabei sowohl problemspezifische als auch allgemein gültige Lösungen für emotionalen Schmerz bereit. Dies leitet zu *Einsicht Nr. 13 über:*

Wenn Sie einmal die grundlegenden irrationalen Ideen (iBs) verstanden haben, die Sie schaffen, um sich zu quälen, können Sie dieses Verständnis nutzen, um Ihre anderen gegenwärtigen oder zukünftigen emotionalen Probleme zu erforschen, anzugreifen und aufzugeben.

Wie dehnen Sie Ihr Trainingsprogramm aus? Hier sind einige Wege, wie Sie Ihre Resultate auf andere mögliche Schwierigkeiten übertragen können:

1. Beweisen Sie sich, dass Ihre momentane Erregung und die Art und Weise, wie Sie sie hervorrufen, nicht einmalig ist. Geben Sie zu, dass praktisch alle Ihre emotionalen Probleme durch Ihre eigenen irrationalen Ideen (iBs) hervorgerufen wurden. Deshalb können Sie – glücklicherweise! – diese iBs rückgängig machen, indem Sie sie rational widerlegen und ihnen zuwiderhandeln.

2. Noch einmal: Erkennen Sie, dass Sie diese irrationalen Interpretationen (iBs) hauptsächlich benutzen, um sich Probleme zu schaffen,

(a) „Ich *muss* gut abschneiden und *muss* von Menschen, die mir wichtig sind, anerkannt werden." Diese Überzeugung ist die Ursache für Ängste, Depressionen und Selbsthass und veranlasst Sie, Dinge zu vermeiden, in denen Sie versagen könnten, und vor Beziehungen davonzulaufen, die vielleicht nicht gut gehen könnten.

(b) „Die anderen *müssen* mich fair und nett behandeln!“ Diese Überzeugung macht Sie ärgerlich, wütend, gewalttätig und rebellisch.

(c) „Meine Lebensumstände *müssen* angenehm sein. Schwierigkeiten *dürfen* nicht auftauchen.“ Diese Überzeugung schafft eine niedrige Frustrationstoleranz und Selbstmitleid, und führt manchmal zu Wut und Niedergeschlagenheit. Chronisches Hinauszögern von Entscheidungen, Zwänge und Abhängigkeiten sind weitere Folgen dieser iB.

3. Erkennen Sie, dass Sie, wenn Sie diese drei dogmatischen *Muss-Vorstellungen* anwenden, leicht andere irrationale Schlüsse aus ihnen ableiten. Zum Beispiel:

(a) „Weil ich nicht so gut bin, wie ich sein *muss*, bin ich inkompetent und wertlos.“ (Selbsterniedrigung).

(b) „Weil ich von wichtigen Personen nicht anerkannt werde, was aber *unbedingt* notwendig ist, ist das Leben für mich *schrecklich* und *furchtbar*. Es ist das Ende der Welt!“ (Überdramatisierung).

(c) „Weil andere mich nicht so fair und nett behandeln, wie sie *sollten*, sind sie *völlig verdorben* und verdienen schwere Strafen.“ (Verdammung).

(d) „Nachdem meine Lebensumstände nicht so angenehm sind, wie sie sein *sollten*, und da es in meinem Leben verschiedene Schwierigkeiten gibt, die es nicht geben *sollte, halte ich es nicht mehr aus*. Meine Existenz ist ein Graus!“ („Ich-kann-es-nicht-ertragen“-Syndrom)

(e) „Weil ich versagt habe, was nicht hätte passieren dürfen, und abgelehnt worden bin, werde ich *immer* versagen und *niemals* akzeptiert werden. Mein Leben wird ohne Hoffnung und Freude zerrinnen.“ (Übergeneralisierung, Hoffnungslosigkeit).

4. Arbeiten Sie daran einzusehen, dass diese irrationalen Ideen *oft* und *grundsätzlich* an Ihren Problemen schuld sind. Sehen Sie ein, dass Sie damit *viele* unerwünschte Situationen provozieren.

Machen Sie sich klar, dass Sie in fast allen Fällen, in denen Sie sich ängstlich und deprimiert fühlen und sich dumm verhalten, bewusst oder unbewusst heimlich einen oder mehrere dieser iBs einschleusen. Haben Sie jedoch diese iBs einmal auf einem Gebiet mit Hilfe der RET-Prinzipien bewältigt, lassen sich dieselben RET-Strategien anwenden, um irrationale Ideen auch auf anderen Gebieten zu entdecken und zu eliminieren.

5. Beweisen Sie sich immer wieder, dass es fast unmöglich ist, neurotisch gestört zu sein, wenn Sie Ihre starren, dogmatischen *Muss-* und *Soll-Vorstellungen* aufgeben und sie durch flexible (wenn auch starke) *Wünsche* und *Vorlieben* ersetzen.

6. Geben Sie weiterhin zu, dass Sie Ihre irrationalen Interpretationen (iBs) modifizieren können, indem Sie nachdrücklich die wissenschaftliche Methode anwenden. Durch logisch-rationales Denken können Sie sich selbst demonstrieren, dass Ihre irrationalen Ideen nur Annahmen sind und keine Tatsachen. Sie können logische und realistische Dispute führen:

(a) Sie können sich selbst zeigen, dass Sie Ihren Zielen und Ihrem Glück im Weg stehen. Denn wenn Sie sich einreden: „Ich *muss* bei wichtigen Aufgaben Erfolg haben und von allen einflussreichen Menschen, die ich kennen lerne, anerkannt werden", werden Sie manchmal versagen und nicht anerkannt werden und dadurch ängstlich und deprimiert sein, anstatt angemessen enttäuscht und frustriert zu reagieren.

(b) Ihre irrationalen Ideen gehen mit der Realität nicht konform, insbesondere nicht mit der Tatsache, dass Menschen unvollkommen und fehlbar sind. Wenn Sie immer Erfolg haben *müssten*, wenn ein universelles Gesetz vorschreiben würde, dass es so sein muss, *hätten* Sie logischerweise immer Erfolg. Aber das ist natürlich oft nicht der Fall! Wenn sie ständig von anderen anerkannt werden *müssten*, könnten Sie niemals enttäuscht werden. Offensichtlich werden Sie das jedoch häufig!

Das Universum erfüllt Ihnen allen Anschein nach *nicht* immer alle Wünsche. Ihre dogmatischen Befehle sind also bestimmt nicht realistisch, obwohl Ihre Wünsche es oft sind!

(c) Irrationale Ideen folgen nicht aus rationalen Prämissen oder Annahmen und sind deswegen unlogisch und absurd. „Ich *will* unbedingt Erfolg haben", führt nicht zu „Deshalb *muss* es auch so sein!" Egal, wie wünschenswert Gerechtigkeit ist, sie *muss* dennoch nicht existieren. Obwohl die wissenschaftliche Methode nicht unfehlbar ist, hilft sie Ihnen festzustellen, welche Ihrer Ideen irrational und selbstzerstörerisch sind und wie man Tatsachen und logisches Denken benutzt, um sie aufzugeben. Wenn Sie wissenschaftlich denken, werden Sie Dogmen vermeiden und Ihre Hypothesen, die Sie über sich selbst, andere Menschen und die Welt aufstellen, sind dann immer für neue Erkenntnisse empfänglich.

7. Versuchen Sie, einige Hauptziele aufzustellen, die Sie in Ihrem Leben gerne erreichen würden, aber nicht unbedingt erreichen *müssen*. Überprüfen Sie sie immer wieder, um zu sehen, wie Sie vorankommen. Denken Sie über Ihre Gefühle nach, wenn Sie sie erreichen.

8. Wenn Sie versumpfen und anfangen, ein scheinbar langweiliges, unglückliches Leben zu führen, lesen Sie noch einmal die hier aufgeführten Punkte durch, und versuchen Sie, sie in die Tat umzusetzen. Ohne Fleiß kein Preis!

Viele meiner Klienten weigern sich leider, RET auch auf anderen Gebieten einzusetzen, obwohl sie ihnen so schnell – manchmal sogar „wunderbar" geholfen hatte, *ihr* Problem zu überwinden, das sie zur Therapie veranlasst hatte. Oft haben sie eine niedrige Frustrationstoleranz (LFT) und weigern sich, auf die erweiterten und eleganten RET-Lösungen überzugehen.

Nicht so Malvina. Als sie zur RET kam, war sie eine sehr attraktive 19-jährige Studentin, die als Hauptfach Geschichte belegt hatte. Obwohl sie intelligent und talentiert war (sie war sehr musikalisch), war sie ein sozialer Problemfall. Für Verabredungen war sie zu schüchtern. Enge Freundinnen hatte sie keine. Sie stufte sich selbst als unscheinbar und nicht allzu intelligent ein. Sie litt unter schweren Depressionen und dachte oft an Selbstmord. Sie hatte keine echten Berufsziele. Sie hasste ihre Eltern (die beide auch an schweren Depressionen litten) und gab ihnen die Schuld an ihren Problemen.

Drei Jahre Psychoanalyse hatten wenig bewirkt, außer dass Malvina ihrer Familie gegenüber noch feindseliger und die Abhängigkeit von ihrem Analytiker noch größer geworden waren. Obwohl ihre Freunde ihr Bestes taten, um sie von ihrem Analytiker zu trennen, war das unmöglich, bis er einen Herzinfarkt erlitt, in Pension ging und nach Florida zog. Sie versuchte, telefonisch mit ihm in Verbindung zu bleiben, aber schließlich verbat er sich ihre Anrufe. Der einzige Grund, warum sie schließlich einem Treffen mit mir zustimmte, war, dass ich in genau seinem Alter war, nämlich 51, und ihm etwas ähnlich sah.

Viele Monate erzielte ich keine Fortschritte mit Malvina, wenn ich versuchte, ihr klarzumachen, dass hauptsächlich ihre eigenen verschrobenen, selbstverurteilenden Gedanken und nicht die „schrecklichen Lehren" ihrer Eltern ihre Depressionen hervorriefen. Zuerst wollte sie die RET-Technik nicht akzeptieren.

Immer wieder zeigte ich ihr, dass sie verschiedenen ausgeprägten irrationalen Ideen anhing, vor allem der Vorstellung „Ich *muss* immer besonders schön, intelligent und liebenswert sein, sonst bin ich wertlos!" Sie gab schließlich zu: „Ich glaube, Sie haben Recht. Ich entmutige mich idiotischerweise selbst!" Aber anstatt daran zu arbeiten, dies aufzugeben, fing sie sofort damit an, sich selbst abzuwerten, weil sie so „dumm und irrational“ sei, und wurde, so weit das überhaupt noch möglich war, noch mutloser.

Einige Male kreisten Malvinas Gedanken derartig um Selbstmord, dass ich sie dazu ermutigte, Anti-Depressiva einzunehmen und es in Betracht zu ziehen, in eine Klinik zu gehen. Sie wollte keine Medikamente nehmen, aber die Drohung, in eine Klinik eingeliefert zu werden, brachte sie dazu, RET zu akzeptieren und zu benutzen.

Als erstes hörte Malvina damit auf, sich selbst die Schuld für ihre Störungen zu geben. Sie arbeitete hart daran, sich nicht mehr darüber aufzuregen, *weil* sie aufgeregt war; und sie begann, sich selbst inklusive ihrer Depression zu akzeptieren.

Obwohl Malvina eine der *entspanntesten* Depressiven wurde, die ich jemals gesehen habe, nachdem sie damit aufgehört hatte, sich die Schuld an ihren Störungen zu geben, gab sie sich oft noch die Schuld an ihrem „unscheinbaren“ Äußeren. Sie hatte eine „zu große“ Nase, war dumm (sie bekam eine Zwei statt einer Eins in Mathematik) und hatte keine „Berufsvorstellungen“. Aber sie entschloss sich, *alle* ihre Selbstbeschuldigungen zu überwinden, weil sie jetzt das Alphabet der RET verstand und einsah, wie sehr ihr der Disput half, die irrationale Idee aufzugeben, dass sie nicht deprimiert sein *dürfe*.

Malvina akzeptierte sich zuerst mit ihrer „Unscheinbarkeit“ und sah dann ein, dass sie ganz attraktiv war. Sie hörte auf, sich wegen ihrer „Dummheit“ zu beschuldigen – und erkannte schließlich, dass sie intelligent war. Sie überzeugte sich selbst, dass es *schade* war, aber nicht *schrecklich*, dass sie keine Berufsziele hatte, und fing letztlich an, Pläne zu schmieden.

Obwohl es ihr jetzt klar war, dass sie intelligent und attraktiv war, benutzte Malvina die rational-emotive Metaphorik, um sich lebhaft vorzustellen, sie sei *wirklich* hässlich und dumm. Sie lernte, nur Bedauern zu empfinden, anstatt depressiv zu werden, weil sie sich sagte, dass sie auch unter diesen düsteren Umständen sich selbst akzeptieren könne und *würde* und danach streben würde, ein einigermaßen glückliches Leben zu führen.

Nach mehreren Monaten, in denen sie sich geweigert hatte, sich herabzusetzen, fühlte sich Malvina zum ersten Mal in ihrem Leben völlig depressionsfrei. Besser noch, es wurde ihr klar, dass sie auch bald ihre Angst- und Schamgefühle reduzieren könne, indem sie zum Gegenangriff auf all ihre Herabsetzungen überging.

Um ihre Erfolge zu festigen, nahm sie auch ihre Überdramatisierungen in Angriff und kam zu dem Schluss: „Es ist nicht *schrecklich*, nur *ärgerlich*, dass ich in Mathe nicht *sehr* gut bin!“ Sie kämpfte gegen ihr *„Ich-kann-es-nicht-ertragen“-Syndrom* an, bis sie überzeugt war: „Ich *kann* meine lange Nase ertragen, obwohl sie mir niemals gefallen wird.“ Sie kämpfte standhaft gegen ihre Ideen der Hoffnungslosigkeit und ersetzte sie durch: „Obwohl ich noch keine passende Laufbahn gewählt habe, gibt es keinen Grund, dass das *niemals* geschehen wird. Es ist schwer, etwas zu finden, was mir wirklich gefällt. Aber es ist nicht hoffnungslos!“

Zusätzlich zum wissenschaftlichen Denken und ihren Angriffen auf ihre dogmatischen *Muss-Vorstellungen* begann sie damit, ihren Freunden zu helfen, ihre eigenen irrationalen Ideen einzusehen und Dipute gegen sie zu führen. Sie war darin so begabt, dass es ihr leicht fiel, sich für einen Beruf zu entscheiden. Sie studierte klinische Psychologie und ist seit 15 Jahren eine ausgezeichnete RET-Therapeutin. Ihre Arbeit macht ihr viel Freude. Sie hat nunmehr eine große Zahl enger Freunde. Nach ein paar Jahren, in denen sie viele Verabredungen hatte, ging sie eine gelungene Ehe ein und ist nunmehr eine glückliche (und rationale!) Mutter einer neunjährigen Tochter.

Ist Malvina jetzt glücklich, weil sie eine erfolgreiche Psychologin, Ehefrau, Mutter und Freundin ist? Ja. Aber sie behauptet, wenn ich sie bei beruflichen Veranstaltungen treffe, dass sie angstfrei und ohne Depressionen wäre, selbst wenn sie in dieser Beziehung versagt hätte. Ich glaube ihr, denn sie hat außergewöhnlich hart daran gearbeitet, das ABC, die Ds und die Es der RET auf *alle* möglichen Ängste und Depressionen auszudehnen, die sie erleben konnte. Sie hat die elegante rational- emotive Lösung erreicht.

RET-Übung Nr. 19

Stellen Sie sich vor, dass Sie eine Ihrer größten Ängste überwunden haben, etwa Ihre Angst vor dem Schreiben, dem Sprechen in der Öffentlichkeit, sexueller Ablehnung oder vor Misserfolgen im Berufsleben. Sie haben ein gutes Gefühl deswegen, aber jetzt sehen Sie, dass Sie eine neue Angst entwickelt haben – sagen wir mal vor der Unterhaltung mit Gästen bei Festen oder gesellschaftlichen Zusammenkünften.

Untersuchen Sie zuerst, ob Sie wegen einer neuen Angst wirklich aufgeregt, erniedrigt oder deprimiert sind. Wenn ja, benutzen Sie die rational-emotive Vorstellungstechnik, damit Sie wegen Ihres Verhaltens *nur* enttäuscht sind, nicht aber entsetzt über sich selbst, dass sie rückfällig geworden sind. Um Ihr unangemessenes Gefühl zu ändern, machen Sie rationale Aussagen über sich selbst, etwa: „Ich mag meine dummen Rückfälle nicht, und auch nicht, dass daraus eine neue irrationale Furcht entsteht, aber dadurch werde ich nicht zu einem *totalen* Dummkopf!" Oder: „Schade, dass ich eine neue dumme Angst verursacht habe, aber ich bin in dieser Hinsicht noch immer fehlbar. Ich kann daran arbeiten, niemals aber perfekt sein."

Wenn Sie erst einmal anfangen, *sich selbst* trotz Ihres neuen irrationalen *Benehmens* zu akzeptieren, suchen Sie nach Gemeinsamkeiten Ihrer irrationalen Ideen (iBs), die Ihre neue Angst verursachen. Gehen wir zum Beispiel davon aus, Sie fürchteten sich ursprünglich vor beruflichen Misserfolgen und gehen jetzt gesellschaftlichen Anlässen aus dem Weg.

Ihre frühere iB war vielleicht: „Ich muss meine Kollegen beeindrucken." Ihre neue iB kann sein: „Ich muss die Leute beeindrucken, die ich bei gesellschaftlichen Anlässen treffe."

Ihre alte iB kann gewesen sein: „Meine Kollegen dürfen mich nicht herabsetzen. Wenn sie es doch tun und ich sie nicht daran hindere, bin ich eine Null." Ihre neue iB ist vielleicht: „Bei gesellschaftlichen Anlässen dürfen mich die Gäste nicht schief anschauen oder auslachen. Wenn Sie es tun und ich nicht schlagfertig reagiere, bin ich eine Null und ein Idiot!"

Wenn Sie die gemeinsamen irrationalen Ideen erkennen, die die früheren überwundenen Ängste mit den neuen verbinden, um eine ganze Reihe von neuen Ängsten zu verursachen, wenden Sie Dispute und andere RET-Techniken an, die Sie bereits erfolgreich gegen Ihre vorausgegangenen irrationalen Ängste eingesetzt haben. Seien Sie beharrlich, bis Sie auch gegen Ihre neuen Ängste eine Technik gefunden haben.

Nachdem es nur ein paar grundlegende iBs gibt, die zu Angst, Depression, Schuld, Feindseligkeit und Selbsterniedrigung führen, nehmen Sie an, dass Sie wieder Ihre iBs identifizieren können, wenn Sie sehen, dass Ihnen ein neues gestörtes Gefühl oder eine Abwandlung eines alten zu schaffen macht.

Haben Sie diese iBs entlarvt – was geschehen wird, wenn sie *hartnäckig* sind – benutzen Sie die Techniken des Disputs und andere RET-Methoden, die Ihnen bei der Lösung der alten emotionalen Probleme geholfen haben. Geben Sie nicht auf! Arbeiten Sie weiter daran! Fast immer wird sich herausstellen, dass ähnliche neurotische Probleme von ähnlichen iBs herrühren. Versuchen Sie, in dieser Hinsicht zu generalisieren – Sie werden sehen, wie gut das oft funktioniert!

Gleiches gilt für Ihr selbstzerstörerisches Verhalten. Vielleicht waren Sie zwanghaft esssüchtig, und Sie haben diese Sucht überwunden, indem Sie Ihre iBs entdeckt haben – „Ich *brauche* dieses köstliche Essen, ich *kann* es ohne nicht aushalten!" – und sie überwunden haben. Jetzt sind Sie vielleicht tabak- oder koffeinabhängig.

Sie können ähnliche *Bedürfnisse* und *„Ich-kann-es-nicht-ertragen"-Syndrome* entdecken, die Sie abhängig machen. Wenn Sie sich früher bewiesen haben, dass Sie köstliches Essen *nicht* brauchen und es ertragen *können*, seiner beraubt zu sein, können Sie sich jetzt in ähnlicher Weise beweisen, dass Sie Zigaretten und Koffein *nicht* brauchen und ihren Verlust ertragen *können*. Genau wie Sie sich einmal dazu gezwungen haben, das überflüssige Essen *unangenehm berührt* zur Seite zu schieben, können Sie sich jetzt dazu zwingen, die unnötigen Zigaretten oder den Kaffee wegzuschieben. Sie werden auch jetzt nicht daran sterben!

Sie können, von Ihrem erfolgreichen Gebrauch der RET Techniken ausgehend, verallgemeinern. So haben Sie vielleicht Ihr Schuldgefühl überwunden, dass Sie Ihre Schwiegereltern nicht jede Woche besuchen, indem Sie sich sehr nachdrücklich sagen: „Ich bringe sie nicht aus der Fassung, wenn ich sie nicht so oft besuche, wie sie es wollen. *Sie* sind für ihre eigene Aufregung verantwortlich. Schade! Wenn sie mich hassen, hassen sie mich eben! *Damit* kann ich leben. Schlimmstenfalls benehme ich mich schlecht gegenüber meinen Schwiegereltern, aber das macht *mich* nicht schlecht!" Bei Schuld- oder Schamgefühlen anderer Dinge wegen – etwa weil Sie anderen eine Ihrer Schwächen enthüllen oder nicht zu den besten Eltern auf der Welt gehören – können Sie Ihren vorangegangenen RET-Erfolg auf dieses Problem projizieren und eine ähnliche emotive Methode anwenden, um den neuen Aspekt Ihrer Selbsterniedrigung zu überwinden.

Wann immer Sie also RET benutzt haben, um einen Aspekt Ihrer neurotischen Störung zu reduzieren, überlegen Sie sich, wie Sie RET anwenden können, um andere Schwächen zu überwinden. Und *üben Sie* diese RET-Technik immer wieder unter ähnlichen Umständen, bis sie Ihnen zur zweiten Natur wird und Sie sie automatisch auf verschiedene Problemfelder anwenden.

KAPITEL 19

Einsicht Nr. 14:
Ja, Sie können sich hartnäckig weigern, sich unglücklich zu machen!

Nehmen Sie einmal an, das *Allerschlimmste* geschieht. Können Sie sich immer noch hartnäckig weigern, unglücklich zu sein?

Ja. Ganz bestimmt!

Vergessen Sie nicht, dass Sie *kreativ* sind. Wenn Sie Ihre Kreativität auch nur *zum Teil* nutzen, können Sie selbst unter den ungünstigsten Umständen ohne Trauer und manchmal sogar glücklich leben.

Lassen Sie mich das anhand eines extremen Falls darstellen, den mir vor Jahren ein berühmter amerikanischer Musiker erzählte. Er kannte ein älteres, pensioniertes Ehepaar, das sein einziges Kind, einen intelligenten und hübschen Jungen, im Alter von sechs Jahren wegen Lungenentzündung verloren hatte. Sie verkrafteten diesen Verlust sehr gut, auch nachdem sie sich erfolglos um ein weiteres Kind bemüht hatten.

Jahre nach dem Tod ihres Sohnes sagten die Nachbarn zu ihnen: „Ist es nicht traurig, dass Sie so ein reizendes Kind verloren haben? Stellen Sie sich vor, wie schön es wäre, wenn es noch am Leben wäre. Er wäre Ihnen solch eine Stütze. Jetzt wäre er bestimmt schon verheiratet und Sie hätten Enkelkinder, die Ihre alten Tage verschönern würden. Sie müssen sehr traurig über so einen großen Verlust sein!"

„Oh nein", antwortete das Paar jedes Mal sofort. „Wir sind nicht traurig, wenn wir an Marvie und seinen Tod denken."

„Nicht?“ kam dann die erstaunte Frage.

„Nein, natürlich nicht. Er war so ein guter Junge und führte so ein gutes Leben, solange er bei uns war. Jetzt, wo er von uns gegangen ist, sind wir sicher, dass Gott sich im Himmel wunderbar um ihn kümmert, und dass er dort glücklich ist und immer sein wird. Deshalb sind wir nicht traurig.“

Die Eltern strahlten dann aufrichtig und überzeugten alle, sich selbst eingeschlossen, wie glücklich sie trotz dieses grausamen Verlustes waren.

Überspielte Trauer? Defensives Abstreiten? Ich würde sagen, ja. Unterdrückte dieses Paar die in ihrem Inneren schlummernden Gefühle der Trauer, vielleicht sogar der Depression? Wieder würde ich wahrscheinlich ja sagen.

Deshalb empfehle ich nicht, sich zu weigern, einen schweren Verlust einzugestehen. Eigentlich käme mir das sehr verdächtig vor.

Was ich betonen möchte, ist Folgendes: Menschen *können* ihre Gefühle ändern. Egal, was ihnen geschieht, sie *können* sich kreativ entscheiden, so oder so darüber zu denken. Jedem steht eine große Auswahl an möglichen Gefühlen zur Verfügung.

Wollen Sie wirklich herausfinden, inwiefern Sie freie Wahl in Ihrem eigenen Leben haben? Gut, lassen Sie uns experimentieren. Stellen wir uns einige der schlimmsten Dinge vor, die Ihnen zustoßen könnten – Dinge, die Ihnen eindeutig nicht gefallen und die Sie leicht in Angst und Schrecken oder in Wut versetzen würden. Ich werde Ihnen einige dieser grässlichen Ereignisse präsentieren und Sie fragen, wie Sie rational mit Ihnen fertig werden, sich angemessen traurig, enttäuscht und verärgert, *nicht* aber unangemessen in Panik oder niedergeschmettert fühlen würden. Wenden Sie darauf die RET-Einsichten an, über die wir in diesem Buch gesprochen haben. Sind Sie bereit?

Frage: Nehmen wir mal an, dass Sie nach langer Suche einen für Sie idealen Job gefunden haben, Sie jedoch häufig zu spät zur Arbeit kommen, faul sind, Ihren Chef nicht respektieren und dementsprechend bald darauf wieder entlassen werden. Was können Sie sich selbst rational und emotional sagen?

RET-Antwort: Sie könnte lauten: „Schade! Diesmal habe ich mich ziemlich schlecht benommen! Doch deswegen bin ich als Person nicht dumm oder inkompetent. Ich bin nur jemand, der sich unnötig selbst geschadet hat. Was kann ich jetzt tun, um wieder so einen Arbeitsplatz zu finden, besser zu arbeiten und meinem neuen Chef zu gefallen? Aber auch wenn ich nie wieder so eine gute Stelle bekomme, bin ich entschlossen, mein Bestes zu geben, so gut zurechtzukommen und so glücklich wie möglich zu sein."

Frage: Nehmen Sie an, Sie erleiden einen schweren Unfall und verlieren einen Arm oder ein Bein oder sogar Ihr Augenlicht – wie kommen Sie mit diesen Behinderungen zurecht?

RET-Antwort: Nicht so gut! Trauer um den großen Verlust und Frustration sind o.k. Doch Depressionen nicht unbedingt! Wenn Sie sich sagen: „Obwohl meine Fähigkeiten und Vergnügungsmöglichkeiten ernstlich eingeschränkt sind, kann ich doch noch viele interessante und erfreuliche Dinge tun und Wege finden, um meine Behinderung zu kompensieren. Anstatt mich trübsinnig darauf zu konzentrieren, was ich *nicht* tun kann, kann ich mich auf die vielen Interessen und Freuden konzentrieren, die ich *immer noch* haben kann, und mir auf diese Weise ein einigermaßen glückliches Leben ermöglichen."

Frage: Nehmen wir an, Sie haben Aktien zu einem niedrigen Preis gekauft, waren sich nicht sicher, wie hoch er noch steigen könnte, und haben sie schließlich mit zu geringem Profit verkauft, anstatt noch länger zu warten und sie dann mit hohem Gewinn zu verkaufen. Können Sie sich weigern, sich deswegen schlecht zu fühlen?

RET-Antwort: Das können Sie sehr wohl! Wenn Sie dummerweise genau zum falschen Zeitpunkt verkauft und Geld dabei verloren haben, während alle anderen ihre Aktien zurückhielten, bis sie eine Menge Profit damit machen konnten, werden Sie vielleicht enttäuscht sein. Hassen sollten Sie sich nicht wegen Ihres Verlustes. Sie könnten sich selbst überzeugen: „Wenn ich mich zu einem Glücksspiel entschließe, muss ich mir im Klaren sein, dass es ein Glücksspiel ist und dass es keine Gewinn-Garantie gibt. Zweitens verkauft und kauft niemand Aktien und gewinnt dabei immer. Ich bin keine Ausnahme! Drittens war es gut, dass ich *überhaupt* einen Gewinn erzielt habe. Was für ein Glück! Viertens gibt mir das die Gelegenheit zu erkennen, wie ich mir selbst wegen dieses Abschlusses Angst mache und was ich in Zukunft tun kann, um weniger ängstlich zu sein. Fünftens ist es schön, viel Geld zu verdienen, so dass ich relativ glücklich sein kann. Aber ich kann auch mit weniger Geld glücklich sein – *sofern* ich damit aufhöre, mich wegen dieses Verlustes herabzusetzen!"

Frage: Nehmen wir einmal an, dass Ihr geliebter Partner oder einer Ihrer engen Freunde, an dem Ihnen wirklich viel liegt, stirbt. Wie können Sie diesen großen Verlust rational verkraften?

RET-Antwort: Indem Sie standhaft *akzeptieren,* was Sie nicht ändern können, ohne es gut finden zu müssen. Sagen Sie sich: „Bis jetzt ist der Tod für uns alle unvermeidlich. Ich hätte ihn auch nicht verhindern können. Ich werde diesen Menschen sehr vermissen und fühle mich seiner Anwesenheit und unserer gemeinsamen Freuden beraubt. Aber ich kann an die schönen Zeiten denken, die wir miteinander verbracht haben. Ich kann mir klar darüber werden, dass er oder sie mir viel Freude bereitet hat, obwohl das Gefühl, das ich erlebt habe, *mein* Gefühl war und ich ähnliche Gefühle, ähnliches Vergnügen mit anderen erleben *kann*. Was kann ich jetzt tun, um wieder den passenden Partner zu finden, mit dem ich eine ähnliche tiefe Beziehung eingehen kann?"

Frage: Nehmen wir einmal an, Sie können die Dinge nicht mehr genießen, die Ihnen am meisten bedeuten, Ihre Arbeit, Sport, Liebe oder Sex. Ist das nicht ein guter Grund, deprimiert zu sein?

RET-Antwort: Keinesfalls! Ihr persönlicher Grad an Befriedigung und Freude am Leben würde eindeutig abnehmen. Aber Sie würden trotzdem weiterhin einen gewissen Grad an Freude empfinden – es sei denn, Sie deprimieren sich blödsinnigerweise selbst, indem Sie sich sagen: „Ich *muss* diese früheren Vergnügen weiterhin genießen können!" Dann ruinieren Sie Ihr Leben und haben bald an *gar nichts* mehr Freude. Selbst wenn Sie Sport, Arbeit, Sex oder andere Dinge nicht länger genießen können, können Sie doch fast sicher *etwas* anderes ausfindig machen, das Ihnen wirklich gefällt, solange Sie leben. – Was? Suchen Sie, experimentieren Sie und finden Sie es heraus! Bloßes Denken kann bereits erfreulich sein. Oder sogar das Fernsehen. Alles, solange Sie aufhören, sich einzureden, dass das Leben ohne *gewisse* Vergnügungen *völlig* unbefriedigend ist!

Frage: Nehmen wir mal an, Sie finden den außergewöhnlichsten Partner, dem Sie je begegnet sind, und sind sehr glücklich mit ihm. Aus irgendeinem Grund benehmen Sie sich ihm gegenüber dann so gemein, dass er oder sie Sie verlässt oder mit jemand anderem durchbrennt. Wie können Sie sich hartnäckig dagegen wehren, einer Depression zu verfallen?

RET-Antwort: Indem Sie sich stur weigern, deprimiert zu sein. Sie können sich sagen: „Das war ein gemeines *Verhalten* – aber deswegen bin *ich* als Mensch nicht verdorben oder gemein! Ich muss zugeben, dass ich diesmal unliebenswürdig war und eine schöne Beziehung ruiniert habe.

Mein dummes *Verhalten* macht mich keinesfalls zu einem völlig unliebenswürdigen *Individuum*. Wenn ich meinen großen Verlust erkenne und ihn wirklich bedaure, kann ich mich bemühen, in Zukunft weniger gemein und dafür liebevoller zu sein und mein Bestes tun, um die Liebe meines Partners zurückzugewinnen. Oder, wenn das unmöglich ist, kann ich mich dazu bewegen, nach einem neuen Partner zu suchen, mich nächstes Mal besser zu benehmen und an einer guten Beziehung zu arbeiten."

Frage: Nehmen wir an, dass Sie sicher sind, bald bei einer Atomkatastrophe ums Leben zu kommen, und dass die ganze Menschheit mit Ihnen untergehen und aussterben wird. Wie würden Sie sich fühlen, und was würden Sie tun?

RET-Antwort: Lassen Sie mich meine eigene Antwort geben. Ein paar Minuten lang wäre ich sehr traurig und frustriert. „Wie dumm diese Sterblichen sind!" Ich würde mir sagen: „Aber wenn die Menschheit so ist, ist sie so! Schade!" Dann würde ich alles versuchen, um die letzten Minuten oder Tage meiner einen und einzigen irdischen Existenz noch sinnvoll zu verbringen!

Was zeigen all diese Fragen und Antworten? Dass ein großer Teil Ihres Unbehagens, Schmerzes und Versagens, Ihrer Ablehnung durch Dritte und Verluste nicht zu vermeiden, zu eliminieren ist. Leben heißt oft, Schwierigkeiten zu überwinden. Durch Nachdenken und intensives Bemühen können Sie sich und Ihre Situation entscheidend verbessern. Allerdings werden Sie immer mit Restproblemen zu kämpfen haben.

Schade. Aber nicht entsetzlich, schrecklich, oder katastrophal. Nur schade.

Was werden Sie jetzt unternehmen, um ein besseres und schöneres Leben zu führen?

Anmerkungen

Kapitel 1

1. Weitere RET-Selbsthilfe-Ratgeber, die ich veröffentlicht habe und die sich z.T. auf Material des vorliegende Bandes stützen, sind: Ellis, 1972a, 1972b, 1976a, 1979; Ellis & Becker, 1982; Ellis & Harper, 1961, 1975; Ellis & Knaus, 1977; Ellis, Wolfe & Mosely, 1966.

Kapitel 2

1. Bandura, 1977; Beck, 1976; Bernard, 1986; Ellis, 1957, 1962, 1971, 1973, 1977a; Ellis & Abrahams, 1978; Ellis & Bernard, 1983, 1985; Ellis & Dryden, 1987; Ellis & Grieger, 1986; Ellis & Harper, 1961, 1975; Ellis & Whiteley, 1979; Goldfried & Davison, 1976; Glasser, 1965; Guidano & Liotti, 1983; Mahoney, 1974; Mahoney & Freeman, 1985; Martin, 1987; Meichenbaum, 1977; Raimy, 1976; Wolfe & Brand, 1977.
2. s. Fußnote Nr. 1, Kap. 1.
3. Ellis, 1962, 1973, 1977a, 1985a, 1985b; Horney 1945.
4. DiGiuseppe, Miller & Trexler, 1979; Ellis, 1979; Engels & Diekstra, 1987; Haaga & Davision, in press: McGovern & Silverman, 1984; Miller & Berman, 1983; Smith & Glass, 1977.

Kapitel 3

1. Bartley, 1962; Popper, 1962; Russel, 1965.

Kapitel 5

1. Freud, 1965.
2. Ellis, 1962, 1968.

Kapitel 6

1. Beck, 1976; Lazarus, 1966; Lazarus & Folkman, 1984; Meichenbaum, 1977; Wolpe, 1984.

Kapitel 8

1. Horney, 1945.
2. Ellis, 1976b.
3. Ellis, 1958.
4. s. Fußnote Nr. 4, Kap.2.
5. Baisden, 1980; Beck, 1967, 1976; Smith, in Druck.

Kapitel 9

1. Bard, 1980; Bernard, 1986; Ellis, 1957, 1962, 1971, 1973, 1985a; Ellis & Dryden, 1987; Ellis & Grieger, 1986; Ellis & Whiteley, 1979; Grieger & Boyd, 1980; Grieger & Grieger, 1982; Martin, 1987; Maultsby, 1984; Walen, DiGiuseppe & Wessler, 1980; Wessler & Wessler, 1980; Wolfe & Brand, 1977.

Kapitel 11

1. Bernard, 1986; Ellis, 1962, 1985a, 1987a; Ellis & Becker, 1982; Ellis & Bernard, 1985; Ellis & Dryden, 1987; Ellis & Harper, 1975.

Kapitel 13

1. Ellis, 1958, 1962, 1973, 1985a; Ellis & Dryden, 1987; Ellis & Grieger, 1986; Ellis & Whiteley, 1979.
2. Ellis, 1962, 1985a, 1987a; Ellis & Abrahmy, 1978; Ellis & Becker, 1982; Ellis & Dryden, 1987; Ellis & Whiteley, 1979.
3. Ellis, 1954.
4. Jones, 1924a, 1924b; Watson & Rayner, 1920.
5. Ellis, 1954, 1962.

Kapitel 14

1. Ellis, 1962.
2. Adler, 1927, 1964; Coué, 1923; Ellenberger, 1970; Dubois, 1907.
3. Ellis, 1979–80; 1985a; Ellis & Dryden, 1987.

Kapitel 15

1. Abelson, 1963; Zajonc, 1980.
2. Ellis, 1977, 1985a, 1987a, 1987b; Ellis & Harper, 1975; Ellis & Dryden, 1987.

Kapitel 16

1. Ellis, 1984.

Anhang

Beispiel eines Hausaufgabenberichts*

Anleitung: Füllen Sie zuerst den ueC-Teil (unerwünschte emotionale Konsequenzen) und den ubC-Teil (unerwünschte Verhaltenskonsequenzen) aus. Füllen Sie dann A-B-C-D-E ganz aus. Bitte deutlich schreiben. Kurz fassen!

(A) Aktivierendes Erlebnis (oder Ereignis)

Ich ging zu einem Vorstellungsgespräch und bekam die Stelle nicht.

(B) Annahmen über das aktivierende Erlebnis

(rB) rationale Annahmen (Wünsche und Abneigungen)

Wie unangenehm, abgewiesen zu werden.
Ich lasse mich nicht gern abweisen!
Ich wünschte, ich wäre angenommen worden! Wie ärgerlich!
Es sieht so aus, als ob ich Schwierigkeiten hätte, die gewünschte Stelle zu bekommen!

(iB) irrationale Annahmen (Ihre Forderungen und Befehle)

1. *Wie schrecklich, abgewiesen zu werden!*
2. *Ich kann diese Ablehnung nicht ertragen!*
3. *Ich hätte ein besseres Gespräch führen und angenommen werden sollen!*
4. *Diese Ablehnung macht mich zu einem schlechten Menschen!*
5. *Ich werde niemals den Arbeitsplatz bekommen, den ich gern hätte!*
6. *Ich werde bei Einstellungsgesprächen immer schlecht abschneiden!*

(C) Konsequenzen Ihrer Annahmen über das aktivierende Erlebnis

(deC) erwünschte emotionale Konsequenzen (angemessene schlechte Gefühle)

Sorge und Bedauern, Frustration und Irritation.
Entschlossenheit, es weiter zu versuchen.

(dbC) erwünschte Verhaltenskonsequenz (erwünschtes Verhalten)

Weitere Stellensuche.
Versuch, meine Fähigkeiten zu erweitern.

(ueC) unerwünschte emotionale Konsequenz (unangemessene Gefühle)

Ich war deprimiert. Ich hatte Angst. Ich fühlte mich wertlos. Ich war ärgerlich.

(ubC) unerwünschte Verhaltenskonsequenz (unerwünschtes Verhalten)

Ich habe mich geweigert, zu anderen Vorstellungsgesprächen zu gehen.
Ich hatte solche Angst, dass ich bei anderen Vorstellungsgesprächen Probleme hatte.

(D) Anzweifeln oder Diskutieren Ihrer irrationalen Annahmen (tun Sie dies in Frageform)

1. *Warum ist es schrecklich, bei der Stellensuche abgewiesen zu werden?*
2. *Warum kann ich diese Ablehnung nicht ertragen?*
3. *Warum hätte ich mich beim Vorstellungsgespräch besser verhalten sollen und den Job bekommen sollen?*
4. *Inwiefern macht mich diese Ablehnung zu einem schlechten Menschen?*
5. *Inwiefern finde ich es unmöglich, jemals die Stelle zu bekommen, die ich gerne hätte?*
6. *Warum schneide ich bei Vorstellungsgesprächen immer so schlecht ab?*

(E) Auswirkungen (Effekte) des Anzweifelns oder Diskutierens Ihrer irrationalen Annahmen

(cE) kognitive Effekte des Anzweifelns (entspricht rationalen Annahmen)

1. *Es ist nicht schrecklich, abgelehnt zu werden, obwohl ich es sehr unangenehm finde.*
2. *Ich kann Ablehnung ertragen, obwohl sie mir niemals gefallen wird.*
3. *Ich kann keinen Grund finden, warum ich ein besseres Vorstellungsgespräch hätte führen sollen oder müssen, obwohl das schön gewesen wäre.*
4. *Ablehnung macht mich niemals zu einem schlechten Menschen, NUR ZU EINEM Menschen mit missglückten Charakterzügen.*
5. *Ich finde es nicht unmöglich, eine gute Stelle zu finden, obwohl ich es vielleicht schwierig finde.*
6. *Ich muss nicht immer Misserfolg bei meinen Vorstellungsgesprächen haben, vor allem dann nicht, wenn ich versuche, aus meinen Fehlern zu lernen.*

(eE) emotionale Effekte (angemessene Gefühle)

Ich fühlte mich bedrückt, aber nicht deprimiert.
Ich fühlte mich besorgt, aber nicht ängstlich.
Ich fühlte, dass ich mich selbst akzeptieren konnte.
Ich fühlte mich frustriert, aber nicht ärgerlich.

(bE) Verhaltenseffekte (erwünschtes Verhalten)

Ich ging zu weiteren Vorstellungsgesprächen.
Ich erkundigte mich wegen einer Zusatzausbildung.
Ich meldete mich als Arbeitsuchender.
Ich verschickte weitere Bewerbungsschreiben.

* Institut für Rational-Emotive Therapie / 45 East 65th Street / New York, N.Y.

Hausaufgabenbericht*

Anleitung: Füllen Sie zuerst den ueC-Teil (unerwünschte emotionale Konsequenzen) und den ubC-Teil (unerwünschte Verhaltenskonsequenzen) aus. Füllen Sie dann A-B-C-D-E ganz aus. Bitte deutlich schreiben. Kurz fassen!

(A) Aktivierendes Erlebnis (oder Ereignis)

(B) Annahmen über das aktivierende Erlebnis

(rB) rationale Annahmen (Wünsche und Abneigungen)

(iB) irrationale Annahmen (Ihre Forderungen und Befehle)

(C) Konsequenzen Ihrer Annahmen über das aktivierende Erlebnis

(deC) erwünschte emotionale Konsequenzen (angemessene schlechte Gefühle)

(dbC) erwünschte Verhaltenskonsequenz (erwünschtes Verhalten)

(ueC) unerwünschte emotionale Konsequenz (unangemessene Gefühle)

(ubC) unerwünschte Verhaltenskonsequenz (unerwünschtes Verhalten)

(D) Anzweifeln oder Diskutieren Ihrer irrationalen Annahmen (tun Sie dies in Frageform)

(E) Auswirkungen (Effekte) des Anzweifelns oder Diskutierens Ihrer irrationalen Annahmen

(cE) kognitive Effekte des Anzweifelns (entspricht rationalen Annahmen)

(eE) emotionale Effekte (angemessene Gefühle)

(bE) Verhaltenseffekte (erwünschtes Verhalten)

* Institut für Rational-Emotive Therapie / 45 East 65th Street / New York, N.Y.

RET-SELBSTHILFE-FORMULAR

Institut für Rational-Emotive Therapie
45 East 65th Street, New York. N.Y. 10021
(212) 535-0822

(A) AKTIVIERENDES EREIGNIS, Gedanken oder Gefühle, bevor ich mich emotional gestört fühlte oder selbstzerstörerisch handelte:

____

(C) KONSEQUENZ oder Zustand/Gefühl des Gestörtseins oder selbstzerstörerisches Verhalten, das ich hervorgerufen habe und gerne ändern möchte: ____

(B) Ideen – Irrationale Ideen (iBs) die zu C, der KONSEQUENZ geführt haben (emotionale Störung oder selbstzerstörerisches Verhalten). Machen Sie einen Kreis um alles, was auf diese AKTIVIERENDEN EREIGNISSE zutrifft.	(D) DISPUTE für jede eingekreiste IRRATIONALE IDEE. Beispiele: „Warum MUSS ich erfolgreich sein?“ „Wo steht geschrieben, dass ich ein SCHLECHTER MENSCH bin?“ „Warum MUSS man mich schätzen oder akzeptieren?	(E) EFFEKTIVE RATIONALE Ideen (rBs), um meine IRRATIONALEN Ideen (iBs) zu ersetzen. Beispiele: „Es wäre mir LIEBER, wenn ich Erfolg hätte, aber es MUSS nicht sein.“ „Ich bin ein MENSCH, DER sich schlecht verhalten hat und kein SCHLECHTER MENSCH.“ „Es gibt keinen Grund dafür, dass man mich schätzen MUSS, selbst wenn mir das RECHT wäre.“
1. Ich MUSS gut oder sehr gut abschneiden!	……………………………… ………………………………	……………………………… ………………………………
2. Ich bin SCHLECHT ODER WERTLOS wenn ich mich schwach oder dumm verhalte.	……………………………… ………………………………	……………………………… ………………………………

3. Ich MUSS von den Leuten, die für mich wichtig sind, geschätzt oder akzeptiert werden.		
4. Ich bin ein schlechter Mensch, den niemand lieben kann, wenn ich abgewiesen werde.		
5. Die Menschen MÜSSEN mich fair behandeln und mir geben, was ich BRAUCHE!		
6. Menschen, die unmoralisch handeln, sind VERDORBENE MENSCHEN!		
7. Die Menschen MÜSSEN meine Erwartungen erfüllen, sonst ist das SCHRECKLICH!		
8. Meine Leben DARF nur wenige Aufregungen oder Schwierigkeiten mit sich bringen.		
9. ICH KANN wirklich negative Dinge oder sehr schwierige Menschen NICHT ERTRAGEN!		

10. Es ist SCHRECKLICH oder ENTSETZLICH, wenn wichtige Dinge nicht nach meinem Kopf gehen!		
11. Ich KANN ES NICHT ERTRAGEN, wenn das Leben mir unfair mitspielt!		
12. Ich MUSS von dem Menschen, an dem mir sehr viel liegt, geliebt werden!		
13. Ich BRAUCHE sofortige Gratifikationen und MUSS mich schlecht fühlen, wenn ich sie nicht bekomme!		
<u>Zusätzliche irrationale Ideen</u>		
14.		
15.		

16.

17.

18.

(F) GEFÜHLE UND VERHALTENSWEISEN, nachdem ich meine EFFEKTIVEN RATIONALEN IDEEN gefunden habe:

ICH WERDE HART DARAN ARBEITEN, MICH SELBST DAZU ZU ZWINGEN, MIR MEINE EFFEKTIVEN RATIONALEN IDEEN BEI VIELEN GELEGENHEITEN LAUT ZU VERGEGENWÄRTIGEN, DAMIT ICH IN DER GEGENWART WENIGER PROBLEME HABE UND IN ZUKUNFT WENIGER SELBSTZERSTÖRERISCH HANDELN KANN.

Joyce Sichel, Ph. D. und Albert Ellis, Ph. D.
Copyright © 1984 Institut für Rational-Emotive Therapie.

1. **Der nächste Schritt.** An welchen neuen **Zielen** möchte ich jetzt arbeiten?

Welche spezielle **Schritte** möchte ich jetzt unternehmen?

2. Nachdem Sie Ihre unerwünschten emotionalen **Konsequenzen** (ueCs) oder unerwünschten Verhaltens**konsequenzen** (ubCs) gefühlt oder bemerkt haben – als Folge Ihrer irrationalen **Annahmen** (iBs) – wie schnell oder bald haben sie nach diesen iBs gesucht und sie **angezweifelt?**

Wie tatkräftig haben Sie diese angezweifelt?

Wenn Sie diese nicht angezweifelt haben, warum nicht?

3. Spezielle **Hausaufgaben,** die Ihnen von Ihrem Therapeuten, Ihrer Gruppe oder von Ihnen selbst gestellt wurden:

4. Was haben Sie wirklich unternommen, um die Aufgaben zu erfüllen?

5. Wie oft haben Sie tatsächlich an Ihren Hausaufgaben während der letzten Woche gearbeitet?

6. Wie oft haben Sie wirklich daran gearbeitet, Ihre irrationalen **Annahmen** zu **diskutieren** (während der letzten Woche)?

7. Dinge, die Sie jetzt gerne mit Ihrem Therapeuten oder Ihrer Gruppe besprechen wollen:

Albert Ellis Institute, 45 East 65th Street, New York.
Übersetzung: D. Schwartz, Deutsches Institut für Rational-Emotive und Kognitive Verhaltenstherapie (DIREKT) e.V., Müllersweg 14, 97249 Eisingen bei Würzburg

Hier finden Sie Diplom-Psychologen und Ärzte, die auf der Basis der Rational-Emotiven Therapie arbeiten

DEUTSCHES INSTITUT FÜR RATIONAL-EMOTIVE UND KOGNITIVE VERHALTENSTHERAPIE (DIREKT) E.V.

Müllersweg 14
97249 Eisingen bei Würzburg
Tel. (09306) 3298
www.ret-revt.de
E-mail: revt.direkt@t-online.de

Besonderer Institutsservice:

- Kostenlose Vermittlung von Therapeuten in Ihrer Gegend
- individuelles Stressmanagement für Führungskräfte
- Paar-, Ehe- und Scheidungscounseling
- Blocktherapie für auswärtige Patienten
- Ausbildung in RET und kognitiver Therapie für Dipl.-Psych., Dipl.-Päd., Dipl.-Soz.-Päd. und Ärzte.

Hier können Sie sich Notizen machen

mvg Wir geben Antworten

Kein Urteil ist so wichtig, wie das über uns selbst

Beinahe jedes psychologische Problem hängt mit unserem Selbstwertgefühl zusammen – mit unseren Ängsten und Depressionen bis hin zur Selbstsabotage.
Lesen Sie diese klassische Einführung in diese wichtige Thematik und führen Sie einige der einfachen, aber sehr wirkungsvollen Übungen durch.

368 Seiten, Taschenbuch
ISBN 3-478-08551-9

Jetzt bei Ihrem Buchhändler

mvg www.mvg-verlag.de
86895 Landsberg

mvg
Wir geben Antworten

mvg-Paperbacks von Vera F. Birkenbihl

Freude durch Streß
14. Auflage, 176 Seiten,
Paperback
ISBN 3-478-02544-3

Psycho-logisch richtig verhandeln
Professionelle Verhandlungstechniken mit Experimenten und Übungen
12. Auflage, 224 Seiten,
Paperback
ISBN 3-478-81141-4

Stichwort Schule: Trotz Schule lernen!
14. Auflage, 170 Seiten,
Paperback
ISBN 3-478-08506-3

Zahlen bestimmen Ihr Leben
Numerologie – *Ein* Weg zu mehr Menschenkenntnis
9. Auflage, 144 Seiten,
Paperback
ISBN 3-478-02710-1

Sprachenlernen leichtgemacht!
Die Birkenbihl-Methode zum Fremdsprachenlernen
21. Auflage, 170 Seiten,
Paperback
ISBN 3-478-08426-1

Jetzt bei Ihrem Buchhändler

mvg www.mvg-verlag.de 86895 Landsberg

Literaturhinweise

Mit * gekennzeichnete Literatur wird vom Institut für Rational-Emotive-Therapie, 45 East 65th Street, New York, New York 10021-6593, USA publiziert bzw. ist dort erhältlich.

Abelson, R. P. (1963). Computer stimulation of „hot" cognition. In S. S. Tompkins & S. Messick (Eds.), *Computer stimulation of personality*. New York: Wiley.

Adler, A. (1927). *Understanding human nature.* New York: Greenberg.

Adler, A. (1929). *The science of living*. New York: Greenberg.

Adler, A. (1931). *What life should mean to you.* New York: Blue Ribbon Books.

Adler, A. (1964). *Superiority and social interest.* Ed. by H. L. Ansbacher & R. R. Ansbacher. Evanston, IL: Northwestern University Press.

Adler, A. (1964). *Social interest: A challenge to mankind.* New York: Capricorn.

*Alberti, R. E., & Emmons, M. L. (1986). *Your perfect right.* 5th Ed. San Luis Obispo, CA: Impact.

Anderson, C. (1966). Depression and suicide reassessed. *Rational Living*, 1(2), (pp. 31–36).

Ansbacher, H. L., & Ansbacher, R. (1956). *The individual psychology of Alfred Adler.* New York: Basic Books.

*Ard, B. N., Jr., & Ard, C. (Eds.) (1969). *Handbook of marriage counseling.* Palo Alto, CA: Science and Behavior Books.

*Baisden, H. E. (1980). *Irrational beliefs: A construct validation study.* Unpublished doctoral dissertation. University of Minnesota.

Bandura, A. (1977). *Social learning theory.* Englewood Cliffs, NJ: Prentice-Hall.

*Bard, J. (1980). *Rational-emotive therapy in practice.* Champaign, IL: Research Press.

*Barrish, H. H., & Barrish, I. J. (1985). *Managing parental anger: The coping parent series.* Kansas: Overland Press.

Bartley, W. W. (1962). *The retreat to commitment.* New York: Knopf.

Beck, A. T. (1967). *Depression.* New York: Hoeber-Harper.

Beck, A. T. (1976). *Cognitive therapy and the emotional disorders.* New York: International Universities Press.

Beck, A. T., & Emery, G. (1985). *Anxiety disorders and phobias.* New York: Basic Books.

Beck, A. T., Rush, A. J., Shaw, B. F. & Emery, G. (1979). *Cognitive therapy of depression.* New York: Guilford.

*Bernard, M. E., & DiGiuseppe, R. (Eds.) (in press). *Inside rational-emotive therapy.* Orlando, FL: Academic Press.

*Bernard, M. E., & Joyce, M. R. (1984). *Rational-emotive therapy with children and adolescents.* New York: Wiley.

*Bernard, M. E. (1986). *Staying alive in an irrational world: Albert Ellis and rational-emotive therapy.* South Melbourne, Australia: Carlson/ Macmillan.

Bone, H. (1968). Two proposed alternatives to psychoanalytic interpretation. In E. Hammer (Ed.), *Use of interpretation in treatment* (pp. 169–196). New York: Grune and Stratton.

Burns, D. D. (1980). *Feeling good: The new mood therapy.* New York: Morrow.

Corey, G. (1986). *Theory and practice of counseling and psychotherapy.* 3rd ed. Monterey, CA: Brooks/Cole.

Corey, G. (1986). *Case approach to counseling and psychotherapy.* 2nd ed. Monterey, CA: Brooks/Cole.

Coué, E. (1923). *My method.* New York: Doubleday, Page.

*Crawford, T., & Ellis, A. (in press). A dictionary of rational-emotive feelings and behaviors. *Journal of Rational-Emotive and Cognitive-Behavioral Therapy.*

Danysh, J. (1974). *Stop without quitting.* San Francisco: International Society for General Semantics.

DiGiuseppe, R. (1975). *A developmental study of the efficacy of rational-emotive education.* Ph.D. thesis, Hofstra University.

DiGiuseppe, R. (1986). The implication of the philosophy of science for rational-emotive theory and therapy. *Psychotherapy*, 23, (pp. 634–639).

*DiGiuseppe, R. A., Miller, N. J., & Trexler, L. D. (1979). A review of rational-emotive psychotherapy outcome studies. In A. Ellis & J. M. Whiteley (Eds.), *Theoretical and empirical foundations of rational-emotive therapy* (pp. 218–235) Monterey, CA: Brooks/Cole.

*DiMattia, D. J. (Producer). (1987). *Mind over myths: Handling difficult situations in the workplace.* New York: Institute for Rational-Emotive Therapy.

Dryden, W. (1984). *Rational-emotive therapy: Fundamentals and innovations.* Beckenham, Kent: CroomHelm.

*Dryden, W. (1984). Rational-emotive therapy. In W. Dryden (Ed.), *Individual therapy in Britain* (pp. 235–263). London: Harper & Row.

Dryden, W., Backx, W., & Ellis, A. (1987). Problems in living: The Friday night workshop. In W. Dryden, *Current issues in rational-emotive therapy* (pp. 154–170). London and New York: Croom Helm.

*Dryden, W. & Ellis, A. (1986). Rational-emotive

therapy (RET). In W. Dryden & W. Golden (Eds.), *Cognitive-behavioural approaches to Psychotherapy* (pp. 129–168). London: Harper & Row.
*Dryden, W. & Golden, W. L. (1986). *Cognitive-behavioral approaches to psychotherapy.* London: Harper & Row.
*Dryden, W. & Trower, P. (Eds.) (1986). *Rational-emotive therapy. Recent developments in theory and practice.* Bristol, England: Institute for RET (UK).
Dubois, P. (1970). *The psychic treatment of nervous disorders.* New York: Funk & Wagnalls.
Ellenberger, H. F. (1970). *The discovery of the unconscious.* New York: Basic Books.
Ellis, A. (1951). *The folklore of sex.* New York: Charles Boni. Rev. ed.: New York: Grove Press, 1961.
*Ellis, A. (1954). *The American sexual tragedy.* New York: Twayne and Grove Press. Rev. ed.: New York: Lyle Stuart and Grove Press, 1962.
*Ellis, A. (1957). *How to live with a neurotic: At home and at work.* New York: Crown. Rev. ed.: Hollywood, CA: Wilshire Books, 1975.
*Ellis, A. (1958). Rational psychotherapy. *Journal of General Psychology, 59,* (pp. 35–49). Reprinted: New York: Institute for Rational-Emotive Therapy.
*Ellis, A. (1958). *Sex without guilt.* New York: Lyle Stuart. Rev. ed.: New York: Lyle Stuart, 1965.
*Ellis, A. (1960). *The art and science of love.* Secaucus, NJ: Lyle Stuart.
*Ellis, A. (1962). *Reason and emotion in psychotherapy.* Secaucus, NJ: Lyle Stuart.
In der Bundesrepublik erschienen als:
Ellis, A. (1977). *Die rational-emotive Therapie. Das innere Selbstgespräch bei seelischen Problemen und seine Veränderung.* München: Pfeiffer.

*Ellis, A. (1963). *The intelligent woman's guide to manhunting.* New York: Lyle Stuart. Rev. ed.: *The intelligent woman's guide to dating and mating.* Secaucus, NJ: Lyle Stuart, 1979.

*Ellis, A. (1965). *Suppressed: Seven key essays publishers dared not print.* Chicago: New Classics House.

Ellis, A. (1968). Is psychoanalysis harmful? *Psychiatric Opinion, 5*(1), (pp. 16–25). Reprinted: New York: Institute for Rational-Emotive Therapy.

*Ellis, A. (1969). A weekend of rational encounter. *Rational Living, 4*(2), (pp. 1–8).

*Ellis, A. (1971). *Growth through reason.* North Hollywood, CA: Wilshire Books.

*Ellis, A. (1972). *The civilized couple's guide to extramarital adventure.* New York: Wyden and Pinnacle Books.

*Ellis, A. (1972). *Conquering low frustration tolerance.* Cassette recording. New York: Institute for Rational-Emotive Therapy.

*Ellis, A. (1972). *Executive leadership: The Rational-emotive approach.* New York: Institute for Rational-Emotive Therapy.

*Ellis, A. (1972). Helping people get better: Rather than merely feel better. *Rational Living 7*(2), (pp. 2–9).

*Ellis, A. (1972). *How to master your fear of flying.* New York: Institute for Rational-Emotive Therapy.

*Ellis, A. (1972). *Psychotherapy and the value of a human being.* New York: Institute for Rational-Emotive Therapy.

*Ellis, A. (1972). Psychotherapy without tears. In A. Burton (Ed.), *Twelve therapists* (pp. 103–126). San Franscisco: Jossey-Bass.

*Ellis, A. (1972). *The sensuous person.* New York: Lyle Stuart und New American Library.

*Ellis, A. (Speaker). (1972). *Solving emotional problems*. Cassette recording. New York: Institute for Rational-Emotive Therapy.

*Ellis, A. (Speaker). (1972). *The theory and practice of rational-emotive therapy.* Videotape. New York: Institute for Rational-Emotive Therapy.

*Ellis, A. (Speaker). (1973). *A demonstration with an elementary school child.* Film and videotape. Arlington, VA: American Association for Counseling and Development.

*Ellis, A. (Speaker). (1973). *A demonstration with a woman fearful of expressing emotions.* Film and videotape. Arlington, VA: American Association for Counseling and Development.

*Ellis, A. (Speaker). (1973). *A demonstration with a young divorced woman.* Film and videotape. Arlington, VA: American Association for Counseling and Development.

*Ellis, A. (Speaker). (1973). *How to stubbornly refuse to be ashamed of anything.* Cassette recording. New York: Institute for Rational-Emotive Therapy.

*Ellis, A. (1973). *Humanistic psychotherapy: The rational-emotive approach.* New York: McGraw-Hill.

*Ellis, A. (Speaker). (1973). *Rational-emotive psychotherapy: A comprehensive approach to personality change.* Cassete recording. New York: Institute for Rational-Emotive Therapy.

*Ellis, A. (Speaker). (1973). *RET and marriage and family counseling.* Cassette recording. New York: Institute for Rational-Emotive Therapy.

*Ellis, A. (Speaker). (1973). *Twenty-one ways to stop worrying.* Cassette recording. New York: Institute for Rational-Emotive Therapy.

*Ellis, A. (Speaker). (1973). *Twenty-five ways to stop downing yourself.* Cassette recording. Philadelphia,

PA: American Academy of Psychotherapists Tape Library.
*Ellis, A. (Speaker). (1974). *Cognitive behavior therapy.* Cassette recording. New York: Institute for Rational-Emotive Therapy.
*Ellis, A. (Speaker). (1974). *A demonstration with a woman fearful of expressing emotions.* Videotape. New York: Institute for Rational-Emotive Therapy.
*Ellis, A. (Speaker). (1974). *Rational living in an irrational world.* Cassette recording. New York: Institute for Rational-Emotive Therapy.
*Ellis, A. (1974). *Technique of disputing irrational beliefs (DIBS).* New York: Institute for Rational-Emotive Therapy.
*Ellis, A. (1974). The treatment of sex and love problems in women. In V. Franks & V. Burtle (Eds.), *Women in therapy* (pp. 284–306). New York: Brunner/Mazel.
*Ellis, A. (Speaker). (1975). *Demonstration with a woman with sexual and weight problems.* Videotape. New York: Institute for Rational-Emotive Therapy.
*Ellis, A. (Speaker). (1975). *Demonstration with a family.* Videotape. New York: Institute for Rational-Emotive Therapy.
*Ellis, A. (Speaker). (1975). *Interview with a man with fear of failure in love relations.* Videotape. New York: Institute for Rational-Emotive Therapy.
*Ellis, A. (1976). The biological basis of human irrationality. *Journal of Individual Psychology, 32*, (pp. 145–168). Reprinted: New York: Institute for Rational-Emotive Therapy.
*Ellis, A. (Speaker). (1976). *Rational-emotive self-help techniques.* Cass. rec. New York: BMA Audio Tapes.
*Ellis, A. (Speaker). (1976). *Rational-emotive therapy: Clinician's guide.* Cassette recording. New York: BMA Audio Tapes.

*Ellis, A. (1976). RET abolishes most of the human ego. *Psychotherapy, 13,* (pp. 343–348). Reprinted: New York: Institute for Rational-Emotive Therapy.
*Ellis, A. (Speaker). (1976). *An RET approach to the treatment of possessiveness and jealousy.* Cassette recording. New York: Institute for Rational-Emotive Therapy.
*Ellis, A. (1976). *Sex and the liberated man.* Secaucus, NJ: Lyle Stuart.
*Ellis, A. (Speaker). (1976). *Conquering low frustration tolerance.* Cassette recording. New York: Institute for Rational-Emotive Therapy.
*Ellis, A. (Speaker). (1976). *Rational-emotive psychotherapy applied to groups.* Film. Washington, DC: American Association of Counseling and Development.
*Ellis, A. (Speaker). (1976). *Rational-emotive therapy with individuals and groups.* Videotape. Austin, TX: Audio-Visual Resource Center, University of Texas.
*Ellis, A. (1977). *Anger – how to live with and without it.* Secaucus, NJ: Citadel Press.
In der Bundesrepublik erschienen als:
Ellis, A. (1987). *Wut. Die Kunst, sich richtig zu ärgern.* München et al.: Goldmann.
*Ellis, A. (Speaker). (1977). *Dealing with sexuality and intimacy.* Cassette recording. New York: BMA Audio Cassettes.
*Ellis, A. (1977). Fun as psychotherapy. *Rational Living, 12*(1), (pp. 2–6).
*Ellis, A. (Speaker). (1977). *A garland of rational humorous songs.* Cassette recording and songbook. New York: Institute for Rational-Emotive Therapy.
*Ellis, A. (Speaker). (1978). *Albert Ellis on rational-emotive therapy.* Cassette recording. New York: Harper & Row Audio Colloquies.

*Ellis, A. (Speaker). (1978). *How to be happy though mated.* Cassette recording. New York: Institute for Rational-Emotive Therapy.

*Ellis, A. (1978). *I'd like to stop but... Dealing with addictions.* Cassette recording. New York: Institute for Rational-Emotive Therapy.

*Ellis, A. (1979). Rational-emotive therapy: Research data that support the clinical and personality hypotheses of RET and other modes of cognitive-behavior therapy. In A. Ellis & J. M. Whiteley (Eds.), *Theoretical and empirical foundations of rational-emotive therapy* (pp. 101–173). Monterey, CA: Brooks/Cole.

*Ellis, A. (1979). Rejoinder: Elegant and inelegant RET. In A. Ellis & J. M. Whiteley (Eds.), *Theoretical and empirical foundations of rational-emotive therapy* (pp. 240–267). Monterey, CA: Brooks/Cole.

*Ellis, A. (1979–1980). Discomfort anxiety: A new cognitive behavioral construct. Parts I and II. *Rational Living, 14*(2), (pp. 3–8); *15*(1), (pp. 25–30).

*Ellis, A. (Speaker). (1980). *Rational-emotive psychotherapy.* Cassette recording. Washington, DC: Psychology Today Tapes.

*Ellis, A. (1980). Rational-emotive therapy and cognitive behavior therapy. Similarities and differences. *Cognitive Therapy and Research, 4,* (pp. 325–340).

*Ellis, A. (1980). The treatment of erectilc dysfunction. In S. R. Leiblum & L. A. Pervin (Eds.), *Principles and practice of sex therapy* (pp. 240–258). New York: Guilford.

*Ellis, A. (Speaker). (1980). *Twenty-two ways to brighten up your love life.* Cassette recording. New York: Institute for Rational-Emotive Therapy.

*Ellis, A. (Speaker). (1981). *Intelligent·person's guide to dating and mating.* Cassette recording. New York: Institute for Rational-Emotive Therapy.

*Ellis, A. (1981). The use of rational humorous songs in psychotherapy. *Voices, 16*(4), (pp. 29–36).

*Ellis, A. (Speaker). (1982). *Rational-emotive therapy: A documentary film featuring Dr. Albert Ellis.* Film. Champaign, IL: Research Press.

*Ellis, A. (1983). *The case against religiosity.* New York: Institute for Rational-Emotive Therapy.

*Ellis, A. (1983). Failures in rational-emotive therapy. In E. B. Foa & P. M. G. Emmelkamp (Eds.), *Failure in behavior therapy* (pp. 159–171). New York: Wiley.

*Ellis, A. (Speaker). (1984). *How to be happy though human.* Cassette recording. New York: Institute for Rational-Emotive Therapy.

*Ellis, A. (1984). *How to use RET to maintain and enhance your therapeutic gains.* New York: Institute for Rational-Emotive Therapy.

*Ellis, A. (1984). Rational-emotive therapy. In R. J. Corsini (Ed.), *Current Psychotherapies.* Third Edition (pp. 196–238). Itasca, IL: Peacock.

*Ellis, A. (1985). Dilemmas in giving warmth or love to clients: An interview with Windy Dryden. In W. Dryden, *Therapists' Dilemmas* (pp. 5–16). London: Harper & Row.

*Ellis, A. (1985). Expanding the ABCs of rational-emotive therapy. In M. Mahoney & A. Freeman (Eds.), *Cognition and Psychotherapy.* (pp. 313–323). New York: Plenum.

*Ellis, A. (Speaker). (1985). *A guide to personal happiness.* Cassette recording. Washington, DC: Psychology Today Tapes.

*Ellis, A. (Speaker). (1985). *How counseling and psychotherapy can help prevent a nuclear holocaust.* Cassette recording. Alexandria, VA: American Association for Counseling and Development.

*Ellis, A. (1985). *Overcoming resistance: Rational-emotive therapy with difficult clients.* New York: Springer.
*Ellis, A. (1985). Two forms of humanistic psychology: Rational-emotive therapy vs. transpersonal psychology. *Free Inquiry, 15*(4), (pp. 14–21).
*Ellis, A. (Speaker). (1985). *Workshop on rational-emotive therapy techniques.* Cassette recording. Garden Grove, CA: InfoMedix and Milton Erickson Foundation.
*Ellis, A. (1986). Anxiety about anxiety: The use of hypnosis with rational-emotive therapy. In E. T. Dowd & J. M. Healy (Eds.), *Case studies in hypnotherapy* (pp. 3–11). New York: Guilford.
*Ellis, A. (1986). Bibliography. *American Psychologist, 41,* (pp. 382–397).
*Ellis, A. (1986). Comments on Gloria. *Psychotherapy, 23,* (pp. 647–648).
*Ellis, A. (1986). Do some religious beliefs help create emotional disturbance? *Psychotherapy in Private Practice, 4*(4), (pp. 101–106).
*Ellis, A. (Speaker). (1986). *Effective self-assertion.* Cassette recording. Washington, DC: Psychology Today Tapes.
*Ellis, A. (1986). An emotional control card for inappropriate and appropriate emotions in using rational- emotive imagery. *Journal of Counseling and Development, 65,* (pp. 205–206).
*Ellis, A. (1986). Fanaticism that may lead to a nuclear holocaust: The contributions of scientific counseling and psychotherapy. *Journal of Counseling and Development, 65,* (pp. 146–151).
*Ellis, A. (Speaker). (1986). *Incorporating hypnosis in RET.* Cassette recording. Phoenix, AZ: Milton H. Erickson Foundation and InfoMedix.

*Ellis, A. (1986). Rational-emotive therapy applied for relationship therapy. *Journal of Rational-Emotive Therapy* , *4*(1), (pp. 4–21).
*Ellis, A. (Speaker). (1986). *Rekindling romance.* Cassette recording. Washington, DC: Psychology Today Tapes.
*Ellis, A. (1987). Critical incidents in group therapy: Rational-emotive therapy. In J. Donigan & R. Malnati (Eds.), *Critical incidents in group therapy* (pp. 87–91, 105–109, 123–128, 141–146, 166–172, 189–192). Monterey, CA: Brooks/Cole.
*Ellis, A. (1987). The evolution of rational-emotive therapy (RET) and cognitive behavior therapy (CBT). In J. K. Zeig (Ed.), *The evolution of psychotherapy.* (pp. 107–133). New York: Brunner/Mazel.
*Ellis, A. (1987). *Four decades of experience with the media.* Cassette recording, No. 19. New York & Alexandria, VA: Audio Transcripts and American Psychological Association.
*Ellis, A. (Speaker). (1987). *How to stop worrying and start living.* Cassette recording. Washington, DC: Psychology Today Tapes.
*Ellis, A. (1987). The impossibility of achieving consistently good mental health. *American Psychologist, 42,* (pp. 364–375).
*Ellis, A. (1987). On the origin and development of rational-emotive therapy. In W. Dryden (Ed.), *Key cases in psychotherapy* (pp. 148–175). London: Croom Helm.
*Ellis, A. (Speaker). (1987). *Practical applications of rational-emotive therapy*. 3 cassette recordings. Indianapolis, IN: Access.
*Ellis, A. (1987). Rational-emotive therapy: Current appraisal and future directions. *Journal of Cognitive Psychotherapy, 1*(2), (pp. 73–86).

*Ellis, A. (1987). A sadly neglected cognitive element in depression. *Cognitive Therapy and Research, 11,* (pp. 121–146).

*Ellis, A. (1987). Self-control: The rational-emotive therapy method. *Southern Psychologist, 3*(1), (pp. 9–12).

*Ellis, A. (1987). The use of rational humorous songs in psychotherapy. In W. F. Fry, Jr., & W. A. Salameh (Eds.), *Handbook of humor and psychotherapy.* (pp. 265–286). Sarasota, FL: Professional Resource Exchange.

*Ellis, A. (1987). Testament of a humanist. *Free Inquiry, 7*(2), (p. 21).

*Ellis, A. (Speaker). (1987). *The theory and practice of rational-emotive therapy and practical applications of rational-emotive therapy.* 4 cassette recordings. Indianapolis, IN: Access.

*Ellis, A., & Abarbanel, A. (Eds.). (1961), *Encyclopedia of sexual behavior.* 2 vols. New York: Hawthorn.

*Ellis, A., & Abrahms, E. (1978). *Brief psychotherapy in medical and health practice.* New York: Springer.

*Ellis, A., & Abrahms, E. (Speakers). (1978). *Brief psychotherapy and crisis intervention.* Cassette recording. New York: Institute for Rational-Emotive Therapy.

*Ellis, A., & Abrahms, E. (Speakers). (1978). *Dialogues on RET.* Cassette recording. New York: Psychotherapy Tape Library.

*Ellis, A., & Abrahms, E. (Speakers). (1978). *Use of rational-emotive therapy.* Cassette recording. Glendale, CA: Audio-Digest Foundation and American Psychiatric Association.

*Ellis, A., & Allen, T. (Speakers). (1973). *Rational-emotive therapy applied to groups.* Film and videotape. Arlington, VA: American Association for Counseling and Development.

*Ellis, A., & Allen, T. (Speakers). (1973). *Rational-emotive psychotherapy: Interview with Tom Allen.* Film and videotape. Arlington, VA: American Association for Counseling and Development.

*Ellis, A., & Becker, I. (1982). *A guide to personal happiness.* North Hollywood, CA: Wilshire.

*Ellis, A., & Bernard, M. E. (Eds.). (1983). *Rational-emotive approaches to the problems of childhood.* New York: Plenum.

*Ellis, A., & Bernard, M. E. (Eds.). (1985). *Clinical applications of rational-emotive therapy.* New York: Plenum.

*Ellis, A., & Dryden, W. (1987). *The practice of rational-emotive therapy.* New York: Springer.

*Ellis, A., & Goulding, M. (Speakers). (1985). *Evolution of rational-emotive therapy.* Cassette recording. Garden Grove, CA: InfoMedix and Milton Erikson Foundation.

*Ellis, A., & Grieger, R. (Eds.). (1977). *Handbook of rational-emotive therapy.* Vol. I. New York: Springer.

*Ellis, A., & Grieger, R. (Eds.). (1986). *Handbook of rational-emotive therapy.* Vol. II. New York: Springer.

*Ellis, A., & Harper, R. A. (1961). *A guide to successful marriage.* North Hollywood, CA: Wilshire Books.

*Ellis, A., & Harper, R. A. (1961). *A guide to rational living.* Englewood, CA: Prentice Hall.

*Ellis, A., & Harper, R. A. (Speakers). (1974). *Interview with Dr. Albert Ellis.* Cassette recording. Salt Lake City, UT: American Academy of Psychotherapists.

*Ellis, A., & Harper, R. A. (1975). *A new guide to rational living.* North Hollywood, CA: Wilshire Books.

*Ellis, A., & Knaus, W. (1977). *Overcoming procrastination.* New York: New American Library.

*Ellis, A., Krasner, P., & Wilson, R. A. (1960). An impolite interview with Dr. Albert Ellis. *Realist,* Issue *16*, 1, (pp.

9–14); Issue *17*, (pp. 7–12). Rev. ed.: New York: Institute for Rational-Emotive Therapy. Rev. ed.: 1985.

*Ellis, A., & McInerney, J. F., DiGiuseppe, R., & Yeager, R. J. (1988). *Rational-emotive therapy with alcoholics and substance abusers.* New York: Pergamon.

*Ellis, A., Rogers, C. R., & Perls, F. (Speakers). (1963). *Three approaches to psychotherapy.* Film. Corona Del Mar: Psychological and Educational Films.

*Ellis, A., & Sagarin, E. (1965). *Nymphomania: A study of the oversexed woman.* New York: MacFadden.

*Ellis, A., Sichel, J., DiGiuseppe, R. A., & DiMattia, D. J. (in press) *Rational-emotive couples counseling.* New York: Pergamon.

*Ellis, A., & Szasz, T. (Speaker). (1980). *Is mental illness a myth?* Cassette recording. New York: Institute for Rational-Emotive Therapy.

*Ellis, A., & Wessler, R. (Speakers). (1983). *Conversations with Albert Ellis.* Two videotapes. New York: Institute for Rational-Emotive Therapy.

*Ellis, A., & Whiteley, J. M. (1979). *Theoretical and empirical foundations of rational-emotive therapy.* Monterey, CA: Brooks/Cole.

*Ellis, A., Wolfe, J. L. & Moseley, S. (1966). *How to raise an emotionally healthy, happy child.* North Hollywood, CA: Wilshire Book.

*Ellis, A., & Yaeger, R. (in press). *The enormous dangers of transpersonal psychology and psychotherapy.* Buffalo, NY: Prometheus.

*Ellis, A., Young, J., & Lockwood, G. (1987). Cognitive therapy and rational-emotive therapy: A dialogue, *Journal of Cognitive Psychotherapy. 1*(4), (pp. 137–187).

*Engels, G., & Diekstra, R. F. W. (1986). Meta-analysis of rational-emotive therapy outcome studies. In P.

Eelen & O. Fontaine (Eds.), *Behavior therapy: Beyond the conditioning framework* (pp. 121–140). Hillsdale, NJ: Lawrence Erlbaum.

Epictetus. (1890). *The collected works of Epictetus.* Boston: Little, Brown.

Epstein, S. (1984). Emotions from the perspective of cognitive self theory. In P. Shaver (Ed.), *Review of personality and social psychology* (pp. 1–59). Beverly Hills, CA: Sage Publications.

Eschenroeder, C. (1982). How rational is rational-emotive therapy? A critical appraisal of its theoretical foundations and therapeutic methods. *Cognitive Therapy and Research, 6,* (pp. 381–392).

Fenichel, O. (1945). *Psychoanalytic theory of neurosis.* New York: Norton.

Ferenczi, S. (1952). *Further contributions to the theory and technique of psychoanalysis.* New York: Basic Books.

*Forsterling, F. (1985). Rational-emotive therapy and attribution theory: An investigation of the cognitive determinants of emotions. *British Journal of Cognitive Psychotherapy, 3*(1), (pp. 15–25).

Frank, J. (1963). *Persuasion and healing.* Baltimore, MD: Johns Hopkins.

Frankl, V. (1959). *Man's search for meaning.* New York: Pocket Books.

Franks, C. M., & Wilson, G. T. (1978). *Behavior therapy: Theory and practice.* New York: Brunner/Mazel.

Freeman, A., & Greenwood, V. (1986). *Cognitive therapy.* New York: Human Sciences Press.

Freud, S. (1937). *The ego and the mechanisms of defense.* London: Hogarth.

Freud, S. (1965). *Standard edition of the complete psychological works of Sigmund Freud.* London: Hogarth.

*Garcia, E. J. & Blythe, B. T. (1977). *Developing emotional muscle.* Georgia: University of Georgia.

Glasser, W. (1965). *Reality therapy.* New York: Harper & Row.

*Golden, W. L. (1983). Rational-emotive hypnotherapy: Principles and practice. *British Journal of Cognitive Psychotherapy, 1*(1), (pp. 47–56).

Goldfried, M. R., & Davison, G. C. (1976). *Clinical behavior therapy.* New York: Holt, Rinehart & Winston.

Goldfried, M. R., & Merbaum, M. (1973). (Eds.). *Behavior change through self-control.* New York: Holt, Rinehart & Winston.

*Grieger, R. (1986). *A client's guide to rational-emotive therapy.* Virginia: Grieger, R.

*Grieger, R. M. (1986). (Ed.). *Rational-emotive couples therapy.* A special issue of *Journal of Rational-Emotive Therapy.* New York: Human Sciences Press.

*Grieger, R., & Boyd, J. (1980). *Rational-emotive therapy: A skills-based approach.* New York: Van Nostrand Reinhold.

*Grieger, R., & Grieger, I. (Eds.). (1982). *Cognition and emotional disturbance.* New York: Human Sciences Press.

Guidano, V. F., & Liotti, G. (1983). *Cognitive processes and emotional disorders.* New York: Guilford.

*Haaga, D. A., & Davison, G. C. (in press). Outcome studies of rational-emotive therapy. In M. E. Bernard & R. A. DiGiuseppe (Eds.). *Inside rational-emotive therapy.* Orlando, FL: Academic Press.

Haley, J. (1976). *Problem-solving therapy.* San Francisco, CA: Jossey-Bass.

Harper, R. A. (1981). Limitations of marriage and family therapy. *Rational Living, 16*(2), (pp. 3–6).

*Hauck, P. A. (1967). *The rational management of children.* New York: Libra.

*Hauck, P. A. (1972). *Reason in pastoral counseling.* Philadelphia, PA: Westminster.

*Hauck, P. A. (1973). *Overcoming depression.* Philadelphia: Westminster.

*Hauck, P. A. (1977b). *Marriage is a loving business.* Philadelphia, PA: Westminster.

*Hauck, P. A. (1981). *Overcoming jealousy and possessiveness.* Philadelphia, PA: Westminster.

*Hauck, P. A. (1984). *The three faces of love.* Philadelphia, PA: Westminster.

Heidegger, M. (1962). *Being and time.* New York: Harper & Row.

Herzberg, A. (1945). *Active psychotherapy.* New York: Grune & Stratton.

Hoellen, B. (1986). *Stoizismus und rational-emotive Therapie (RET) – Ein Vergleich.* Pfaffenweiler: Centaurus.

*Hoellen, B., & Ellis, A. (1986). An interview with Albert Ellis. *Psychotherapy in Private Practice, 4*(2), (pp. 81–98).

Hoffer, E. (1951). *The true believer.* New York: Harper & Row.

Hollon, S. D. (1983). *Cognitive therapy and research.* New York: Plenum.

Horney, K. (1945). *Our inner conflicts.* New York: Norton.

Horney, K. (1950). *Neurosis and human growth.* New York: Norton.

*Huber, C. H. (1985). Pure versus pragmatic RET. *Journal of Counseling and Development,* 63, (pp. 321–322).

Jacobsen, E. (1938). *You must relax.* New York: McGraw-Hill.

*Jakubowski, P., & Lange, A. J. (1978). *The assertive option: Your rights & responsibilities.* Champaign, IL: Research Press.

Janet, P. (1998). *Nevroses et idées fixes.* 2 v. Paris: Alcan

Janis, I. L. (1983). *Short-term counseling.* New Haven, CT: Yale University Press.

Janis, I. L., & Mann, L. (1977). *Decision making.* New York: Free Press.

*Johnson, N. (1980). Must the rational-emotive therapist be like Albert Ellis? *Personnel and Guidance Journal, 59,* (pp. 49–51).

Jones, M. C. (1920a).The elimination of children's fears. *Journal of Experimental Psychology, 7,* (pp. 383–390).

Jones, M. C. (1924b). A laboratory study of fear: The case of Peter. *Journal of Genetic Psychology, 31,* (pp. 308–315).

*Jones, R. (1968). *A factored measure of Ellis' irrational beliefs systems with personality and maladjustment correlates.* Ph. D. Dissertation, Texas Tech. College.

*Jorm, A. P. (1987). *Modifiability of a personality trait which is a risk factor for neurosis.* Paper presented at World Psychiatric Association, Symposium on Epidemiology and the prevention of mental disorder. Reykjavik.

*Kassinove, H., Crisci, R., & Tiggerman, S. (1977). Developmental trends in rational thinking: Implications for rational-emotive school mental health programs. *Journal of Community Psychology, 5,* (pp. 266–274).

Kelly, G. (1955). *The psychology of personal constructs.* 2 vols. New York: Norton.

Kendall, P. C. (Ed.) (1983). *Advances in cognitive behavioral research and therapy.* Vol. 2. New York: Academic Press.

Kendall, P. C., & Braswell, L. (1984). *Cognitive behavioral therapy for impulse children.* New York: Guilford.

Kendall, P. C., & Hollon, S. (Eds.) (1979). *Cognitive behavioral interventions: Theory, research and procedures.* New York: Academic Press.

*Knaus, W. (1974). *Rational-emotive education.* New York: Institute for Rational-Emotive Therapy.

*Knaus, W. (1983). *How to conquer your frustrations.* Englewood Cliffs, NJ: Prentice-Hall.

*Knaus, W., & Hendricks, C. (1986). *The illusion trap.* New York: World Almanac.

Korzybski, A. (1933). *Science and sanity.* San Francisco: International Society of General Semantics.

*Kranzler, G. (1974). *You can change how you feel.* Eugene, Oregon: Author.

*Lange, A. J. (1979). Cognitive-behavioral group therapy and assertion training. In D. Upper & S. M. Rose (Eds.), *Behavioral group therapy.* Champaign, IL: Research Press.

*Lange, A., & Jakubowski, P. (1976). *Responsible assertive behavior.* Champaign, IL: Research Press.

Lazarus, A. A. (1971). *Behavior therapy and beyond.* New York: McGraw-Hill.

Lazarus, A. A. (1981). *The practice of multimodal therapy.* New York: McGraw-Hill.

Lazarus, A. A. (1984). *In the mind's eye.* New York: Guilford.

Lazarus, A. A. (1985). *Marital myths.* San Luis Obispo, CA: Impact.

Lazarus, A. A., & Fay, A. (1975). *I can if I want to.* New York: Morrow.

Lazarus, R. S. (1966). *Psychological stress and the coping process.* New York: McGraw-Hill.

Lazarus, R. S., & Folkmann, S. (1984). *Stress, appraisal, and coping.* New York: Springer.

*Leaf, R. C., Gross, P. H., Todres, A. K., & Marcus, S. (1986). Placebo-like effects of education about

rational-emotive therapy. *Psychological Reports, 58,* (pp. 351–370).
Lecky, P. (1943). *Self-consistency.* New York: Doubleday/Anchor.
*Lembo, J. M. (1974). *Help yourself,* Niles, IL: Argus.
Low, A. A. (1952). *Mental health through will training.* Boston: Christopher.
Mahoney, M. J. (1974). *Cognition and behavior modification.* Cambridge, MA: Ballinger.
Mahoney, M. J. (1976). *The scientist.* Cambridge, MA: Ballinger.
Mahoney, M. J., & Freeman, A. (Eds.). (1985). *Cognition and psychotherapy.* New York: Plenum.
*Mahrer, A. R., Nadler, W. P., Gervaize, P. A., Sterner, I., & Talitman, E. A. (in press.) Good moments in rational-emotive therapy: Some unique features of this approach. *Journal of Rational-Emotive Therapy.*
Marcus, Aurelius. (1890). *Meditations.* Boston: Little, Brown.
Martin, J. (1987). *Cognitive-instructional counseling.* Canada: The Althouse Press.
Maslow, A. H. (1954). *Motivation and personality.* New York: Harper & Row.
Maultsby, M. C., Jr. (1971). *Handbook of rational self-counseling.* Lexington, KY: Rational Self-Help Books.
*Maultsby, M. C., Jr. (1975). *Help yourself to happiness: Through rational self-counseling.* New York: Institute for Rational-Emotive Therapy.
Maultsby, M. C., Jr. (1978). *A million dollars for your hangover.* Lexington, KY: Rational Self-Help Books.
*Maultsby, M. C., Jr. (1984). *Rational behavior therapy.* Englewood Cliffs, NJ: Prentice-Hall.
*Maultsby, M. C., Jr. (1986). *Coping better … Anytime, anywhere.* New York: Prentice-Hall.

*Maultsby, M. C., Jr., & Ellis, A. (1974). *Technique for using rational-emotive imagery.* New York: Institute for Rational-Emotive Therapy.

*McGovern, T. E., & Silverman, M. S. (1984). A review of outcome studies of rational-emotive therapy from 1977 to 1982. *Journal of Rational-Emotive Therapy, 2*(1), (pp. 7–18).

McMullin, R. (1986). *Handbook of cognitive therapy techniques.* New York: Norton.

Meichenbaum, D. (1977). *Cognitive-behavior modification.* New York: Plenum.

Meichenbaum, D., & Jaremko, M. E. (Eds.). (1983). *Stress reduction and prevention.* New York: Plenum.

*Merrifield, C. & Merrifield, R. (1979). *Call me RET-man and have a ball!* New York: Institute for Rational-Emotive Therapy.

*Miller, R. C., & Berman, J. S. (1983). The efficacy of cognitive behavior therapies: A quantitative review of the research evidence. *Psychological Bulletin, 94,* (pp. 39–53).

*Miller, T. (1986). *The unfair advantage.* Skaneateles, NY: Lakeside Printing.

*Moore, R. H. (1983). Inference as „A“ in RET. *British Journal of Cognitive Psychotherapy, 1*(27), (pp. 17–23).

*Morris, K. T., & Kanitz, J. M. (1975). *Rational- emotive therapy.* Boston: Houghton Mifflin.

Novaco, R. (1975), *Anger control.* Lexington, MA: Lexington.

Pavlov, I. (1927). *Conditioned reflexes.* New York: Liveright.

Perls, F. (1969). *Gestalt therapy verbatim.* Lafayette, CA: Real People Press.

*Phadke, K. M. (1982). Some innovations in RET theory and practice. *Rational Living, 17*(2), (pp. 25–30).

Popper, K. R. (1959). *The logic of scientific discovery.* New York: Harper & Bros.

Popper, K. R. (1962). *Objective knowledge.* London: Oxford.

Popper, K. R. (1963). *Conjectures and refutations.* New York: Harper & Bros.

*Powell, J. (1976). *Fully human, fully alive.* Niles, IL: Argus.

Raimy, V. (1975). *Misunderstandings of the self.* San Francisco: Jossey-Bass.

Reardon, J., & Tosi, D. (1977). The effects of rational stage directed imagery on self concept and reduction of stress in adolescent delinquent males. *Journal of Clinical Psychology, 33,* (pp. 1084–1092).

Reardon, J., Tosi, D., & Gwynne, P. (1977). The treatment of depression through rational stage directed hypnotherapy (RDH): A case study. *Psychotherapy, 14,* (pp. 95–103).

Reda, M. A., & Mahoney, M. J. (Eds.). (1984). *Cognitive Psychotherapies.* Cambridge, MA: Ballinger.

Reichenbach, H. (1953). *The rise of scientific philosophy.* Berkeley, CA: University of California Press.

Rimm, D., & Masters, J. C. (1974). *Behavior therapy.* New York: Academic.

Riskind, J. H., & Steer, R. (1984). Do maladaptive attitudes „cause" depression: Misconception of cognitive therory. *Archives of General Psychiatry, 41,* (p. 1111).

Rogers, C. R. (1961). *On becoming a person.* Boston: Houghton-Mifflin.

*Rorer, L. G. (1987). *Rational-emotive therory: An integrated psychological and philosophical basis.* Unpublished Ms., Miami University, Oxford, OH.

Rose, S. D. (1980). *Casebook in group therapy. A behavioral-cognitive approach.* Englewood Cliff, NJ: Prentice-Hall.

Russel, B. (1950). *The conquest of happiness.* New York: New American Library.

Russel, B. (1965). *The basic writings of Bertrand Russel.* New York: Simon & Schuster.

Russianoff, P. (1981). *Why do I think I am nothing without a man?* New York: Bantam.

Salter, A. (1949). *Conditioned reflex therapy.* New York: Creative Age.

*Schwartz, D. (1987). *Gefühle erkennen und positiv beeinflussen.* Landsberg: Moderne Verlagsgesellschaft.

Schwartz, R. M. (1982). Cognitive-behavior modification: A conceptual review. *Clinical Psychology Review, 2,* (pp. 267–293).

Seligman, M. E. P. (1975). *Helplessness.* San Francisco: Freeman.

*Sharkey, P. W. (1981). Something irrational about rational emotive psychology. *Psychotherapy, 18,* (pp. 150–155).

*Sharma, K. L. (1970). *A rational group therapy approach to counseling anxious underachievers.* Ph. D. Dissertation, University of Alberta.

*Shorkey, C. T., & Whiteman, V. L. (1977). Development of the rational behavior inventory. *Educational and Psychological Measurement, 37,* (pp. 527–534).

*Shostrom, E., Ellis, A., & Greenwald, H. (Speakers). (1976). *Three approaches to group therapy.* Film. Corona Del Mar, CA: Psychological and Educational Films.

*Sichel, J. & Ellis, A. (1984). *RET self-help form.* New York: Institute for Rational-Emotive Therapy.

Silverman, J. S., Silverman, J. A., & Eardley, D. A. (1984). Do maladaptive attitudes cause depression? *Archives of General Psychiatry, 41,* (pp. 28–30).

Skinner, B. F. (1971). *Beyond freedom and dignity.* New York: Knopf.

*Smith, D. (1982). Trends in counseling and psychotherapy. *American Psychologist, 37,* (pp. 802–809).

*Smith, M. L., & Glass, G. V. (1977). Meta analysis of psychotherapy outcome studies. *American Psychologist, 32,* (pp. 752–760).

Smith, T. W. (1982). Irrational beliefs in the cause and treatment of emotional distress: A critical review of the rational emotive model. *Clinical Psychology Review, 2,* (pp. 505–522).

*Smith, T. W. (in press). Assessment in rational-emotive therapy. In M. E. Bernard & R. A. DiGiuseppe (Eds.). *Inside rational-emotive therapy.* Orlando, FL: Academic Press.

*Smith, T. W., & Allred, K. D. (1986). Rationality revisited: A reassessment of the empirical support for the rational-emotive model. In P. C. Kendall (Ed.) *Advances in cognitive-behavioral research and therapy* (Vol. 5) (pp. 63–87) New York: Academic Press.

Spivack, G., Platt, J., & Shure, M. (1976). *The problem-solving approach to adjustment.* San Francisco, CA: Jossey-Bass.

*Sprenkle, D. H. Keeney, B. P., & Sutton, P. M. (1982). Theorists who influence clinical members of the AAMFT: A research note. *Journal of Marital and Family Therapy, 8,* (pp. 367–369).

*Stanton, H. (1977). The utilization of suggestions derived from rational-emotive therapy. *International Journal of Clinical and Experimental Hypnosis, 25,* (pp. 18–26).

*Sutton-Simon, K. (1981). Assessing belief systems: Conceptions and strategies. In S. D. Hollon & P. C. Kendall (Eds.), *Cognitive behavioral interventions: Assessment methods.* New York: Academic Press.

Tavris, C. (1983). *Anger: The misunderstood emotion.* New York: Simon and Schuster.

*Thorpe, G. L., Barnes, G. S., Hunter, J. E., & Hindes, D. (1983). Thoughts and feelings: Correlations in two clinical and two nonclinical samples. *Cognitive Therapy and Research, 7,* (pp. 565–574).

*Thorpe, G. L., Hecker, J. E., Cavallaro, L. A., & Kulberg, G. E. (in press). Insight versus rehearsal in cognitive-behavior therapy: A crossover study with sixteen phobics. *Behavioral Psychotherapy.*

Tillich, P. (1953). *The courage to be.* New York: Oxford.

*Tosi, D. J. (1974). *Youth: Toward personal growth, a rational-emotive approach.* Columbus, OH: Merrill.

*Tosi, D., & Marzella, J. N. (1977). The treatment of guilt through rational stage directed therapy. In J. L. Wolfe & E. Brand (Eds.). *Twenty years of rational therapy* (pp. 234–240). New York: Institute for Rational-Emotive Therapy.

Velten, E. (1986). Withdrawal from heroin and methadone with RET: Theory and practice. In W. Dryden & P. Trower (Eds.), *Rational-emotive therapy: Recent developments in theory and practice* (pp. 228–247). Bristol, England: Institute for Rational-Emotive Therapy (UK).

*Walen, S. R., DiGiuseppe, R. A., & Wessler, R. L. (1982). *RET-Training.* München: Pfeiffer.

*Warren, R., McLellarn, R. W., & Ellis, A. (1987). Albert Ellis' personal responses to the survey of rational-emotive therapists. *Journal of Rational-Emotive Therapy, 5*(2), (pp. 92–101).

*Waters, V. (1981). *Rational stories for children.* New York: Institute for Rational-Emotive Therapy.

Watson, J. B., & Rayner, E., (1920). Conditioned emotional reactions. *Journal of Experimental Psychology, 3,* (pp. 1–14).

Weaver, G. R. (1986). *The enrichment of life.* Buffalo, NY: Prometheus Books.

Weekes, C. (1972). *Peace from nervous tension.* New York: Hawthorne.

*Weinrach, S. G. (1980). Unconventional therapist: Albert Ellis. *Personnel and Guidance Journal, 59,* (pp. 152–160).

*Wessler, R. A., & Wessler, R. L. (1980). *The principles and practice of rational-emotive therapy.* San Francisco, CA: Jossey-Bass.

*Wessler, R. L. (1984). Alternative conceptions of rational-emotive therapy: Toward a philosophically neutral psychotherapy. In M. A. Reda & M. J. Mahoney (Eds.), *Cognitive psychotherapies: Recent developments in theory, research and practice* (pp. 65–79). Cambridge, MA: Ballinger.

Wessler, R. L. (1986). Conceptualizing cognitions in the cognitive-behavioural therapies. In W. Dryden & W. L. Golden (Eds.), *Cognitive-behavioural approaches to psychotherapy* (pp. 1–30). London: Harper & Row.

*Wessler, R. L., & Ellis, A. (1980). Supervision in rational-emotive therapy. In A. K. Hess (Ed.), *Psychotherapy supervision* (pp. 181–191). New York: Wiley.

*Wessler, R. L., & Ellis, A. (1983). Supervision in counseling: Rational-emotive therapy. *Counseling Psychologist, 11,* (pp. 43–49).

Wessler, R. L., & Hankin-Wessler, S. W. R. (1986). Cognitive appraisal therapy. In W. Dryden & W. Golden (Eds.), *Cognitive-behavioural approaches to psychotherapy* (pp. 196–223). London: Harper & Row.

Wick, E. (1983). Psychotherapy focus: Old and new. *Voices, 18*(4), (pp. 34–38).

*Wiener, D. (1988). *Albert Ellis: Passionate skeptic.* New York: Praeger.

*Wolfe, J. L. (1974). *Rational-emotive therapy and women's assertiveness training.* Cassette recording. New York: Institute for Rational-Emotive Therapy.
*Wolfe, J. L. (1974). *Rational-emotive therapy and women's problems.* Cassette recording. New York: Institute for Rational-Emotive Therapy.
*Wolfe, J. L., & Brand, E. (Eds.). (1977). *Twenty years of rational therapy.* New York: Institute for Rational-Emotive Therapy.
*Wolfe, J. L., & Fodor, I. G. (1975). A cognitive-behavioral approach to modifying assertive behavior in women. *Counseling Psychologist, 5*(4), (pp. 45–52).
Wolpe, J. (1958). *Psychotherapy by reciprocal inhibition.* Stanford, CA: Stanford University Press.
Wolpe, J. (1980). Cognitive behavior: A reply to three commentaries. *American Psychologist, 35,* (pp. 112–114).
Wolpe, J. (1982). *The practice of behavior therapy.* 3rd Ed. New York: Pergamon Press.
Wolpe, J., & Lazarus, A. A. (1966). *Behavior therapy techniques.* New York: Pergamon.
*Young, H. S. (1974). *A rational counseling primer.* New York: Institute for Rational-Emotive Therapy.
*Young, H. S. (1984). Special issue: The work of Howard S. Young. *British Journal of Cognitive Psychotherapy.* 2(2), (pp. 1–101).
Zajonc, R. B. (1980). Feeling and thinking: Preferences need no inferences. *American Psychologist, 35,* (pp. 151–175).
*Zettle, R. D., & Gayes, S. C. (1980). Conceptual and empirical status of rational-emotive therapy. In M. Hersen, R. M. Eisler, & P. M. Miller (Eds.). *Progress in behavior modification* Vol. 9 (pp. 125–162). Orlando, FL: Academic Press.

Zilbergeld, B., & Lazarus, A. A. (1987). *Mind power.* Boston: Little, Brown.
*Zingle, H. W. (1965). *Therapy approach to counseling underachievers.* Ph.D. thesis, University of Alberta.

Register